LES

ÉTATS PROVINCIAUX

DE LA

FRANCE CENTRALE SOUS CHARLES VII

LE PUY. — IMPRIMERIE MARCHESSOU FILS

LES

ÉTATS PROVINCIAUX

DE LA FRANCE CENTRALE

SOUS CHARLES VII

PAR

ANTOINE THOMAS

ARCHIVISTE PALÉOGRAPHE, ÉLÈVE DE L'ÉCOLE DE ROME

TOME PREMIER

PARIS

CHAMPION, LIBRAIRE

15, QUAI MALAQUAIS, 15

1879

A MON PREMIER MAITRE

L'Abbé J. PAUFIQUE

Curé de Saint-Sornin-la-Marche (Haute-Vienne)
Ancien curé de Saint-Yriex-la-Montagne (Creuse)

CE LIVRE EST DÉDIÉ

PRÉFACE.

Le nom d'Etats provinciaux *rappelle, chez le plus grand nombre, une institution des deux derniers siècles, particulière à certaines de nos provinces, qui se distinguaient par le nom de* Pays d'Etats *des provinces où cette institution n'était pas en vigueur, et que l'on appelait* Pays d'élections. *On sait généralement qu'en* 1789 *les pays d'Etats étaient : la Bretagne, l'Artois, le Hainaut, le Cambrésis, la Bourgogne, la Franche-Comté, la Provence, le Languedoc, la Navarre, le Bigorre, le Béarn, le Nébouzan et les Quatre-Vallées ; on cite encore comme ayant conservé ses Etats jusqu'au* XVIIe *siècle, le Dauphiné, dont les réclamations énergiques, en* 1788, *furent le signal de la Révolution. Voilà les provinces qui jusqu'ici ont fourni, à peu près à elles seules, le contingent de tout ce qu'on a dit et écrit sur les Etats provinciaux.*

Que si, s'écartant un peu des faits qui sont du domaine public, l'on se pose cette question : les pays dits d'élections n'ont-ils jamais eu d'Etats, et, s'ils en ont eu, quand, pourquoi et comment les ont-ils perdus? il faut reconnaître que les ouvrages publiés jusqu'ici fournissent bien peu d'éléments pour se former une opinion à cet égard. C'est précisément cette question que nous avons eu en vue en entreprenant ce travail, et nous espérons que le résultat de nos recherches, dans le cadre où nous les avons circonscrites, contribuera notablement à l'éclaircir.

Le règne de Charles VII forme, dans l'histoire des Etats provinciaux de la France centrale, une période caractéristique, excessivement propre à faire l'objet d'une monographie. « C'est au règne de Charles VII, comme on l'a fort bien dit [1]*, que l'on doit reporter historiquement, sinon la décroissance immédiate des Etats provinciaux, du moins la première cause politique et la première cause administrative de leur affaiblissement. » Ainsi cette époque que nous avons choisie nous a permis d'étudier le fonctionnement régulier des Etats pendant les trente premières années, et en même temps de rechercher les causes qui, dans les dix dernières, amenèrent le déclin et le dépérissement de cette institution. Nos recherches se sont bornées à l'Auvergne, au Franc-Alleu, au Bas-Limousin, au Haut-Limousin et à la Marche. Peut-*

---

1. Laferrière, *Mém. sur les Etats provinciaux.* (Acad. des Sc. morales et pol., XI, 374).

être pourrons-nous, plus tard, étendre cette sorte d'enquête aux provinces voisines et notamment au Poitou et à la Saintonge.

BIBLIOGRAPHIE. — SOURCES

Nous devons dire quelques mots des ouvrages, peu nombreux malheureusement, qui, de près ou de loin, touchent à notre sujet. Voyons d'abord les généralités. Il faut signaler deux travaux d'importance diverse :

1° *Institutions provinciales, communales et corporations*, par Just Paquet, mémoire qui a obtenu le prix décerné par l'Académie des Inscriptions et Belles-Lettres, dans sa séance du 25 juillet 1834. Paris, Bethune et Plon, 1835.

2° *Mémoire sur l'histoire et l'organisation comparée des États provinciaux aux diverses époques de la monarchie, jusqu'en 1789*, par M. Laferrière (imprimé dans les *Séances et travaux* de l'Académie des Sciences morales et politiques, t. XI (1860), p. 341-576).

M. Just Paquet [1] a dépouillé avec soin les histoires provinciales ; il a profité, en outre, du manuscrit Monteil, dont nous parlerons plus loin, et il est

---

1. Fils adoptif et exécuteur testamentaire de Raynouard, mort à Passy en janvier 1876.

arrivé ainsi à dresser une liste intéressante des sessions des Etats des différentes provinces de France avant, sous et après Louis XI [1]. Cette liste n'est pas exempte d'erreurs : ainsi l'auteur place le Limousin et la Marche parmi les pays qui députaient aux Etats de Languedoc; ailleurs (p. 136) il attribue à la Basse-Marche de Limousin un document relatif à la Basse-Marche de Rouergue; enfin, ce travail est fort incomplet puisqu'il ne mentionne, pour la période qui nous occupe, que quatre sessions des Etats d'Auvergne, deux du Limousin et sept de la Marche (fort inexactement). Aussi, quand l'auteur étudie les caractères et les formes des assemblées des Etats provinciaux (p. 142 et sv.), ses exemples, presque tous empruntés au Languedoc, n'ont-ils pour nous aucune autorité. La conclusion de M. Paquet est que *partout*, sous Louis XI, le système des Etats provinciaux a continué à fonctionner comme auparavant. Ainsi de ce qu'il constate une session des Etats d'Auvergne en 1444, une autre en 1482, cela suffit pour lui prouver l'existence et le fonctionnement régulier des Etats d'Auvergne de 1444 à 1482. On voit à quelles conséquences pourrait entraîner un raisonnement semblable : à ce compte, il serait permis de dire que la France a joui régulièrement du régime des Etats généraux de 1614 à 1789 !

---

1. C'est cette liste qui a passé, sans indication de provenance d'ailleurs, à l'art. *Etats provinciaux* du dictionnaire historique de Lebas (collection de l'*Univers pittoresque*).

M. Laferrière dit fort bien à ce sujet (ouvrage cité, p. 360) : « L'assemblée des trois ordres dans une province est sans doute le témoignage de l'ancienne constitution, mais elle ne prouve pas nécessairement le maintien des Etats provinciaux..... Quand il s'agit de la constitution provinciale et administrative de la France, ce n'est pas de l'assemblée possible et casuelle des trois ordres pour un objet spécial que l'on doit s'occuper, mais de l'institution régulière et permanente qui a gardé le nom d'Etats provinciaux. » Et pourtant, telle est la force du besoin de conclure, même en l'absence de documents, que M. Laferrière tombe exactement dans le même vice de raisonnement quand il dit (p. 360) : « La généralité de l'institution provinciale dans le cours du XIV° siècle a donc pris à cette époque et depuis un caractère de permanence et de régularité. Elle est attestée au XIV° siècle par les traces nombreuses des Etats tenus alors dans les différentes régions du royaume ; elle est attestée aussi vers la fin du XV° siècle, en 1482, d'une manière précise et authentique par l'exécution donnée au traité d'Arras passé entre Louis XI et Maximilien d'Autriche. » En somme, le traité d'Arras devait être ratifié par les Etats généraux ; Louis XI trouva préférable et plus pratique de le soumettre à des réunions locales d'Etats provinciaux : en quoi cela prouve-t-il que les Etats provinciaux, réunis alors pour *un objet spécial,* aient fonctionné avec un caractère de permanence et de régularité depuis Charles V jusqu'en 1482?

Le cadre immense de M. Laferrière rendait bien difficile l'égale perfection de toutes les parties. Le point capital de ce travail est certainement l'étude de l'organisation des pays d'Etats dans les trois derniers siècles ; tout ce qui est antérieur semble remplir le rôle d'introduction et est traité d'une façon un peu sommaire : on sent que la connaissance et l'étude des documents originaux ont fait défaut à l'auteur et plusieurs des affirmations générales qu'il avance seront contredites par les exemples particuliers que nous citerons dans le cours de notre travail.

L'Auvergne est la seule province dont les Etats aient été l'objet d'études particulières importantes. Déjà, dans la préface du troisième volume des Ordonnances, Secousse avait exposé de main de maître l'histoire des assemblées réunies sous le roi Jean. En 1789, au moment où la convocation des Etats généraux remuait le pays tout entier, parut à Clermont un ouvrage du jurisconsulte Bergier avec ce titre : *Recherches historiques sur les Etats généraux, et plus particulièrement sur l'origine, l'organisation et la durée des anciens Etats provinciaux d'Auvergne, la forme de leur convocation et de leurs délibérations et l'ordre observé pour l'élection des Députés envoyés aux différents Etats généraux du Royaume depuis le XIVe siècle*. Ce livre est sérieusement composé, et il y a bien des choses intéressantes dans ces 110 pages de petit format ; mais la période dont nous nous occupons y est sacrifiée au XIVe et au XVIe siècle et à la question, si brûlante alors, des élections aux États généraux, comme on peut s'en convaincre par l'examen de la table des chapitres [1].

A la suite du traité de Bergier se trouve annexé, avec une pagination indépendante, un recueil de pièces justificatives réunies par dom Verdier-Latour, bénédictin de Saint-Maur, historiographe d'Auvergne (166 pages). Presque toutes proviennent de l'hôtel de ville de Clermont et devraient aujourd'hui se retrouver dans les archives communales. Malheureusement il y en a fort peu pour notre époque, et ce ne sont guère que des cotes peu développées. — Ces travaux de Bergier et de Verdier-Latour ont été largement utilisés par M. A. Rivière dans ses *Institutions de l'Auvergne* [2] ; la seule chose nouvelle qu'il

---

1. § I. Origine et organisation primitive des Etats particuliers de l'Auvergne p. 1-13.

§ II. La représentation des communautés du plat pays passe de la noblesse aux bonnes villes de la province, p. 13-22.

§ III. Changements faits dans la représentation du tiers-état du haut et du bas pays d'Auvergne sur la fin du xvie siècle, p. 23-34.

§ IV. De l'ordre de la noblesse et du clergé, p. 34-46.

§ V. Division de la province ; lieu des séances des assemblées générales et particulières ; forme des délibérations ; aperçu des fonctions et des pouvoirs de chaque assemblée, p. 46-64.

§ VI. Ordre de la convocation et de la tenue des Etats particuliers de la province pour députer aux Etats généraux du royaume, p. 64-110.

2. *Histoire des Institutions de l'Auvergne*, Paris, Maresc, 1874. Tome I, livre V, chap. VI : origine, organisation et attributions des Etats de la province d'Auvergne (p. 306-322).

y ait ajoutée est la publication d'un document fort intéressant, de 1430, dont cependant il n'a guère tiré parti.

Le Franc-Alleu ni le Limousin, tant haut que bas, n'ont été l'objet d'aucun travail analogue. Pour la Marche, on peut citer quelques pages de M. Louis Duval, archiviste de la Creuse [1]; mais l'absence de tout document antérieur au xvi° siècle n'a pas permis à l'auteur de traiter la question d'une manière approfondie.

C'est donc, en somme, aux documents manuscrits originaux que nous avons dû demander les principaux, à peu près les seuls éléments de notre travail.

Documents manuscrits. Les documents relatifs aux Etats provinciaux peuvent provenir de diverses sources :

1° *Archives des Etats.* Il semble que tout corps constitué, toute institution ayant fonctionné pendant un temps assez long doive avoir nécessairement des archives. Néanmoins nous n'avons trouvé aucune trace des archives des Etats du Franc-Alleu, du Limousin et de la Marche. Il n'en est pas tout-à-fait de même pour l'Auvergne. En 1402, les Etats décident « que une huche soit faite bonne et seure, fermant à deux clefz, laquelle demourra dedans l'é-

---

1. *Cahiers de la Marche,* Paris et Guéret, 1873; Introduction, § vi : Assemblées provinciales. — Etats généraux. — P. 141, l'auteur attribue à tort à la Marche Limousine un document de 1478 relatif à la Marche de Rouergue.

glise de Clermont pour estre plus seurement, en laquelle l'en mettra les lettres, papiers, mémoires et autres escriptures qui toucheront le fait public dudit pays, et aussi sera fait un grand papier où l'on enregistrera les dictes choses [1] ». Cette résolution fut-elle fidèlement exécutée ? Nous l'ignorons. Toujours est-il que nous ne savons ce qu'est devenu un fonds d'archives si précieux. Il est peu probable qu'il ait été fondu plus tard avec les archives communales de Clermont. On trouve bien, il est vrai, parmi ces dernières, un fonds du tiers-état de la Basse-Auvergne; mais les pièces qu'il contient ne remontent pas au-delà des premières années du XVIe siècle et sont exclusivement relatives aux assemblées périodiques des bonnes villes qui, vers cette époque, se substituèrent presque complètement aux anciens Etats provinciaux. Aucun des documents dont nous nous sommes servis ne semble provenir de cette source.

2° *Archives des villes.* On comprend, sans qu'il soit besoin d'y insister, combien de documents nous aurions pu trouver dans des archives communales complètes et en bon ordre; mais la région qu'embrasse notre étude est peu riche à ce point de vue. Le Franc-Alleu et la Marche, c'est-à-dire la Creuse, n'ont que des archives communales insignifiantes; la Corrèze et le Cantal n'offrent guère que des chartes de privilèges; les registres consulaires de

---

1. Verdier-Latour, *Recueil*, etc., p. 31.

Limoges ne remontent qu'à 1506 : c'est à Clermont seulement qu'il y avait chance de trouver quelque chose; mais les archives de cette ville, auxquelles sont réunies celles de Montferrand, sont dans un désordre qui rend les recherches à peu près impossibles. Nous avons pu tirer parti cependant du premier registre de la ville commençant en 1410, et d'un autre embrassant les années 1453-1456; enfin l'inventaire rédigé au XVIIe siècle par Savaron nous a donné au moins les cotes de quelques pièces intéressantes que nous n'avons pu retrouver.

3° *Archives des seigneurs, des églises, des notaires.* — Les pièces provenant de cette source, qui semblerait devoir être très-abondante, sont cependant peu nombreuses. Citons quelques pièces des titres de la maison de Bourbon aux Archives nationales, dont une extrêmement précieuse (P 1361[1], cote 950) pour l'Auvergne; un acte de 1449 relatif au Limousin et que Baluze paraît avoir tiré des archives de la maison de Sainte-Fortunade. Duroux [1] signale un registre du notaire Tarneau, de Pierre-Buffière, où il est plusieurs fois question des Etats du Haut-Limousin; nous avons retrouvé ce registre à la bibliothèque de la ville de Limoges, mais le contenu n'a pas répondu aux espérances qu'il nous avait d'abord fait concevoir. Il y a aussi une nombreuse collection de registres de notaires à Tulle; mais M. Lacombe, archiviste de la Corrèze, nous a affirmé

---

1. *Essai hist. sur la sénatorerie de Limoges*, p. 202.

qu'ils ne renfermaient rien sur les Etats provinciaux.

4º *Archives de la Chambre des comptes*. — La source de documents de beaucoup la plus abondante se trouve dans une autre direction. Il n'est, pour ainsi dire, pas un acte des Etats provinciaux qui n'ait donné lieu à une allocation financière, et par suite qui n'ait passé sous forme de quittance ou autrement par la Chambre des comptes. C'est donc dans les archives de cette cour que nous devions rencontrer les éléments les plus complets de notre travail. Malheureusement l'incendie de 1737 nous a enlevé d'innombrables documents : tous les comptes en forme des receveurs de l'Auvergne, du Limousin et de la Marche ont disparu et semblent irrémédiablement perdus. Il n'en est pas de même par bonheur des pièces justificatives de ces comptes (lettres patentes, décharges, quittances, etc.). Beaucoup sans doute ont été brûlées, mais beaucoup aussi, échappées à l'incendie, se trouvent aujourd'hui, après des vicissitudes diverses, aux Archives nationales et à la Bibliothèque de la rue Richelieu. Un assez grand nombre encore doivent exister dans les collections particulières [1].

Aux Archives nationales il faut signaler avant tout la collection formée par Alexis Monteil et donnée par lui à cet établissement : c'est le vol. KK 648, qui contient six pièces sur l'Auvergne, quatre sur le

---

1. La collection Joursanvault était très-riche en pièces de cette provenance pour l'Auvergne, le Limousin et la Marche

Limousin et une seulement sur la Marche, égarée au milieu du Languedoc. Ensuite vient la collection des cartons des rois (série K), qui renferme plusieurs lettres patentes intéressant notre sujet, et enfin une pièce assez bizarrement isolée dans le carton K 692ª.

La Bibliothèque nationale est infiniment plus riche. On trouve beaucoup dans la collection Clairambault (série chronologique et deuxième série alphabétique des *Titres scellés*), plus encore dans les différents recueils de pièces originales formés par Gaignières et aujourd'hui dispersés dans le fonds français (nᵒˢ 20,065 à 25,696) : nous devons spécialement mentionner les volumes suivants : 20,389 et 20,392 (quittances des ducs de Bourbon et des comtes de Montpensier), 20,594 (lettres patentes concernant le Limousin), 20,879-943 (quittances ecclésiastiques), 22,296 (recueil d'*Instructions* de la Basse-Auvergne), 22,420 (Bas-Limousin), 23,897-903 (assiettes d'impôts pour l'Auvergne, le Franc-Alleu, le Limousin et la Marche) et 24,034 (recueil sur l'Auvergne). Une quantité de pièces proviennent des volumes dont s'est récemment augmenté le fonds français : *Chartes royales* (25,710-12), *Quittances ecclésiastiques* (25,967 et suiv.), *Quittances et pièces diverses* (26,044-26,080). Enfin il nous reste à parler d'une collection encore

---

malheureusement nous n'avons pu en retrouver la trace nulle part, les numéros sous lesquels elles étaient comprises n'ayant pas passé à la vente générale, en 1839.

plus volumineuse, du *Cabinet des titres*. Là se trouve rangée dans les dossiers blancs [1], sous chaque nom de famille, une innombrable quantité de quittances et autres pièces provenant de la Chambre des comptes. Malheureusement la disposition des documents par noms de famille, qui a sa raison d'être à un point de vue fort respectable, est très-peu favorable à des recherches méthodiques : c'est là une mine que nul ne peut se vanter d'avoir exploitée à fond. Bornons-nous à dire que, sur près de 250 dossiers que nous avons consultés, plus de 100 nous ont fourni des quittances et autres documents dont le nombre s'élève à plus de 400.

1. Actuellement une partie de ces dossiers est reliée et forme environ 1,200 volumes comprenant les lettres A, B, C, D, E, F. C'est cette série que nous désignerons par le nom nouveau qu'elle porte : *Pièces originales*. Nous saisissons cette occasion pour remercier M. Ulysse Robert, spécialement chargé du service de ce dépôt à la Bibliothèque nationale, de l'obligeance avec laquelle il s'est prêté à nos recherches.

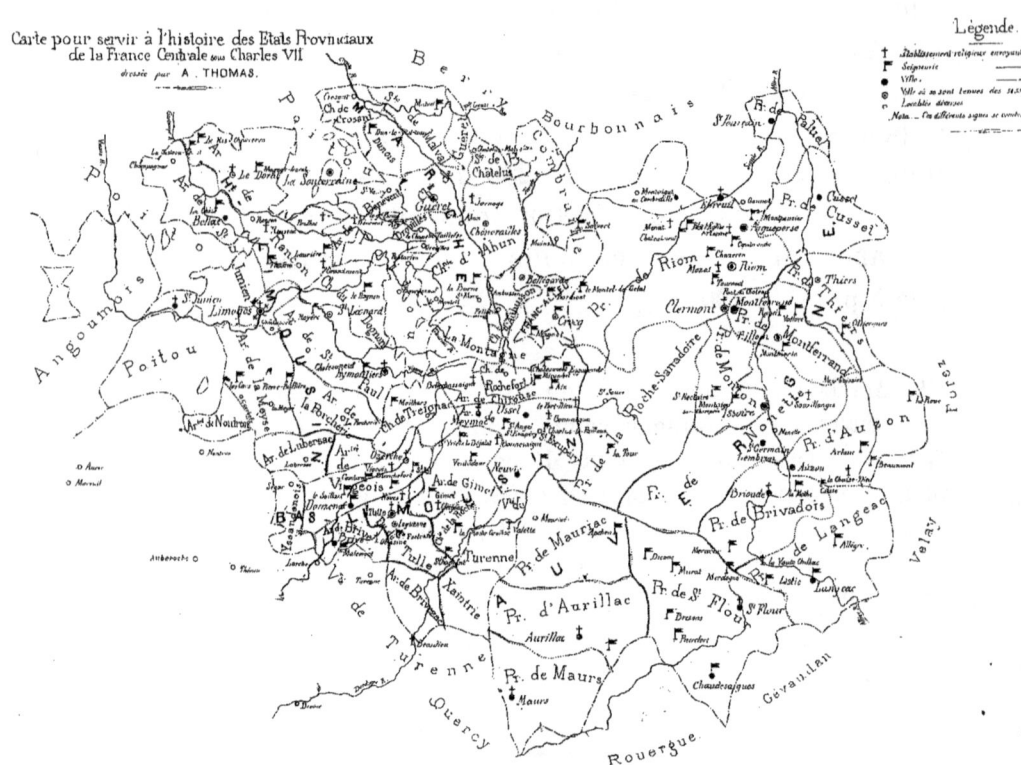

LES ÉTATS PROVINCIAUX
DE LA
FRANCE CENTRALE SOUS CHARLES VII

INTRODUCTION

§ I. — *Origine des Etats provinciaux.*

Les Etats provinciaux apparaissent généralement à la fin du XIIIe siècle, surtout au commencement du XIVe. Nous ne croyons donc pas qu'il y ait lieu, comme certains auteurs le font, d'aller en chercher l'origine chez les Gaulois, chez les Romains ou chez les Germains. Dans une période plus rapprochée de nous, deux opinions peuvent paraître admissibles.

La première voit l'origine de ces assemblées dans le système féodal. C'est l'opinion la plus généralement adoptée, et elle est en effet très-spécieuse. Ceux qui la soutiennent raisonnent ainsi : « Sous le régime féodal, les grands seigneurs s'entouraient souvent de leurs pairs qui formaient tout à la fois leur tribunal et leur conseil ; les Etats provinciaux n'étaient pas autre chose, à l'origine, que les conseils de gouvernement des grands feudataires, d'abord composés exclusivement de la noblesse et du clergé, auxquels on adjoignit le tiers-état au commencement du xiv° siècle ; lorsque les provinces passèrent au roi, ses officiers continuèrent à convoquer les Etats provinciaux comme le faisaient les grands feudataires avant eux [1] ». Cette opinion, malgré son autorité, nous paraît soulever de graves objections. Assurément les feudataires s'entouraient de leurs principaux vassaux avec l'aide et les conseils desquels ils gouvernaient leurs fiefs : mais cette habitude antique eut pour conséquence au xiv° siècle, non pas le fonctionnement régulier d'Etats provinciaux, mais la création d'un corps très-différent de composition et de rôle, le *conseil* : chaque feudataire eut de bonne heure auprès de lui un conseil composé de conseillers en titre, absolument comme le roi de France. — En outre, si

---

[1] Chéruel, *Dict. des Institutions*, au mot *Etats provinciaux*. Cf. Dareste, *Hist. de l'administration*, I, 79.

les États provinciaux avaient leur base dans le système féodal, chaque fief dominant aurait évidemment dû avoir des États, et, par suite, toute circonscription d'États devrait correspondre exactement à un fief. Mais il n'en est pas ainsi : d'une part, en effet, nous ne trouvons aucune trace d'États particuliers dans la vicomté de Limoges et ce fief était partagé entre les États du Haut et du Bas-Limousin ; d'autre part, la circonscription territoriale des États du Haut-Limousin ne répondait à aucune division féodale, attendu qu'elle comprenait partie de la Basse-Marche, partie de la vicomté de Limoges, partie du Limousin proprement dit. Enfin, une chose ne serait pas moins étonnante, c'est que cette institution d'origine féodale ne commence à se montrer qu'au moment où le système féodal est sur son déclin. Si les États provinciaux sont une institution féodale, pourquoi ne trouvons-nous pas leur fonctionnement régulier au xiii° siècle, époque assurément beaucoup plus féodale que le xiv°? Toutes ces raisons nous font hésiter beaucoup à regarder comme vraie cette opinion pour ainsi dire classique.

La seconde opinion consiste à ne pas séparer les États provinciaux des États généraux, et à faire remonter à la royauté l'origine commune de ces deux institutions [1]. Nous ne voudrions pas nous prononcer absolument sur une question dont la solution exigerait de longues recherches; cependant cette manière de voir nous paraît beaucoup plus près de la vérité que la première. Il s'agit cependant de s'expliquer. En faisant remonter à la royauté l'origine des Etats provinciaux, nous ne voulons pas dire qu'elle ait inventé de toutes pièces cette institution. Il faut reconnaître que, d'après le système féodal, prélats, nobles et bourgeois devaient *aide et conseil* au suzerain : c'est en vertu de ce principe, et en l'appliquant à sa manière, que Philippe le Bel a convoqué la première assemblée d'Etats généraux. La royauté arriva bientôt, sinon immédiatement, à voir les précieuses ressources financières qu'elle pouvait tirer de cette obligation d'*aider* le suzerain ; d'autre part, elle comprit bientôt aussi que la convocation par régions, c'est-à-dire par Etats provinciaux, était plus facile et moins dangereuse que la réunion d'assemblées plénières, d'Etats généraux. C'est donc à une conception de la royauté que l'origine du fonctionnement régulier des Etats provinciaux nous paraît se rattacher avec le plus de vraisemblance.

1. Voy. A. Rivière, *Hist. des Instit. de l'Auvergne.* Paris, Maresc, 1874, I, 310.

§ II. — *Les Etats provinciaux de la France centrale avant Charles VII.*

On a peu de détails sur les Etats provinciaux de l'Auvergne avant le milieu du xive siècle. Mais une pièce publiée par Verdier-Latour nous permet d'affirmer ce fait capital que, au moins dès le règne de Philippe VI, les Etats étaient en possession du droit de voter annuellement l'impôt. Chaque année le roi envoyait des commissaires auprès d'eux leur demander une aide qu'ils accordaient dans telles conditions qu'ils jugeaient à propos [1] : c'est déjà le système que nous retrouverons sous Charles VII. Le rôle des Etats grandit avec les graves événements de 1356 et des années suivantes ; Secousse a exposé avec sa haute érudition, et d'après des documents aujourd'hui en partie perdus, leurs efforts pour pourvoir à la sureté de la

---

[1]. « L'on doit au roy pour le demourant du subside octroyé en la ville de Clermont en Auvergne l'an 1337 que Me Jehan Picot y fut envoyé pour commissaire,. ... ; pour semblable demeure de l'année 1338 que Me Jehan Degré fut commissaire ou pays.... ; pour semblable de l'an 1339 que Me Robert Bleau fut commissaire ou pays, etc. etc. » (Mémoire de la Chambre des comptes contenu dans des lettres de Jean II de 1353. — Verdier-Latour, p. 16).

province, et les aides qu'ils accordèrent au Dauphin [1]. Lorsque l'Auvergne eut été donnée en apanage par Jean le Bon à son fils Jean, aussi duc de Berry, et surtout à partir du règne de Charles VI, le rôle qu'avait joué auparavant le roi, en en obtenant des subsides, fut dévolu au duc de Berry. Jusqu'à sa mort (1416), celui-ci assembla périodiquement les États et ne put jamais lever un impôt sans leur consentement . Par une faveur de Charles VI, l'Auvergne passa ensuite à la maison de Bourbon ; mais c'en était fait de l'omnipotence féodale. Les nombreux subsides que les États d'Auvergne avaient votés à leur duc Jean de Berry furent votés dès lors au profit de la royauté et du Dauphin, depuis 1448 ; les dons qu'ils firent de temps en temps à leur nouveau duc ne venaient, en quelque sorte, que comme un accessoire de l'impôt royal. En somme, on peut dire que, depuis le XIV⁰ siècle jusqu'à l'époque de Charles VII, sauf peut-être sous Charles V, les États de l'Auvergne ont fonctionné régulièrement, c'est-à-dire ont été en possession continue du droit de voter l'impôt [3].

1. *Ord. des rois de France*, t. III, préface, *passim*.
2. Verdier-Latour, *passim*.
3. Sur l'étendue et les divisions financières de l'Auvergne et des autres provinces dont nous nous occupons, voyez l'introduction de la deuxième partie et la carte.

Nous possédons beaucoup moins de renseignements sur le Limousin. En 1355, les Etats accordent une aide au roi Jean et règlent eux-mêmes les conditions dans lesquelles elle devra se lever [1]. Il nous semble permis de conclure de ce fait que, pendant la première moitié du xive siècle, les Etats du Limousin ont été absolument dans les mêmes conditions que les Etats d'Auvergne. Mais en a-t-il été de même postérieurement? De 1370 environ à 1418 le Limousin a appartenu directement à la couronne [2]; pendant tout ce temps, il est certain que des impôts permanents ont dû y être levés [3]. Les Etats étaient-ils réunis régulièrement pour les consentir? En 1374, les gens d'église, nobles et autres, c'est-à-dire les Etats du Limousin, font un traité avec Naudon du Camp, qui occupait alors le château de Ségur, pour le faire déloger moyennant une somme de 10,000 fr.; le roi, à la requête des Etats, décide que, pour le paiement de cette somme, on lèvera, pendant un an, dans le pays, un impôt de 4 deniers sur le vendeur

1. *Ord. des rois de Fr.*, III, p. 684.
1. Il avait été cédé aux Anglais par le traité de Brétigny en 1360.
3. Lettres de Charles VI confirmant le nouveau recensement de feux de la ville de Saint-Junien (Haute-Vienne), février 1395 (Arch. Nat., JJ 147, p. 198, — citées par l'abbé Arbellot, *Chronique de Maleu*, Saint-Junien, 1847).

et 4 deniers sur l'acheteur de toutes denrées ; la surveillance de cet impôt est confiée, en partie, à des délégués des Etats [1]. Mais c'est là un impôt levé dans les conditions toutes spéciales ; l'initiative en appartient, non pas au roi, mais aux Etats. Il n'y a donc rien à en conclure au sujet des contributions ordinaires levées par ordre du roi. Au contraire, en tenant compte de l'esprit gouvernemental de Charles V et surtout de Charles VI, on peut croire que les Etats ne conservèrent pas, à cette époque, le privilège dont ils avaient joui et dont ils retrouvèrent l'usage plus tard, celui de voter l'impôt royal : du moins nous n'avons aucun indice que les Etats aient fonctionné régulièrement sous le gouvernement de Charles VI. Lorsque nous les retrouvons, ils se sont scindés en Etats du Haut-Limousin et Etats du Bas-Limousin avec des circonscriptions distinctes.

Pour la Marche, nous n'avons aucun document assuré avant 1420. Nous ignorons s'il y a jamais eu des États communs à la Haute et à la Basse-Marche ; toujours est-il que dès 1420, et pendant tout le règne de Charles VII, ce qu'on appelait le pays et comté de la Marche ne comprend en réalité

---

[1]. Lettres de Charles V au capitaine ou gouverneur de Limousin (Jean de Sempy) à ce sujet, 27 septembre 1374. (Bibl. nat., *Latin* 17118, p. 23-4, copie.)

que la Haute-Marche, à laquelle on rattachait les châtellenies de Montaigut-en-Combraille [1] et de Rochefort [2] qui avaient le même seigneur féodal.

En 1357, le Franc-Alleu était rattaché à l'Auvergne, dont il a toujours dépendu au point de vue judiciaire ; plus tard il fut compris dans le Limousin comme étant du diocèse de Limoges. Dans les premières années du règne de Charles VII, il était taxé avec le Haut-Limousin dont on le regardait comme une enclave. Mais les habitants protestèrent sans cesse contre cette mesure et notamment en 1435, où ils refusèrent de payer leur quote-part d'un impôt voté par les Etats du Haut-Limousin [3]. Aussi, dès 1437, le roi nomma-t-il des commissaires spéciaux chargés d'assembler les Etats particuliers du Franc-Alleu qui ne datent réellement que de cette dernière année.

§ III. — *Les Etats provinciaux sous Charles VII de 1418 à 1451.*

Les circonstances dans lesquelles débuta le gouvernement de Charles VII [4] étaient éminemment

1. Puy-de-Dôme.
2. Commune et canton de Sornac (Corrèze).
3. Voy. Bibl. nat., *Clair.* 200, p. 8319, et *Pièces justif.* XXII.
4. Pour nous, le règne de Charles VII commence réellement

propres à favoriser le réveil des libertés provinciales fort peu respectées par Charles VI. Obligé de quitter Paris pour échapper au massacre, déshérité bientôt par son père, le dauphin ne pouvait se concilier les provinces du centre et du midi qu'en réagissant contre le gouvernement tyrannique de son prédécesseur. Aussi un de ses premiers actes fut-il d'abolir tous les impôts qui avaient été levés jusqu'alors : c'était là une mesure d'une portée immense ; c'était reconnaître, en quelque sorte, que ces impôts avaient été perçus illégalement, et, par suite, s'engager à ne lever aucune contribution sans le consentement des Etats ou généraux ou provinciaux. En même temps, les progrès des Anglais dans le Midi obligeaient les provinces à pourvoir à leur sûreté et l'absence d'un pouvoir central suffisamment fort les engageait à ne compter que sur elles-mêmes. De là la naissance d'un sentiment énergique de patriotisme local dont les Etats provinciaux se trouvèrent être naturellement l'expression. Il se produisit, dans une certaine mesure, à ce moment-là, ce qui c'était déjà produit en 1356 après la bataille de Poitiers. La session des Etats du Limousin tenue à Tulle en septembre 1419, en

---

en 1418, au moment où son autorité est seule reconnue dans nos provinces.

l'absence de tout contrôle du pouvoir central [1], fait songer aux Etats d'Auvergne réunis à Clermont en décembre 1356 [2].

La puissance que les circonstances avaient donnée aux Etats provinciaux dura, plus ou moins affaiblie, jusque vers 1451 : à ce moment, la royauté, obligée jusqu'alors de compter avec eux, se trouva assez forte pour se passer de leur contrôle.

De 1418 à 1451, les Etats de nos provinces du centre furent régulièrement réunis par Charles VII pour le vote de l'impôt, au même titre que ceux des pays d'Etats. Ce fait est suffisamment mis en lumière par le catalogue des sessions que nous sommes parvenu à dresser [3]. Nous ne voulons pas y insister autrement, et nous allons étudier immédiatement, dans tout leur détail, les conditions au milieu desquelles cette institution a fonctionné pendant plus de trente années.

1. Voy. Bibl. nat., *Baluze*. 393, pièce 634, et plus loin p. 50.
2. Voy. sur cette session Secousse, préf. du t. III des *Ordonnances*.
3. Voyez plus loin, deuxième partie.

PREMIÈRE PARTIE

CHAPITRE PREMIER

Constitution et organisation des États provinciaux.

§ I. — *De ceux qui faisaient partie des États.*

Les Etats se composaient de la réunion des gens des trois états de la province : clergé, noblesse, tiers-état. Examinons comment chacun de ces corps y était représenté.

Le clergé venait le premier, non qu'il se trouvât dans des conditions différentes de celles de la noblesse, mais par une simple marque de déférence que nul au moyen âge ne songeait à contester. En effet, il ne figurait dans ces assemblées qu'à raison du rôle qu'il jouait dans le système féodal, c'est-à-dire à cause de ses possessions territoriales et comme représentant des sujets qui se trouvaient sous sa dépendance. Il va de soi, par conséquent, que seuls les chefs des maisons religieuses, dont les biens étaient considérables, comme abbayes, prieurés, collégiales, etc., étaient admis aux Etats, tandis que les membres du clergé inférieur, les simples curés, vicaires, etc., n'avaient rien à y voir. En somme, les évêques étaient presque les seuls membres du clergé séculier qui prissent part à ces assemblées, à raison des nombreuses prérogatives et possessions féodales dont ils jouissaient le plus souvent à cause de leur siège. Enumérons rapidement les établissements religieux qui étaient représentés aux Etats dans nos différentes provinces.

Les documents relatifs à l'Auvergne nous donnent la liste suivante [1].

Evêchés : de Clermont et de Saint-Flour ; *chapitres :* de Clermont et de Brioude ; *abbayes :* d'Artonne (près d'Aigueperse), d'Aurillac, de la Chaise-Dieu, de Maurs, de Menat et de Mozat (canton de Riom) ; *Prieurés :* d'Ebreuil, de Sauxillanges et de Lavoûte ; *grand prieuré* d'Auvergne (ordre de Saint-Jean de Jérusalem).

Il est probable, il est même à peu près sûr que d'autres abbés et prieurs avaient entrée aux Etats ; mais la liste que nous venons de donner fournit, sinon tous ceux qui en droit pouvaient y figurer, au moins ceux qui en fait y assistaient le plus souvent.

---

1. Voy. les différentes *Instructions* de la Basse-Auvergne, Bibl. nat. *Fr.* 22296 et celles de la Haute-Auvergne : Bibl. nat., *Clair.* 119, et A. nat., K. 68, n° 2 (*Pièces just.*, LI et LVIII).

Nous ferons la même observation au sujet de la liste suivante pour le Haut-Limousin [1] :

Evêché : de Limoges ; *abbayes :* de Saint-Augustin, de Saint-Martial [2] et de Saint-Martin de Limoges, de Grandmont (commune de Saint-Sylvestre, Haute-Vienne) ; *prieuré :* de Bénévent ; *collégiales :* du Dorat, d'Eymoutiers et de Saint-Junien ; *chapitre* de Limoges ; *commanderie* (Saint-Jean de Jérusalem) : de Paulhac (commune de Saint-Etienne-de-Fursac, Creuse).

Nous avons pu réunir une liste un peu plus complète pour le Bas Limousin, grâce surtout à une pièce de 1419 conservée par Baluze [3].

Evêché : de Tulle ; *abbayes :* de Beaulieu, de Bonnaigue (commune de Saint-Fréjoux), de Meymac, d'Obasine, d'Userche, de Vigeois et de Vallette ; *prieurés :* de Bonnesaigne (femmes, commune de Combressol), du Port-Dieu et de Saint-Angel ; *prévôtés :* de Clergoux, de Naves et de Vallette ; *commanderie* : de Bellechassaigne.

Pour la Marche, les documents étant beaucoup moins nombreux, nous n'avons pu constater la présence aux Etats que du prieur de Jarnage. Quant au Franc-Alleu, nous n'avons absolument rien pu découvrir sur la représentation du clergé.

1. Voy. Bibl. nat. *Fr.* 23902 et 20594, p. 32.
2. Représentée par le prévôt de Roussac (près Bellac, Haute-Vienne).
3. Voy. *Pièces just.*, I, et aussi Bibl. nat. *Fr.* 25711, p. 56 (acte de 1412).

Les membres de la noblesse qui assistaient aux Etats provinciaux étaient plus nombreux que ceux du clergé. Bergier a longuement discuté la question de savoir si tout possesseur de fief avait le droit de comparaître aux Etats d'Auvergne. Il nous paraît à peu près impossible de résoudre la question de droit; mais, en fait, une quarantaine de seigneurs au plus comparaissaient habituellement aux Etats d'Auvergne, et, comme le disent certains documents, « avoient acoustumé de cognoistre et decider des affaires du pays »; ceux-là seuls du moins touchaient une indemnité pour leur comparution. La même chose se pratiquait sans doute dans les autres pays; mais il est difficile de donner une règle absolue et uniforme. Le 3 décembre 1418, le sénéchal de Limousin, Geoffroy de Mareuil, récemment arrivé dans le pays, voulut convoquer les nobles du Haut-Limousin à Limoges et ceux du Bas-Limousin à Brive : une pièce nous apprend que cela exigea environ quatre-vingt-dix lettres closes de convocation [1] : on voit qu'une bonne partie de la noblesse se trouvait mandée, et cependant cela devait faire tout au plus le quart des possesseurs de fiefs du pays.

Voici, pour chaque province, la liste des nobles que les documents nous ont fournie :

AUVERGNE [2] : le duc de Bourbonnais et d'Auver-

---

1. Bibl. nat. *Fr.*, 26042, p. 5307.
2. Mêmes sources que pour la liste du clergé.

gne, le comte de Montpensier, dauphin d'Auvergne, le comte de Boulogne et d'Auvergne, le vicomte de Lamothe, les seigneurs d'Allègre, d'Arlanc, de Beaumont, de Blot-l'Eglise, de Châteauneuf-sur-Sioule, de Chazeron (commune de Loubeyrat), de Combronde, de Cusse, de La Fayette, de Langeac, de La Roue (commune de Saint-Anthème, près d'Ambert), de Marsac, de Mercœur, de Merdogne de Montaigu-sur-Champeix, de Montboissier (commune de Brousse), du Montel-de-Gelat, de Montmorin, d'Olliergues, de Ravel, de Saint-Nectaire, de Tournoël (près de Volvic), pour la Basse-Auvergne ; le comte de la Marche à cause de ses seigneuries de Carlat et de Murat, les seigneurs d'Apchon, de Brezons, de Châteauneuf, de Chaudesaigues, de Dienne, de Lastic, de Montal et de Pierrefort, pour la Haute-Auvergne.

Franc-Alleu [1] : les seigneurs de Barmont (commune de Mautes, Creuse), de Crocq, de la Roche-Aymon, de Magnat-Létranges, du Montel-de-Gelat, de Salvert (commune de Fontanière), de Tinières, Hugues de Bonneval et Frenot de Rochefort, seigneur de Saint-Angel, (peut-être à cause de la Courtine).

Bas-Limousin [2] : les vicomtes de Limoges, de Comborn et de Ventadour; les seigneurs d'Anglars (commune de Sainte-Marie-La-Panouse, Corrèze),

---

1. Voy. Bibl. nat. *Clair.* 200, p. 8319.
2. Mêmes sources que pour la liste du clergé.

d'Aix, de Blanchefort (commune de la Grolière), de Charlus-le-Pailloux (commune de Saint-Exupery), de Châteauvert (commune de la Courtine, Creuse), de Donzenac, d'Eygurande, de Gimel, de Lestranges, de Malemort, de Maumont, de Meilhars, de Mirambel, du Monteil, de Richemont, du Saillant, de Saint-Angel, de Saint-Chamand, de Saint-Jal, de Saint-Yrieix-le-Déjalat, de Sainte-Fortunade et de Villac.

Haut-Limousin [1] : le vicomte de Limoges, le comte de la Marche (à cause de la Basse-Marche); les seigneurs des Cars, de Châteauneuf, de Cros, de la Chèze (commune de Peyrat, près Bellac), de la Coste-au-Chat, de la Villate, de Laurière, de Magnac-Laval, de Peyrusse (à cause de Montaigu-le-Blanc, Creuse?), de Pierre-Buffière, du Ris-Chauveron (commune d'Azat-le-Ris), de Royère et de Touron.

Marche [2] : le comte de la Marche, les seigneurs de la Borne (commune de Blessac, Creuse) et du Dognon (commune du Chatenet-en-Dognon, Haute-Vienne), de Dun-le-Paleteau et de Malval (commune de Bonnat, Creuse).

Les membres de la noblesse et du clergé, avons-nous dit, étaient censés représenter aux Etats les sujets qui dépendaient d'eux; par suite, une grande partie de ce que nous appelons le tiers-état, c'est-à-dire toute la population rurale, ne figurait pas dans

1. Mêmes sources que pour la liste du clergé.
2. Voy. Bibl. nat., *Fr.* 23901.

ces assemblées : c'est ce qu'on appelait le plat pays. Le troisième ordre n'était représenté que par quelques villes qui, par leur importance, avaient su se mettre au niveau de la noblesse et du clergé : on les appelait les bonnes villes. La liste des bonnes villes de la Basse-Auvergne est connue ; elles étaient au nombre de treize. Les voici dans l'ordre où nous les donne un document de 1449 : Clermont, Riom, Montferrand, Aigueperse, Saint-Pourçain, Cusset, Billom, Brioude, Issoire, Langeac, Auzon, Saint-Germain-Lembron et Ebreuil. M. Rivière, à la suite de Bergier, donne six villes pour la Haute-Auvergne : Saint-Flour, Aurillac, Mauriac, Salers, Chaudesaigues et Maurs. Il est possible que, vers la fin du XV° siècle, Mauriac et Salers aient compté parmi les bonnes villes, mais, dans les documents que nous avons vus, nous ne les avons jamais trouvées mentionnées [1].

Pour le Bas-Limousin pas plus que pour les autres provinces, nous n'avons des renseignements aussi précis. Nous ne pouvons que donner les noms des villes que nous avons trouvées mentionnées sans affirmer que ce fussent les seules qui envoyassent des députés aux États. Les voici d'après une pièce de 1419 déjà citée [2] : Brive, Donzenac, Ussel,

---

1. Voy. *Pièces just.*, II, où l'on trouve Saint-Flour, Aurillac et Maurs ; Chaudesaigues est mentionnée en 1446 (Bibl. nat., Fr. 22296).

2. *Pièces just.*, I.

Meymac, Neuvic. Il est plus que probable qu'on doit y ajouter Tulle et probablement aussi Userche.

Haut-Limousin [1] : Limoges, La Souterraine, Eymoutiers, Saint-Junien et Bellac.

Pour la Marche, nous n'avons pu constater la présence que des députés d'une seule ville : Guéret [2].

Pour le Franc-Alleu enfin, les documents ne nous fournissent absolument rien; peut-être, grâce au peu d'étendue de ce pays, le tiers-état était-il admis aux assemblées sur une plus large base : c'est ce que semblerait indiquer une pièce de 1435 [3].

§ II. — *Convocation des États.*

Nous avons vu quels étaient les membres qui figuraient aux États provinciaux. Pour se réunir en assemblée à jour fixe, ils avaient nécessairement besoin d'être convoqués : examinons de quelle source pouvait émaner la convocation et dans quelles conditions elle se faisait.

Dans les pays qui correspondaient exactement à une division féodale, comme le duché d'Auvergne, le comté de la Marche, le droit de convoquer les

---

1. *Pièces just.*, XXIV, n° 21, et XXXIII, n° 28.
2. *Ibid.*, XXXVIII, 3, n° 8.
3. « Les quiels [seigneurs] d'une meisme voix, et aveecques leurs diz hommes et subgiez a certain pour passé pour ce ensemble convoquez et assemblez...... » 20 mai 1435 (*Pièces just.*, XXII, n° 2).

Etats appartenait naturellement au duc ou au comte, et nous ne voyons pas que sous Charles VII on n'ait mis en principe aucune entrave à l'exercice de ce droit. Lorsque, pour quelque raison, le seigneur ne pouvait s'occuper lui-même de l'administration de son fief, le droit d'assembler les Etats passait à son lieutenant général : ainsi, le 27 mai 1430, nous voyons les Etats d'Auvergne réunis à Issoire sur convocation du comte de Clermont, lieutenant général de son père Jean, duc de Bourbonnais et d'Auvergne, alors prisonnier en Angleterre [1] ; le 17 juillet 1432, quand Jacques de Bourbon, comte de la Marche, institue pour son lieutenant général son gendre Bernard d'Armagnac, il lui accorde spécialement « plain povoir de convoquer et assembler en nosdictes terres et seigneuries et en chascune d'icelles les gens des Trois Estaz de nosdictes terres et seigneuries, et a eulx requérir et imposer aides et subsides ainsi que bon lui semblera [2] ».

Mais au-dessus du duc d'Auvergne, du comte de la Marche, il y avait le roi de France. A l'origine et pendant une partie du xiv⁰ siècle, quand le roi voulait lever un impôt sur les sujets d'un de ses grands vassaux, il s'adressait à ce vassal pour obtenir son consentement [3] ; à l'époque que nous étu-

---

1. Pièce publiée par M. Rivière, *Institutions de l'Auvergne*, II, 498.
2. Arch. nat., P. 1363², cote 1209.
3. Ainsi pour la Marche en 1344 (Arch. nat. P. 2291 pages 823-4, copie).

dions, il se passe de cet intermédiaire et convoque directement et en son nom les Etats provinciaux de son vassal pour leur requérir une aide : c'est ainsi que presque toutes les assemblées d'Etats de l'Auvergne et de la Marche que nous avons relevées ont été convoquées directement par le roi.

Dans les pays réunis à la couronne, comme le Limousin, il va de soi que c'est aussi le roi qui convoque les Etats, ou, en cas d'empêchement ou d'absence, le régent[1]. Au-dessous et en dehors du roi nous ne voyons qu'une personne investie du même pouvoir, c'est le lieutenant général ou gouverneur. Un formulaire pour la nomination d'un lieutenant ou capitaine général dans les pays de Poitou, Saintonge et Angoumois dit expressément : « à icellui avons donné et donnons plein povoir, auctorité et mandement especial, appellez avecques lui noz seneschaulx ou bailliz desdiz païs pour l'acompaigner et conseillier, demander et faire assembler les Trois Estaz d'iceulx païs et leur requerir et demander telle aide de finance et autrement comme sera expedient[2] ». En fait, nous voyons Jacques de Bourbon, nommé par le roi gouverneur de la Basse-Marche, convoquer à ce titre les Etats du pays à Bellac, le 9 janvier 1424, et en obtenir

---

1. C'est en cette qualité que Charles VII convoqua toutes les assemblées tenues de 1419 à 1422.
2. Bibl. nat., *Fr.* 5024, fol. 166. — avant 1426.

une aide de 4,500 écus pour remettre en son pouvoir le château du Dorat [1].

Tel est le droit généralement reconnu et pratiqué sous Charles VII. Toutefois, si l'on tient compte des circonstances critiques que la France a traversées pendant ce règne, de l'anarchie des premières années et d'une certaine tendance des provinces à l'autonomie, on doit s'attendre à trouver des exceptions. Citons en deux assez remarquables. Les Anglais s'étant emparés du château d'Auberoche, en 1419, désolaient le Limousin par leurs incursions. Quelques seigneurs du pays, et à leur tête le vicomte de Limoges (par procureur), le vicomte de Comborn et le comte de Ventadour, résolurent d'aller assiéger la place et, pour couvrir les frais de l'expédition, de lever une taille de 24,000 francs sur la province. Il fallait assembler les Etats pour les faire consentir à cet impôt. Sans aucune intervention du lieutenant général ou du régent, les seigneurs convoquèrent à Tulle, le 3 septembre, les Etats du Bas-Limousin, leur firent exposer l'affaire par commissaires et obtinrent leur assentiment [2]. L'autre exemple est emprunté au Franc-Alleu. Les Etats du Haut-Limousin avaient accordé au roi une aide de 3,000 francs au mois de novembre 1434, et les commissaires avaient taxé le Franc-Alleu pour sa part

---

1. Arch. nat., *Reg. du Parlem.*, X 2 A 18, à la date du 30 juin 1424.
2. Voy. *Pièces just.*, I.

à 580 francs ; au mois de mai 1435, arrive dans ce dernier pays un sergent de Limoges pour contraindre les habitants à payer leurs cotes respectives ; aussitôt, sur l'initiative des principaux seigneurs, une assemblée d'Etats se réunit qui répond unanimement que le pays n'est pas contribuable avec le Haut-Limousin, et que, supposé qu'il le soit, les Etats n'ont pas été appelés pour consentir l'impôt qu'on veut leur faire payer [1].

Quelle que fût la source d'où émanât la convocation, elle se faisait toujours de la même manière. On écrivait une série de lettres closes au nom de celui ou de ceux qui prenaient l'initiative de la convocation, et ces lettres étaient envoyées aux membres de la noblesse et du clergé et aux villes qui prenaient part à l'assemblée. Nous avons la preuve de ce fait pour tous les pays dont nous nous occupons [2], et pourtant nous n'avons pu retrouver aucune de ces lettres qui, par

---

1. *Pièces just.*, XXII.

2. *Auvergne* : « A Robin Ogier, chevaucheur de l'escuierie du roy nostredit sr, pour avoir porté les lettres closes du roy aux seigneurs et gens de bonnes villes du hault Païs pour les assembler..... x l. t. » 1444. (*Pièces just.*, LI, n° 33.)

Franc-Alleu : « Aux clers lesquelz ont fait pluseurs lettres closes, papiers et commissions touchans le fait dudit aide, x l. t. » 1438. (*Ibid.*, XXX, n° 7.)

Bas-Limousin : « A Jehan Garnier, clerc des offices du roy, pour avoir escript pluseurs lettres clouses dudit seigneur ausdiz trois Estaz pour les assembler..... x l. t. » 1438. (*Ibid.*, XXXII, n° 7.)

Haut-Limousin : « Aux clers qui ont fait les lettres closes

leur nature même, il faut le dire, ne devaient guère se conserver. Qu'on nous permette cependant d'en emprunter deux modèles à des pays voisins. Le premier émane de Charles VII dauphin : ce sont les lettres closes adressées à la ville de Lyon pour la convoquer aux Etats de Lyonnais au mois de juillet 1422. Nous avons la preuve que les Etats de l'Auvergne et du Haut-Limousin se réunirent à la même époque pour le même objet par mandement du dauphin ; nous pouvons donc affirmer sans crainte que les bonnes villes de ces deux pays reçurent des lettres identiques. Voici ces lettres :

De par le régent le royaume dauphin de Viennoiz [1].

Tres chiers et bien amez, pour vous exposer et de par nous notifier aucuns advis euz et deliberez en nostre grant conseil pour le relievement et reparacion des grans inconveniens par vous et les autres bons vassaulz et subgiez de ceste seigneurie supportez à cause de l'affoiblissement des monnoies, et sur ce et autres choses touchans et regardans le tres grand bien de toute la chose publique et aussi le fait et conduite de la guerre pour le temps avenir par ma-

---

des trois Estaz..... et messaiges qui ont porté lesdictes lettres, pour tout ce, xx l. t. » 1437. *(Ibid.*, xxxviii, n° 22.)

Marche : « A Macé Bardoys, clerc, pour avoir fait..... plusieurs lettres closes du roy nostre sire pour l'assemblée desdiz Estaz, x l. t. » 1445. *(Ibid.*, lvi, n° 14.)

1. Arch. de Lyon AA 20, fol. 27, original en papier.

niere non tant grevable à un chascun comme a esté celle desdictes monnoies, avons chargé aucuns de noz plus especiaulx officiers et serviteurs estre le $\text{\uppercase{iii}}^e$ jour de juillet prochainement venant en la ville de Lion afin de vous bien a plain déclarer nostre entencion sur icelles choses et y prandre final appointement avecques vous et autres commis et deputez pour la part des gens des trois estaz du païs de Lionnoiz; pour quoy voulons et tres expressement vous mandons que vous ordonnez et deputez trois ou quatre des plus notables d'entre vous qui soient à icelle assemblée, fondez de par vous de povoir souffisant pour oïr et consentir de vostre part tout ce qui à ladicte assemblée sera avisé et conclud; et gardez, toutes excusacions cessans et meismes sur la loyauté et obeissance que nous devez, que en ce n'ait par vous aucun defaut. Notre Seigneur soit garde de vous. Escript en nostre ville de Bourges le xe jour de juing.

  Charles.   O. Morchesne.

L'autre pièce émane du conseil du duc d'Anjou et peut nous donner une idée des convocations lancées, par exemple, au nom du comte de la Marche ou du duc d'Auvergne et adressées à un membre de la noblesse :

Tres cher frere et honnoré seigneur, plaise vous savoir que nous avons ensemble advisé que, considerées les grans mutations et nouvelletez qui continuelment adviennent en ce royaume, est necessité pour le bien du roy et de ce païs de assembler ensemble les Estaz de cedit païs et espécialment les nobles, pour advertir et avoir advis que est de faire à obvier et pourveoir aux inconveniens et dommages qui par default de bonne provision se pourraient en brief ensuir, à quoi chascun est tenu et doit avoir l'œul en toute diligence pour le bien de soy mesmes et pour la salvation du païs. Si vous prions, tant acertes que plus povons, qu'il vous plaise venir et estre en ceste ville d'Angers au samedi prouchain après Quasimodo, qui sera le xiiie jour de ce present mois d'avril auquel les prelas, nobles et autres de ce païs sont mandez y estre, et vous ferez le bien, honneur et prouffit de vous mesmes et de tout le païs; si n'y veuillez faillir, car en si haulte chose et qui si grandement vous touche, ne vouldrions besoigner sans vous. Tres-cher frere et honnoré seigneur, Nostre Seigneur vous ait en sa sainte garde. Escript à Angiers le premier jour d'avril.

Le comte de Vendosme, l'evesque d'Angiers, les seigneurs de Maillé et de Montjehan et les gens du conseil de la royne et du roy de Secile estant à Angiers [1].

On dit généralement que les Etats d'un pays se réunissaient régulièrement dans la capitale de ce pays. Sans parler des discussions que peut soulever fréquemment ce titre de capitale, c'est là une affirmation beaucoup trop rigoureuse. Il suffit pour s'en convaincre de se livrer à un peu de statistique. Or,

1. Adressée à François de Montberon, seigneur de Maulevrier et vicomte d'Aunay (Arch. nat., *Parlement*, X²A 21, année 1426).

que trouvons-nous? Pour l'Auvergne, sur trente sessions dont nous connaissons le lieu, il s'en est tenu sept à Montferrand, six à Riom, six à Clermont, cinq à Issoire, quatre à Aigueperse, une à Billom, une à Thiers [1]. Du Franc-Alleu nous ne connaissons le siège que de deux assemblées : elles se tinrent l'une à Bellegarde et l'autre à Croq. En Bas-Limousin, nous avons, sur huit sessions : quatre à Tulle, deux à Userche, une à Ussel, une à Laguenne [2]. Pour le Haut-Limousin, sur douze sessions : cinq à Limoges, trois à la Souterraine, deux au Dorat, une à Saint-Léonard, une à Eymoutiers. Pour la Marche enfin, sur sept sessions, quatre à Guéret et trois à Chénerailles. On voit qu'on ne peut rien dire de bien précis à ce sujet. Le choix du lieu des sessions devait évidemment dépendre de circonstances plus ou moins passagères. Pourquoi les Etats du Bas-Limousin se réunirent-ils dans le petit village de Laguenne au mois de septembre 1442? Peut-être parce qu'il y avait alors quelque épidémie à Tulle. L'espèce d'alternance que l'on remarque dans les sessions des Etats de la Marche entre Guéret et Chénerailles s'explique par ce fait que la première de ces deux villes était la résidence du chancelier, Jean Barton, et la seconde, celle du trésorier, Jacques de la Ville. En somme, il convient de ne pas affirmer autre chose, sinon que

---

1. Nous ne relevons que les sessions générales du haut et du bas pays.
2. Petite commune tout près de Tulle.

les Etats se réunissaient dans une des villes principales.

Il arrivait même quelquefois que la session se tînt en dehors de la province : en 1446, les Etats de l'Auvergne, sans doute sur la convocation de leur duc, se réunirent à Gannat en Bourbonnais ; en 1439, les Etats du Bas-Limousin se tinrent à Limoges. Nous voyons les mêmes Etats réunis en présence du roi à Bourges et à Tours en 1438 et 1444 : mais, à vrai dire, ces deux dernières mentions s'appliquent plutôt à des délégués des Etats qu'à de véritables sessions.

§ III. — *Mode de nomination des membres des Etats. Procurations, mandats, indemnités.*

Chaque membre de la noblesse recevant une lettre de convocation personnelle pour se rendre aux Etats, il n'y avait pas lieu à une élection préalable. Il n'en était pas de même pour les deux autres ordres. On peut, en effet, se demander si les abbés, etc., consuls, etc., recevaient également une lettre personnelle ou s'il y avait une élection pour la nomination des représentants de l'abbaye, de la ville. La question peut se résoudre par l'examen de la suscription des lettres de convocation. En ce qui concerne le clergé, Pierre Robert, dans son inventaire manuscrit des archives du chapitre du Dorat, signale « une lettre du roy Charles par laquelle messieurs du chapitre

furent convoqués aux Trois Estats a Lymoges [1] ».
Ainsi les lettres étaient adressées à tous les membres
du chapitre qui avaient à choisir un délégué : cette
opinion est confirmée par des faits. Si, en effet, nous
trouvons fréquemment aux assemblées l'abbé du
Dorat, le doyen de Limoges, nous y trouvons cependant à leurs places : en 1442, le chantre du Dorat [2],
en 1438, le procureur du chapitre de Limoges [3]. Ces
faits, il est vrai, n'ont de valeur que pour le Haut-
Limousin. Il semble qu'en Auvergne il n'en fut pas
ainsi ; en effet, nous trouvons toujours les abbés,
prieurs, etc., comparaissant en personne ou par un
procureur rigoureusement personnel [4]. Quant aux
villes, les lettres closes que nous avons transcrites
plus haut [5] sont adressées « à noz tres chiers et bien
amez les conseillers, bourgoiz et habitans de la
ville de Lion ». Il est vraisemblable que les lettres
envoyées aux bonnes villes de l'Auvergne, du Franc-
Alleu, du Limousin et de la Marche portaient la
même suscription. Par conséquent, le droit de représenter la ville aux Etats n'était pas attaché aux
fonctions de consuls, élus ou conseillers, comme
cela eut lieu plus tard dans les pays d'Etats, mais
il fallait une élection pour choisir les députés. A

1. Bibl. de Poitiers, coll. D. Fonteneau, XXX, p. 635.
2. Bibl. nat., *Portef. Fontanieu* 119-120, date du 30 avril 1443.
3. *Pièces just.*, LVIII, n°* 41, 42, 48.
4. *Ibid.*, XXIII, n° 20.
5. Voy. p. 41.

Lyon, ce choix se faisait de concert par les conseillers en fonction et les principaux habitants réunis spécialement à cet effet. A plus forte raison, une élection était-elle indispensable dans les villes qui n'avaient ni consuls ni gouvernement, car plusieurs de ces villes étaient représentées aux Etats : citons seulement Bellac et la Souterraine, en Haut-Limousin, où nous sommes sûrs qu'il n'y avait pas d'organisation communale. Le plus souvent chaque ville choisissait deux députés, mais il n'y avait rien de fixe à ce sujet.

Si les membres de la noblesse et quelques-uns du clergé étaient convoqués en personne, ils pouvaient se faire représenter par des procureurs et fondés de pouvoirs. Les femmes qui, à raison de la possession d'un fief, avaient droit de comparaître, le faisaient de cette manière. Nous n'avons pu retrouver le texte d'aucun acte de procuration pour assister à une assemblée d'Etats. Les députés des villes recevaient également un acte en forme, en vertu duquel ils représentaient leurs commettants et stipulaient en leur nom. Ce mandat devait généralement contenir, conformément aux ordres du roi, le pouvoir pour les députés d'ouïr et consentir, au nom de la ville, tout ce qui serait décidé et conclu par l'assemblée.

Une question intéressante à examiner est celle des indemnités accordées aux membres des Etats. Les pratiques étaient assez différentes suivant les pays. Pour la Haute-Auvergne, il a toujours été de règle que les députés envoyés isolément par la noblesse, le clergé, et les villes aux assemblées plénières toujours réunies dans la Basse-Auvergne fussent indemnisés par tout le pays. Il n'en était pas de même dans la Basse-Auvergne : là il y avait une distinction profonde entre les treize bonnes villes et le plat pays et deux assiettes d'impôts distinctes. C'est le plat pays seul qui supportait la charge des indemnités que les gens d'église et nobles s'accordaient eux-mêmes, et dans une large mesure, pour assister aux Etats ; quant aux députés des villes, ils n'étaient pas indemnisés par un impôt collectif, mais chaque ville s'entendait avec ses délégués pour leurs frais de déplacement. Le montant de l'indemnité variait suivant l'importance du personnage : lorsque le duc d'Auvergne assistait en personne à la séance, ce qui n'était pas très-fréquent, on allait jusqu'à lui accorder de ce chef la somme vraiment exorbitante de 1,000 livres tournois [1] ; ensuite venaient : le comte de Montpensier, dauphin d'Auvergne, le comte de Boulogne et d'Auvergne et l'évêque de Clermont, qui touchaient généralement 200 fr.; l'évêque de Chartres, puis d'Alby [2], seigneur de Mercœur, le marquis de Canilhac, vicomte de Lamothe, les seigneurs de Ravel et de Langeac, auxquels on assignait 100 francs ; puis les autres nobles et ecclésiastiques qui se contentaient de 20 à 80 francs.

---

1. Ce qui eut lieu en février 1446 (Bibl. nat., *Fr*. 22206).
2. Robert Dauphin.

Lorsqu'un seigneur noble ou d'église se faisait représenter, c'est le procureur qui touchait l'indemnité qui alors était généralement fixée à 5 francs [1]. Pour la Haute-Auvergne, les frais étaient beaucoup moins considérables. En 1449, nous voyons assigner pour avoir été à l'assemblée de Montferrand : à l'évêque de Saint-Flour et au seigneur de Lastic (chargés, de plus, de faire la répartition de l'impôt), chacun 100 francs; au baile de Murat pour le comte de la Marche, 30 francs; au seigneur de Montal, 15 francs; à la ville d'Aurillac, 15 francs; à celle de Saint-Flour, 20 francs; à celle de Maurs, 5 francs, etc. [2].

Le même usage ne se retrouve nulle part; partout les députés des villes sont indemnisés par les villes mêmes qui les envoient. Généralement les membres des Etats ne reçoivent aucun argent pour le simple fait d'avoir assisté aux séances; ceux-là seuls sont indemnisés qui ont été choisis par l'assemblée pour assister, avec les commissaires du roi, à l'assiette des impôts. On trouve cependant quelques exemples de sommes allouées à divers personnages pour avoir assisté aux Etats; mais le plus souvent la présence aux assemblées est confondue avec la mention de services rendus au pays qui est la véritable cause de l'allocation. Dans la Marche, l'absence d'indemnités personnelles trouve sa compensation dans une mesure que nous voyons constamment appliquée : la

---

[1]. Voy. *Pièces just.*, LVIII *passim*.
[2]. Bibl. nat., *Clair.* 119, *fol. ultimo*.

dépense « tant de bouche que autrement », faite par les membres des Etats pendant la durée de la session, était soldée aux frais du pays tout entier [1].

§ 4. — *Tenue des Etats.* — *Présidence.* — *Mode de délibération.*

Les détails sur la manière dont se tenaient les assemblées d'Etats sous Charles VII sont très-rares, par ce fait qu'il n'a guère été rédigé, ou du moins qu'il n'est guère parvenu jusqu'à nous, de procès-verbaux circonstanciés. Aussi devons-nous regarder comme une bonne fortune la conservation d'une pièce relative au Bas-Limousin, recueillie par Baluze et signalée par lui dans son *Historia Tutelensis* [2]. Bien que l'assemblée sur laquelle elle nous fournit des renseignements ait été réunie d'une façon assez irrégulière, les détails qu'elle nous fait connaître peuvent nous donner une juste idée de ce qu'était, à cette époque, une session d'Etats provinciaux. Nous avons dit plus haut que quelques seigneurs du Limousin ayant résolu d'assiéger la place d'Auberoche, occupée par les Anglais, assemblèrent les Etats pour leur demander l'octroi à cet effet d'une somme de 24,000 francs. Le 4 septembre 1419

---

1. *Pièces just.*, XXXVIII, nos 12 et 13.
2. *Pièces just.*, I. L'original se trouve à la Bibl. nat., *Baluze* 393, n° 634.

au matin, une première séance se tint dans le réfectoire de l'église de Tulle. Au nom des seigneurs qui avaient pris l'initiative de la convocation, les seigneurs de Blanchefort et de Vilhac exposèrent à l'assemblée les motifs qui l'avaient fait convoquer et demandèrent aux Etats l'octroi de la somme de 24,000 francs.

Les députés de la ville de Brive, en leur nom propre, réclamèrent quelques heures de réflexion et promirent de répondre aux demandes des commissaires dans l'après-midi. La séance fut alors probablement levée pour permettre aux membres des Etats de préparer leur réponse et de se concerter entre eux comme ils l'entendraient. Toujours est-il que dans l'après-midi, et par devant notaire, les députés de Brive consentirent, au nom de leur ville, à la levée de l'aide demandée. Le lendemain, nouvelle réunion dans l'église cathédrale; les députés de Donzenac donnent leur consentement séance tenante. Le surlendemain enfin, 6 septembre, toujours dans la cathédrale et en présence des seigneurs de Blanchefort et de Vilhac, comparaissent : Gui, abbé d'Userche, pour lui et comme procureur des abbés d'Obasine, de Beaulieu et de Vigeois ; frère Jacques des Champs, prévôt de Naves, en son nom et comme vicaire spirituel député par le roi dans le diocèse de Tulle ; noble homme Jean la Peyssaria, en son nom et comme procureur des abbés de Meymac, de Bonnaigue et de Vallette, des prieurs du Port-Dieu et de Saint-Angel et de la prieure de Bonnesaigne, et enfin noble Bertrand Arramil au nom du seigneur de Gimel, qui tous et chacun de leur côté, avec diverses restrictions, consentent à la levée des 24,000 fr. A leur tour, les commissaires donnent leur consentement, tant en leur nom et à celui des seigneurs qui les ont délégués, qu'au nom du commandeur de Bellechassagne et des consuls d'Ussel, de Meymac et de Neuvic.

Les quelques détails isolés que nous avons pu recueillir d'ailleurs concordent avec ceux que nous donne ce document de 1419. Ainsi, pour le local des séances, on choisissait fréquemment un édifice religieux, à cause sans doute de ses plus grandes dimensions : nous voyons, par exemple, que les Etats du Haut-Limousin se réunissent dans l'église de Saint-Martial à Limoges [1]. Quant à la durée des sessions, elle devait rarement dépasser l'espace de quelques jours. Plusieurs pièces relatives à la Marche nous apprennent que ce qu'on pourrait appeler les sessions ordinaires des Etats, c'est-à-dire celles où l'on votait l'impôt du roi et les frais nécessaires pour les affaires du pays, ne duraient pas plus de deux jours [2]. De même pour l'Auvergne; nous voyons

---

1. « ... Dit que depuis le roy envoya commission ou pays pour mettre sus ung aide, et pour ce fut ordonné que les gens des Trois Estaz se assembleroient en l'église de Saint-Martial de Limoges, le xiiiᵉ jour d'octobre, et y alèrent Mᵉ Albert Josse et Mᵉ Estienne Hugon, et ainsi que en attendant les autres ilz tournyoient parmy l'église..... » Déc. 1441. — Arch. nat., *Reg. du Parlem.*, X ² A 22.

2. « *Item* a esté semblablement ordonné au tresorier et re-

par les registres de Clermont que les Etats accordèrent au dauphin une aide de 20,000 écus d'or le 6 juillet 1422 ; or, ils avaient dû être convoqués le 4 juillet comme dans toutes les autres provinces de Languedoïl, ce qui indique une durée *maxima* de trois jours [1].

Quelquefois les Etats se réunissaient en présence du roi; on peut en citer d'assez nombreux exemples : Basse-Auvergne, en décembre 1436, à Clermont ; Auvergne Haute et Basse, en mars 1439 à Riom, en mai 1440 à Clermont; Limousin Haut et Bas à Limoges, en mars 1439; Bas-Limousin, à Tulle et Haut-Limousin à Limoges, en avril 1443. Le roi assistait-il aux séances ou du moins à la séance d'ouverture? C'est probable ; en tout cas, il devait faire exposer ses demandes, soit par le chancelier, soit par un autre membre de son conseil. Mais le plus souvent il nommait des commissaires pour réunir les Etats en son nom [2] : ces commissaires devaient probablement se comporter à l'égard de l'as-

---

ceveur prendre par sa main des deniers dudit aide et taux dessus declairez la somme de LX frans tournois, et ce pour la despense faite tant en son hostel comme en autres lieux en la ville de Chanezeilles, où nous, commisseres dessus diz et autres gens des Troys Estaz illec assemblez, avons esté et demoré par l'espace de deux jours entiers, tant pour nous comme noz chevaulx, laquelle despense avons veue par declaracion ». 1440 (*Pièces just.*, XXXVIII, n° 13).

1. *Reg. non coté des archives municipales de Clermont-Ferrand*, fol. 29 v°.

2. Voyez sur les commissaires du roi le chapitre suivant.

semblée comme nous l'avons vu faire aux seigneurs de Blanchefort et de Vilhac. Ce sont ces commissaires qu'on peut considérer comme les présidents des Etats, en ce sens qu'ils dirigent et contrôlent les délibérations : quant au rôle de président rempli vis-à-vis de l'assemblée et en dehors des commissaires par un membre de cette assemblée, prérogative qui, aux siècles postérieurs, a donné lieu à tant de débats dans les pays d'Etats proprement dits, nous n'en trouvons aucune trace à l'époque et dans les pays qui nous occupent.

La question du mode de délibération demande un examen approfondi. On sait que, pour les Etats généraux, c'est un principe reconnu dès le roi Jean [1] et encore appliqué en 1614, que chaque ordre délibère isolément et que ses décisions n'engagent aucunement les deux autres. En raison de l'étroite connexité qui existe entre les deux institutions, on pourrait être fondé à croire qu'il en a toujours été de même pour les Etats provinciaux. L'étude des documents relatifs à l'époque et aux pays dont nous nous occupons est loin de confirmer entièrement cette manière de voir.

Il est probable qu'au XIVᵉ siècle la délibération par ordre a été en usage dans les Etats provinciaux comme dans les Etats généraux, parce que le plus souvent à cette époque chaque ordre participait, dans

1. Secousse, préf. du t. III des *Ordonnances*, p. LVX, et J. Paquet, p. 156.

des conditions particulières, aux aides accordées au roi. Mais il n'en est plus de même au xv⁰ siècle. Dès cette époque l'exemption de l'impôt direct en faveur des nobles vivant noblement est érigée en principe. Quant au clergé, il est certain que, dans plusieurs assemblées d'Etats généraux tenues sous Charles VII, il accorda un impôt particulier à lever uniquement sur ses membres [1]; par suite, il est évident que, dans ces assemblées, le clergé délibéra isolément; mais nous ne voyons jamais que le même fait se soit produit dans des assemblées d'Etats provinciaux. C'est qu'en effet, pour les impôts spéciaux au clergé, la répartition devait se faire par diocèses et, par suite, donner lieu, dans chaque diocèse, à des assemblées uniquement composées de membres du clergé et qui n'avaient rien de commun avec les Etats provinciaux [2]. De la constatation de ces deux faits, il résulte ceci : c'est que quand la noblesse et le clergé comparaissent aux Etats provinciaux, c'est uniquement comme représentants de leurs sujets roturiers ; il n'y a donc aucune différence, au point de

---

1. Il en fut ainsi à Clermont, en mai 1421; à Bourges, en janvier 1423; à Poitiers, en octobre 1425, etc. Voy. notre *Etude chronol. sur les Etats généraux sous Charles VII*, dans le *Cabinet historique*, 1878.

2. « Messire Martin de Vaux, prestre, commis à recevoir la composicion faite au roy nostre sire par les gens d'église du *diocèse* de Bourges... 1441. » Arch. nat., Z 1 A 13, fol. 91. — Le *diocèse* de Bourges était très-différent comme étendue du *pays* de Berry.

vue du droit, entre un membre du clergé et un noble et conséquemment la délibération par ordre n'aurait pas de raison d'être. Ce fait est surtout visible pour la Basse-Auvergne où nous voyons sans cesse l'expression composée et indissoluble de « les gens d'église et nobles » opposée à celle de « les gens des bonnes villes. »

En réalité, nous ne trouvons en présence dans les États que les représentants du plat pays (gens d'église et nobles) et les représentants des bonnes villes. Ces deux classes de personnes délibèrent-elles isolément? Non, répondrons-nous pour le Haut et le Bas-Limousin, la Haute-Auvergne, la Marche et le Franc-Alleu. Là en effet l'assiette de l'impôt est unique ; il est également supporté par le plat pays et les bonnes villes. Il y a aussi bien solidarité entre le représentant d'une ville et le représentant d'un seigneur qu'entre le représentant d'une ville et celui d'une autre ville. La délibération par ordre n'a donc pas de raison d'être. Cela est si vrai que nous trouvons la même personne ayant procuration à la fois de l'abbé et de la ville de Maurs [1].

Il n'en est pas ainsi dans la Basse-Auvergne. Là, depuis la fin du XIV° siècle, une solidarité étroite s'était établie entre les treize bonnes villes qui faisaient elles-mêmes la répartition des impôts qu'elles avaient consentis ; il y avait double assiette, l'une pour le plat pays, l'autre pour les bonnes villes. Il y

---

1. *Pièces just.*, LI, n 28.

avait donc forcément délibération distincte et quelquefois adoption de mesures différentes. Les exemples en sont nombreux. A l'assemblée tenue à Clermont en décembre 1436, le duc de Bourbonnais et d'Auvergne fit demander aux Etats 6,000 fr. pour se dédommager de dépenses faites pour le pays ; les gens d'église et nobles accordèrent cette somme, mais les bonnes villes ne consentirent à prendre leur part que de 4,000 fr. (soit 666 livres, 13 s. 4 d.) [1] ; à la session de Montferand (août 1440), les gens d'église et nobles voulurent accorder aux commissaires du roi 350 liv.; les villes ne prirent leur part que de 250, et les 100 liv. restants furent supportées entièrement par le plat pays [2]. On trouve même des assemblées distinctes pour le même objet ; ainsi, en juillet 1455, les bonnes villes se réunissent à Riom pour accorder au duc de Bourbon leur part des 6,000 fr. qui lui avaient été octroyés « pieça » à Aigueperse par les gens d'église et nobles [3].

Dans les assemblées générales de la Haute et de la Basse-Auvergne, qui sont celles dont nous nous occupons surtout, on observait donc ce fait curieux : les députés envoyés par les quatre villes de la Haute-Auvergne ne pouvaient délibérer en commun avec les députés des villes de la Basse-Auvergne, car ils faisaient corps avec les gens d'église et nobles et

1. Bibl. nat., *Fr.* 26069, n° 3055.
2. *Ibid.*, *Fr.* 22296, à la date.
3. *Arch. de Clermont*, reg. sans cote.

n'avaient, pour ainsi dire, pas d'existence distincte. En 1442, une somme de 24,000 francs fut distribuée aux gens de guerre qui allaient à l'expédition de Gascogne pour les empêcher de ravager l'Auvergne : il fallait imposer cette somme pour rembourser ceux qui l'avaient avancée : les bonnes villes, c'est-à-dire les villes de la Basse-Auvergne, refusèrent absolument de contribuer en rien au payement de cette somme : l'impôt fut supporté uniquement par le plat pays de la Basse-Auvergne et par la Haute-Auvergne tout entière [1].

Notre conclusion est donc que nulle part nous ne trouvons la délibération par ordre dans le sens rigoureux du mot; en Auvergne, il est vrai, les bonnes villes du bas pays délibèrent à part des autres membres des Etats qui sont solidaires, mais cette distinction ne se retrouve pas dans les autres provinces où les trois ordres sont étroitement unis.

§ V. — *Les commissaires du roi.*

Les commissaires du roi auprès des Etats provinciaux étaient nommés par lettres-patentes. Ces lettres affectent, suivant les cas, deux formes diplomatiques. Tantôt elles sont rédigées dans la forme solennelle des chartes royales, avec l'adresse « à

---

1. Voy. les *Instructions* de la Basse-Auvergne arrêtées à Aigueperse en janvier 1444. (Bibl. nat., *Fr.* 22296).

tous ceulx qui ces presentes lettres verront et orront »; tantôt elles sont simplement adressées aux commissaires. La première forme est excessivement rare ; elle n'est employée que dans des circonstances exceptionnelles, lorsque le roi confère à ses commissaires un pouvoir absolu pour l'exécution de leur mandat, avec promesse de ratifier tout ce qu'ils jugeront à propos de faire [1]. La seconde forme est pour ainsi dire la forme normale. Le roi, s'adressant directement aux commissaires, les charge, après un préambule plus ou moins long, de se transporter auprès des Etats convoqués pour tel jour, dans tel lieu, et de leur exposer l'objet de leur mission. Lorsqu'il s'agit de lever un impôt particulier dans l'intérêt immédiat de la province, le montant de l'impôt n'est ordinairement pas précisé, ou du moins une certaine latitude est laissée aux commissaires pour le fixer : ils doivent s'inspirer des circonstances et des dispositions des Etats [2]. Mais, lorsqu'il s'agit

1. C'est dans cette forme que sont rédigées des lettres de Charles VII, du mois de décembre 1423, nommant des commissaires auprès des Etats d'Auvergne pour traiter avec eux de la suppression des aides et de leur remplacement par une taille pour trois ans (*Pièces just.*, VII).

2. Le 21 novembre 1438, Charles VII nommant des commissaires auprès des Etats du Limousin pour s'entendre avec eux au sujet de la reprise du château de Domme, charge ces commissaires de lever « ung aide de tele somme ou sommes avecques les fraiz raisonnables qu'*ilz adviseront* et *verront* estre necessaire pour le fait, execucion et accomplissement des choses dessusdictes ». (*Pièces just.*, XXXIV.) Le 9 octobre 1439, pour

d'une quote-part, la somme mise à la charge de la province est strictement indiquée. C'est ainsi que sont rédigées les nominations de commissaires auprès des Etats de l'Auvergne. Il n'en est pas de même pour les autres provinces qui nous occupent, et nous avons là un fait singulier à signaler.

Les lettres-patentes destinées au Franc-Alleu, au Limousin et à la Marche ne font aucune mention des Etats provinciaux : à s'en tenir au texte de ces documents, les commissaires sont chargés, non d'assembler les Etats pour obtenir d'eux l'octroi d'un subside, mais d'imposer, pour ainsi dire, d'office une certaine somme fixée par le roi. Tel est le cas, par exemple, pour des lettres de Charles VII, données à Saint-Ahon le 13 juin 1437, par lesquelles il charge l'évêque de Poitiers (Hugues de Comberel), le chancelier de la Marche (Jean Barton), le seigneur de Saint-Marc (Gautier de Péruce) et Tandonnet de Fumel de répartir sur le Haut-Limousin une aide de 10,000 francs[1]. Si ce document nous avait été seul conservé, nous pourrions croire que les Etats ne sont nullement intervenus dans cette affaire : ce serait une grave erreur, car nous voyons par une pièce postérieure que, suivant la pratique ordinaire à cette époque, les commissaires durent assembler

la reprise de Thenon, les commissaires auprès des Etats du Bas-Limousin sont chargés d'imposer 3,000 fr. et au besoin une somme plus forte, si les Etats y consentent, jusqu'à concurrence de 3,500 francs. (*Ibid.*, xxxvi.)

1. Bibl. nat., *Fr.* 21427, n° 1.

les Etats du Haut-Limousin pour obtenir leur consentement[1]. La particularité que nous avons signalée n'est donc qu'un simple procédé de chancellerie auquel il ne faut attribuer aucune importance réelle. Il est cependant singulier que la chancellerie royale, suivant sans doute en cela les traditions du règne précédent, évitât si soigneusement de prononcer le nom des Etats lorsqu'elle devait rédiger une série de lettres closes pour convoquer les membres de ces assemblées.

En même temps que ces lettres-patentes, les commissaires devaient emporter des lettres closes signées de la main du roi qui les accréditaient auprès des Etats. Nous sommes encore obligé de faire un emprunt aux archives de la ville de Lyon[2] pour donner un exemple de ce genre de pièces. Il n'est pas douteux que des lettres analogues aient été adressées à chaque session aux Etats des provinces que nous étudions :

De par le Roy,

Nos amez et feaulx et chiers et bien amez,

Nous envoions presentement par devers vous noz amez et feaulx conseilliers Jehan de Bar, escuier, general sur le

---

1. « C'est le taux et assiete de l'aide de x mille livres tournois octroyé au roy nostre sire par les gens des Trois Estaz du hault pays du Lymosin en la ville du Daurat ou moys d'aoust mil iiii^c trente et sept..... » (*Pièces just.*, xxviii).

2. AA 22, fol. 58, original. — Avant 1449.

fait de noz finances, et Theaul de Valpargue, nostre chambellan, pour vous dire et remonstrer de par nous certaines choses qui grandement touchent le bien et entretenement de nostre seigneurie, lesquelles avons très à cuer: si vous prions tant acertes que povons que les vueillez oïr et croire, et faire et acomplir tout ce qu'il vous diront et requerront sur ce de par nous, et à leur rapport adjouster plaine foy et creance, comme se nous mesmes le vous disions.

Donné à Bourges le penultieme jour de novembre,

CHARLES. BARDOIS.

Et sur la bande : A nos amez et feaulx et chiers et bien amez les gens d'eglise, nobles et autres gens des trois Estaz du païs de Lionnois.

La première charge des commissaires était donc de réunir les Etats, de leur exposer les demandes du roi et de leur en requérir l'octroi. Nous avons dit que leur commission portait ordinairement le montant du subside qu'ils devaient demander. Si les Etats refusaient de voter la somme entière, les commissaires pouvaient-ils, de leur propre autorité, faire la réduction réclamée? En mai 1433, un secrétaire du roi, Etienne Froment, est envoyé dans la Marche requérir une aide de 5,000 francs. Les Etats, invoquant la pauvreté du pays, ne lui accordent que 3,500 francs, « lequel octroi, dit Charles VII, pour ce qu'il n'estoit pas d'aussi grant somme comme nous le requerions avoir, nostre dit secretaire n'a osé ne voulu accepter sans savoir de nous nostre voulenté sur ce, et pour ceste cause, et aussi qu'on ne voulloit pas que ledit aide feust si prestement levé comme le requerions, s'en est nostredit secretaire retourné par devers nous [1]. » Nous voyons aussi que presque toutes les fois que les Etats du Limousin et de l'Auvergne obtinrent des réductions d'impôts, ce fut à la suite de députations spéciales envoyées auprès du roi. Toutefois, il n'y a rien d'absolu. Par lettres du 14 juillet 1437, le roi avait chargé Trolhart de Montvert, Jean du Mas et Guillaume Le Maréchal d'imposer en Franc-Alleu une aide de 700 francs. Mais devant l'attitude des Etats, les commissaires durent prendre sur eux de leur accorder un rabais de 200 francs, « afin que plus liberalment ilz octroiassent ledit aide [2]. » Une plus grande latitude était laissée par le roi aux commissaires en ce qui touche les frais. Avant 1440, presque toutes les commissions ont la formule : « Avec telz fraiz raisonnables que verrez estre à faire. » Le montant de ces frais était fixé de concert par les Etats et les commissaires. Plus tard, leur initiative est encore restreinte à ce sujet : les lettres patentes indiquent même le montant des frais, et les commissaires reçoivent du conseil des instructions spéciales pour la distribution de ces sommes supplémentaires [3]. Parfois

---

1. *Pièces just.*, xx, n° 2.
2. *Ibid.*, xxx, n° 2.
3. Le 7 février 1444, Charles VII ordonne aux commissaires

le roi les charge simplement de contrôler l'emploi des sommes que les Etats veulent lever outre le principal, et alors ils doivent en certifier la distribution [1].

Là se borne à peu près le rôle des commissaires auprès des Etats d'Auvergne; dans nos autres provinces, il est notablement plus étendu. Ce sont eux qui font le répartissement entre les paroisses et qui signent le rôle distributif des frais; en outre, comme il n'y a pas d'élus sur le fait des aides dans le Franc-Alleu, dans le Limousin ni dans la Marche, ils sont chargés de juger sans appel les débats qui peuvent naître entre les parties au sujet de l'impôt dont ils sont commissaires; ce sont eux qui investissent solennellement le receveur de son office et qui reçoivent son serment et son cautionnement [2]; ils doivent encore surveiller la levée de l'impôt, et, quand des cas de force majeure empêchent le receveur de le recouvrer en entier, ils doivent lui en donner une attestation pour lui servir de décharge devant la Chambre des comptes [3]. Ils ne sont pas tenus, il est vrai, de s'acquitter en personne de toutes ces char-

en Auvergne d'imposer seulement, outre le principal, 4,460 fr. sur le Bas-Pays et 1,760 fr. sur le Haut, « pour tous frais et instructions, et pour distribuer comme ordonné et chargé vous avons. »

1. Voyez un de ces certificats : *Pièces just.*, LVII.
2. Voyez-en des exemples, Bibl. nat. : *Pièces orig.*, 207, dossier *Barton*. nº 12, et *ibid.*, 520, dossier *Brion*.
3. Voyez plusieurs exemples de ces attestations : Arch. nat.,

ges. Ainsi nous voyons les commissaires du roi, dans la Marche, nommer des sous-commissaires pour faire le répartissement particulier entre les paroisses de la châtellenie du Dognon [1], et les commissaires du Haut-Limousin se déchargent volontiers sur les juridictions locales du soin de rendre la justice [2].

En récompense de toutes ces obligations, les commissaires recevaient une indemnité ou gratification de la part des Etats. Cette gratification varie suivant la qualité du personnage qui en est l'objet, suivant les provinces et suivant les années. En Auvergne, messire Girard Blanchet et maistre Jacques de Canlers, commissaires en 1432, reçoivent, le premier, 200 francs; le second, 100 seulement; en 1445, l'évêque de Maillezais (Thibaut de Lucé) et Jean de Bar ont chacun 500 francs; de même, en 1448, les Etats votent 1,500 francs pour Pierre de Brezé, Jean de Bar et Jacques de Chabannes. En Franc-Alleu, l'allocation varie de 15 à 25 francs. En Haut-Limousin, Thibaut de Vitry, Jean Barton et Tandonnet de Fumel reçoivent chacun 150 francs en 1435; en 1437,

---

K 64, n° 5. Bibl. nat., *Pièces orig.*, 207, dossier *Barton*, n° 20, et *Fr.* 26265, au mot *Barton*.

1. Pièce du 21 janvier 1444 (Bibl. nat., *Fr.* 26072, n° 4931).
2. « Aux officiers du roy estans à Lymoges qui demeurent chargiez en l'absence des commisseres de décider et congnoistre des debas qui pourront mouvoir de partie à partie à cause dudit aide a esté ordonné la somme de xx l. t. » 1438 (*Pièces just.*, xxiii, n° 27).

l'évêque de Poitiers reçoit 200 francs et les trois autres commissaires 100 francs seulement. Les Etats du Bas-Limousin sont un peu moins généreux : en 1439, l'évêque de Maillezais reçoit 150 francs et l'autre commissaire, Gautier de Péruce, 50 francs ; pourtant, en 1441, les trois commissaires reçoivent chacun 150 francs. L'indemnité ordinairement votée par les Etats de la Marche est encore moins considérable : en 1431, les trois commissaires, Bertrand de Saint-Avit, Jean Barton et Guillaume Piédieu, reçoivent ensemble 40 francs, ce qu'il faut sans doute attribuer à une pauvreté excessive de la province à ce moment, car, en 1440, Bertrand de Saint-Avit reçoit 120 francs et les deux autres chacun 60 francs ; en 1445, nous voyons allouer 100 francs à chacun des trois commissaires, et c'est depuis lors le taux normal.

Le nombre des commissaires n'est pas fixe : on en trouve rarement cinq, plus fréquemment quatre, ordinairement trois ou deux. Il n'est pas nécessaire qu'ils soient au complet pour remplir leur mandat : les lettres du roi portent d'habitude la formule : « et aux quatre, trois ou deux d'entre vous en l'absence des autres », mais il y a presque toujours un des commissaires, celui dans lequel le roi a le plus de confiance, dont la présence est indispensable. Cela arrive notamment lorsqu'ils ne sont que deux : ainsi, en 1431, Charles VII charge Jacques de Canlers et Girart Blanchet, et au besoin ce dernier seul, d'assembler les États de l'Auvergne [1]. Il est à remarquer que, dans cette dernière province, les commissaires sont presque toujours étrangers au pays, tandis que le cas contraire est très-fréquent dans le Franc-Alleu, le Limousin et la Marche ; c'est à ce point que, de 1424 à 1441, les commissaires de la Marche sont presque toujours le sénéchal, le chancelier et le garde [2] de ce comté : mais, de 1441 à 1451, cette charge est assez souvent confiée à des personnages étrangers à la province. Le même individu est souvent commissaire dans plusieurs pays à la fois : il est de règle que les commissions du Haut et du Bas-Limousin, lorsqu'elles ne sont pas composées d'une manière identique, aient plusieurs membres en commun : cette habitude n'avait pas d'inconvénients à cause du peu de durée des sessions.

Plus de soixante personnages ont tour à tour été envoyés par Charles VII, de 1420 à 1451, auprès des États de l'Auvergne, du Franc-Alleu, du Limousin (Haut et Bas) et de la Marche. Ce sont, pour la plupart, ecclésiastiques ou laïques, gens d'épée ou de robe (ces derniers en majorité), des membres du Grand Conseil, du Parlement, de la Cour des aides, ou de la Chambre des comptes, des secrétaires du roi, etc. On y trouve beaucoup de noms célèbres ; mais il y a encore plus de ces personnages de deuxième ordre, qui, pour être moins illustres au-

---

1. Voyez *Pièces just.*, xx.
2. Nom que l'on donnait au lieutenant du sénéchal.

jourd'hui que les Jacques Cœur, les Jean Bureau et les Etienne Chevalier, n'en ont pas moins exercé, dans leur temps, une influence considérable et rendu d'importants services au gouvernement de Charles VII. Nous renvoyons, pour les détails biographiques, à notre troisième partie.

CHAPITRE II

Attributions des États provinciaux.

---

§ I. — *Attributions politiques.*

A. — VOTE DE L'IMPÔT. — PRINCIPAL. — FRAIS.

La première attribution des États provinciaux en matière politique, c'est le vote de l'impôt. Un principe d'origine féodale voulait que le roi, comme les autres seigneurs, en dehors de ses revenus ordinaires, ne pût lever aucun impôt sur ses sujets sans leur consentement. Depuis le xiv° siècle, le consentement devait être donné par les Etats provinciaux comme représentants du pays. On pense bien que la royauté chercha de bonne heure à se débarrasser de cette obligation; on peut dire qu'elle y était à peu près arrivée sous Charles VII. Mais, en 1418, le principe méconnu reprit une nouvelle vigueur; le dauphin Charles, obligé de quitter Paris et cherchant à s'attacher par tous les moyens les provinces situées sur la rive gauche de la Loire, abolit toutes les impositions qui avaient cours à ce moment ; c'était reconnaître qu'elles avaient été perçues illégalement et se condamner pour longtemps à ne lever d'autres impôts extraordinaires que ceux que les Etats généraux ou provinciaux voudraient bien lui accorder. Il en fut ainsi en effet. Si Charles VII se passa plusieurs fois des Etats généraux, s'il y renonça de bonne heure, jamais de 1418 à 1451 il ne put lever un impôt direct sans l'intervention des Etats provinciaux. Ce fait que l'on avait à peine soupçonné jusqu'ici [1] est mis hors de doute par le *Catalogue,* bien incomplet pourtant, qui forme la base de notre travail. Chaque année, et parfois plus souvent, les Etats votaient une aide plus ou moins considérable, et chaque fois sans préjudice pour l'avenir. On peut dire que, de 1418 à 1451, il n'y a aucune différence, à ce point de vue, entre l'Auvergne ou la Marche et le Languedoc.

Montrons par des exemples empruntés à chaque pays que fréquemment les Etats usèrent de leur droit pour refuser une partie des charges qu'on voulait leur imposer [2]. Au mois de mai 1431, les Etats d'Auvergne, assemblés à Montferrand devant Guillaume Le Tur et Girard Blanchet, accordèrent seu-

1. M. Vallet de Viriville ne cite aucune session pour notre région dans une liste où il a voulu réunir à la fois les Etats généraux et les Etats provinciaux. Voy. *Bibl. de l'Ecole des Chartes,* 1872, p. 27-30.

2. Voyez la 2º partie, *Catalogue,* à toutes les dates citées successivement.

lement 30,000 fr., au lieu de 45,000 demandés par le roi. Au mois de janvier suivant, ils réduisirent de moitié les demandes de la cour et ne votèrent que 15,000 fr. sur 30,000. Au mois de décembre 1445, le roi ayant taxé l'Auvergne à 40,000 fr. pour sa part d'une aide de 200,000 fr. levée sur le Languedoïl, les Etats envoyèrent auprès de lui à Chinon une députation composée de Bertrand, comte de Boulogne et d'Auvergne, de Jacques de Châtillon, de Draguinet de Lastic, de Jean Le Viste, de Guillemin de Reillac et de Martin Roux, et les députés obtinrent le rabais de 4,000 fr.

En 1423, les Etats du Limousin obtinrent une diminution de 8,000 fr., sur 37,000 auxquels montait leur part de l'aide d'un million accordée au roi à Bourges, au mois de janvier. En 1438, le Haut-Limousin ayant été imposé par le roi à 12,000 francs pour sa part d'une aide générale de 200,000 francs, les Etats envoyèrent une ambassade auprès de Charles VII, à Bourges, pour faire valoir leurs privilèges, et le roi dut se contenter de 9,000.

De même, les Etats de la Marche firent réduire de 12,000 francs à 9,500 leur part des 450,000 francs octroyés par les Etats de Languedoïl à Poitiers en octobre 1425. Au mois de mai 1433, ils n'accordèrent que 3,500 francs, au lieu de 5,000 francs que le roi demandait.

Le Franc-Alleu lui-même, ce petit pays qui ne s'étendait que sur une vingtaine de paroisses, sut résister aux exigences royales. Par lettres du 16 juillet 1437, Charles VII avait chargé Trolhart de Montvert, Jean du Mas et Guillaume Le Maréchal d'y imposer 700 francs ; les Etats remontrèrent aux commissaires qu'ils avaient « privileiges à eulx donnez par les feuz roys de France pour raison desquelz ilz n'estoient ne sont tenuz de contribuer à quelzconques aides, tailles ou subsides ; ainçoys quant ilz passent par les pays, chargiez de marchandises ou autres choses qui doivent paier peages, ilz n'y doivent riens payer » ; les commissaires se virent donc obligés, malgré leur commission, de réduire la somme demandée à 500 francs, afin que les Etats « octroiassent plus liberalment ledit aide ».

Malgré ces exemples, il faut reconnaître que si les Etats pouvaient réduire plus ou moins les sommes qu'on exigeait d'eux, ils étaient, pour ainsi dire, moralement forcés de voter l'impôt royal. Mais où leur initiative est beaucoup plus puissante, c'est quand il s'agit d'impôts nécessités par les besoins de la province. Quelquefois (notamment en 1444 pour le Bas-Limousin) les Etats envoyaient une ambassade au roi lui exposer qu'ils avaient besoin de faire lever sur eux telle somme pour tel motif ; le roi alors, par lettres patentes, autorisait la levée de la somme et nommait des commissaires pour en faire l'assiette [1]. Mais il en était rarement ainsi ; voici ce qui se passait le plus souvent et comment les Etats de nos provinces ont subvenu aux dépenses locales

---

1. *Pièces just.*, LII, LIII, LV.

pendant les trente premières années du règne de Charles VII.

Lorsqu'une aide était accordée au roi, il était d'usage depuis longtemps d'imposer, avec la somme octroyée, une somme minime pour les frais, de façon à ce que, suivant les expressions du temps, « l'aide peust venir ens franchement ». Les Etats ayant nécessairement le contrôle des frais, pouvaient les fixer comme ils l'entendaient ; ils usèrent de cette facilité pour imposer, avec les frais, toutes les sommes dont les besoins de la province leur parurent exiger la levée. Ainsi, depuis 1448 jusqu'à 1454, avec l'impôt accordé au roi, les Etats firent lever ce que nous appellerions volontiers des centimes additionnels, si cette expression toute moderne ne donnait l'idée d'une proportionnalité qui n'était pas dans les habitudes : on disait alors « les deniers mis sus oultre le principal ». Examinons dans quelles conditions ce droit s'exerça pour chaque pays.

En Auvergne, où l'organisation des Etats était très compliquée [1], les frais, outre le principal, pouvaient avoir cinq sources différentes : A. Dans les assemblées générales, qui étaient proprement les Etats d'Auvergne, et qui votaient l'impôt royal, il y avait à peu près toujours diverses sommes votées, outre l'aide accordée au roi, soit pour le duc d'Auvergne, soit pour les commissaires, soit pour diverses affai-

---

1. Voy. sur l'organisation au point de vue de la répartition des impôts, § II, *infra*.

res concernant le pays tout entier; ces frais étaient répartis dans des proportions fixes entre le haut pays (qui en supportait le 1/4), les bonnes villes (le 1/6) et le plat pays (le reste, soit 7/12); B. les Etats de la Basse-Auvergne pouvaient imposer pour leurs affaires particulières, et alors les sommes ainsi votées n'étaient supportées que par les bonnes villes et le plat pays; C. de leur côté, les Etats de la Haute-Auvergne pouvaient ouvrir des crédits dont ils avaient seuls la charge; D. au cas où les bonnes villes refusaient un crédit, il pouvait être voté par les gens d'église et nobles de la Basse-Auvergne (plat pays) et par les Etats de la Haute; E. enfin les gens d'Eglise et nobles de la Basse-Auvergne votaient isolément des frais souvent considérables supportés par le plat pays seul : soit, à chaque vote d'aide pour le roi, le tableau suivant des frais :

Haute-Auvergne.... $\frac{A}{4} + C + \frac{D}{4}$;

Bonnes villes ...... $\frac{A}{6} + \frac{B}{6}$;

Plat pays... ...... $\frac{7A}{12} + \frac{5B}{6} + \frac{3D}{4} + E$.

On remarquera que les treize bonnes villes de la Basse-Auvergne ne levaient sur elles que les frais votés en commun; nous n'avons pas d'exemple du moins qu'elles imposassent collectivement sur elles en dehors de ce cas.

Dès 1424, nous avons la preuve qu'il se levait ainsi des sommes plus ou moins considérables destinées à la défense du pays [1]. Ce système fut en vigueur jusqu'en 1449, mais non sans encombre. La royauté, qui tendait de plus en plus à s'attribuer exclusivement le droit de lever des impôts, dut cependant tolérer longtemps cet état de choses ; mais bientôt elle intervint et essaya de faire reconnaître la nécessité d'une autorisation royale pour imposer d'autres sommes que les frais ordinaires. En 1438, les Etats ayant payé des rançons considérables aux gens de guerre, durent demander des lettres-patentes pour les faire asseoir par dessus l'aide du roi [2]. Mais les prétentions de la cour trouvèrent bientôt de la résistance. En 1442, lorsque les gens de guerre que Charles VII menait à l'expédition de Guyenne passèrent par le pays, il fallut encore composer avec eux pour éviter le pillage de la province : on leur donna environ 24,000 francs. Les villes, qui auraient eu évidemment moins à souffrir que le plat pays, refusèrent de participer au payement de cette somme. Les Etats ayant accordé 20,000 francs au roi à l'assemblée d'Aigueperse (septembre), les gens d'église et nobles firent asseoir la somme de 24,000 francs sur le plat pays et la Haute-Auvergne, en sus de l'aide royale, et cela sans aucune autorisation. Charles VII ne voulut pas laisser passer cette méconnaissance de l'autorité royale ; Mᵉ Jean Rabateau,

---

1. *Pièces just.*, ix.
2. *Instruct. de la Basse-Auvergne.* (Bibl. nat., Fr. 22296, n° 2.)

président en parlement, fut chargé d'instruire l'affaire, et ce n'est qu'au prix de 20,000 francs que les gens d'église et nobles obtinrent des lettres de rémission où le roi affirmait hautement ce principe que personne ne pouvait lever aucun impôt sur le pays sans sa permission; en même temps, il défendit aux receveurs de la province de rien payer à l'avenir par ordre des Etats, sans avoir de lui une autorisation spéciale [1]. Il est certain que l'absence de contrôle avait dû engendrer beaucoup d'abus. Les « deniers oultre le principal » étaient presque toujours supérieurs à ce principal lui-même. Citons-en quelques exemples : en janvier 1432, aide du roi : 15,000 francs; les frais dépassèrent certainement 16,000 francs; en novembre 1433, aide du roi, 7,000 francs : un seul crédit supplémentaire voté par les Etats de la Basse-Auvergne est de 8,000 francs. Au mois de juillet 1438, les Etats accordent au roi 24,000 francs; la part du plat pays est donc de 14,000 francs; or, l'assiette faite par les commissaires monte à près de 48,000 francs, soit près du triple, et, par conséquent, 34,000 francs, outre le principal.

Charles VII ne se contenta pas de l'exemple qu'il avait fait en 1442. Dans les commissions pour l'année 1444, données à Angers le 7 février, il fixa lui-même les sommes à lever outre le principal « pour tous frais et instruccions » à 4,460 liv. dans la Basse et 1,740 dans la Haute-Auvergne, lesquelles de-

---

1. *Pièces just.*, XLVI et XLVII.

vaient être distribuées suivant les instructions données aux commissaires ; en outre, par d'autres lettres données à Tours le 12 mars suivant, à la requête des Etats qui, dit-il, « n'oseroient metre sus sans avoir de nous congié et licence », il permet aux commissaires d'imposer en plus jusqu'à concurrence de 6,000 liv. Croit-on que ces mesures aient été efficaces? Les faits vont nous répondre. D'après ce que nous venons de dire, les frais autorisés pour la Haute-Auvergne se montent à 3,290 liv. Or nous avons précisément les « Instructions » de la Haute-Auvergne pour cette même année 1444 : les frais s'élèvent à 14,127 liv.[1]. Il semble que le roi ait dû renoncer, dès lors, à combattre un droit que les Etats revendiquaient si énergiquement, ou que ceux-ci aient dû céder; il n'en est rien. Par les lettres de commission du 5 janvier 1446, le roi autorise les commissaires à faire imposer, outre le principal, 6,000 liv. sur le plat pays pour tous frais. Et cependant que trouvons-nous ? Les frais généraux votés en commun par les Etats s'élèvent déjà à 13,904 liv. et les frais particuliers au plat pays dépassent certainement 2,000 liv., ce qui porte à plus de 10,000 liv. les frais imposés sur le plat pays. Les choses allèrent ainsi jusqu'en 1449, dernière année où nous ayons des renseignements certains, et probablement jusqu'en 1451. Nous verrons plus loin ce qu'il en advint après.

1. *Pièces, just.* I.I.

Il y a loin comme importance de l'Auvergne au Franc-Alleu; aussi y a-t-il peu de chose à dire sur ce dernier pays. Le roi fixe le principal, mais les frais sont « mis sus du gré et consentement des gens des Trois Estaz à ce faire appelez ». La question ne devait guère soulever de difficultés, car ces frais étaient insignifiants. Ils sont ordinairement de 90 liv. se décomposant ainsi : 20 liv. pour chaque commissaire (soit 60 liv.), 20 liv. pour le receveur et 10 pour les clercs. Toutefois, en février 1443, ils s'élèvent à 130 liv. par suite de gratifications faites à quelques personnes.

Les choses se passaient à peu près de même dans la Marche; le roi laissait les frais à la disposition des commissaires par la formule « avec telz fraiz que vous verrez estre à faire »; dans une commission du 3 mars[1] 1438, il ajoute « et aussi telle somme que les gens des Trois Estaz desdiz païs et chastellenie octroieront y estre imposée pour nostre tres chier et amé cousin le conte de la Marche ». Les commissaires n'imposent d'ailleurs les frais que « du gré et consentement » des Etats, comme on peut le voir par plusieurs assiettes[2]. Ces frais sont relativement assez élevés : en 1440, ils atteignent 3,042 liv. pour un principal de 4,000 liv.; en 1441, 2,142 liv.; en 1445, 2,050 liv. seulement pour un principal de 8,000. Néanmoins, à partir de 1445, le

---

1. Bibl. nat., *Fr.* 21,420, n° 24.
2. Bibl. nat., *Fr.* 23901 et 21423; *Pièces just.*, xxxviii et lvi.

roi fixe lui-même le montant des frais, à 500 liv. pour l'année 1446, à 400 liv. pour 1447 [1] : nous ne savons si ces prescriptions furent observées, mais il est bien probable que non.

Pour le Limousin, tant bas que haut, nous avons quelques faits plus intéressants à constater. Le système des frais outre le principal, nous apparaît dès 1423, où nous voyons imposer ainsi 1,473 liv. « par le conseil et octroy des gens des Trois Estaz dû hault païs de Lymousin », et il ne soulève à l'origine aucune difficulté de la part des commissaires [2]. Il en va de même les années suivantes. En septembre 1435, les Etats assemblées à la Souterraine imposent sur eux pour les frais et les affaires du pays 4,800 liv. sans compter que le principal (5,000 liv.), par concession du roi, devait être également employé dans l'intérêt de la province. Mais bientôt les commissaires semblent concevoir quelques scrupules et éprouvent le besoin de mettre un peu leur responsabilité à couvert; de là des phrases comme celles-ci; en 1437 [3] : « et ce à la requeste des gens desdiz Trois Estaz qui ont volu ladicte somme estre assise et imposée comme dit est, et baillée et paiée aux personnes et pour les causes dont cy après sera faicte mention, disans adce avoir povoir et privileiges dont ilz ont acoustumé à user » ; de même l'an-

---

1. Voy. le *Catalogue* aux dates.
2. Voy. *Pièces just.*, IV.
3. *Ibid.*, XXVIII, n° 1.

née suivante [1] : « ..... à la requeste des gens desdiz Trois Estaz qui de ce dient avoir povoir et previleiges et dont ilz se dient avoir usé en pareilz cas et semblables, quant bon leur a semblé et les cas y sont advenuz. » Néanmoins les Etats jouissent sans entraves de ce droit jusque vers 1445 ; il est vrai que les frais, une fois votés par eux sont régulièrement confirmés par lettres-patentes du roi, depuis 1440 ; mais il y a là, non une question de droit, mais, comme nous le montrerons ailleurs, une mesure purement administrative [2]. Ces frais sont encore considérables : 4,030 liv. en août 1440, 4,115 liv. en octobre 1441 pour le Haut-Limousin ; 2,284 liv. en février 1441, 4,004 liv. en septembre 1442, pour le Bas-Limousin.

Toutefois, en 1444, les Etats ayant donné de fortes sommes aux capitaines de retour de Gascogne pour qu'ils ne passassent pas par le Bas-Limousin, n'osèrent les imposer comme de simples frais. Ils envoyèrent donc auprès du roi pour obtenir de lui le prêt de 4,000 liv : et l'autorisation d'imposer cette somme sur le pays, plus 2,682 l. 10 s. pour les frais. Le roi l'accorda ; mais le recouvrement de cet impôt rencontra de grandes difficultés ; plusieurs seigneurs refusèrent de le laisser lever sur leurs terres, prétendant qu'ils n'avaient pas été appelés aux Etats, que les compositions faites avec les capitaines ne

1. *Pièces just.*, XXXIII. n° 1.
2. Voy. *infra*, § II.

se montaient pas à une aussi forte somme, et que les frais étaient exagérés. Il y eut procès devant la Cour des Aides qui ordonna la levée forcée de l'impôt [1]. Néanmoins les principaux opposants, Gui de Saint-Chamand, le seigneur d'Escorailles et le prieur du Port-Dieu, obtinrent, l'année suivante, qu'une enquête fût faite par maîtres Noël le Boulanger et Raoul du Refuge sur les abus commis au pays dans la levée des aides accordées au roi [2]. Cette affaire fut évidemment cause que le roi contrôla, dès lors, plus sévèrement les frais levés sur le Bas-Limousin. Aussi les trouvons-nous fixés d'avance à 1,400 liv. dans les lettres de commission du 9 janvier 1445, à 675 liv. pour l'année 1447, à 1,400 liv. pour 1448, et ces prescriptions semblent toutes avoir été fidèlement observées.

B. — TRAITÉS. — LEVÉES DE TROUPES, ETC.

Les Etats ayant une existence légale, et formant pour ainsi dire une personne morale, pouvaient accomplir la plupart des actes qu'un puissant seigneur féodal avait, encore à cette époque, le droit de conclure. De ce nombre sont les traités d'alliance. L'exemple le plus curieux que nous en ayons appartient à l'Auvergne. Le 15 juillet 1423, Robert Dauphin, évêque de Chartres, Gilbert de La Fayette, maréchal

---

1. Reg. de la cour des Aides, aux Arch. nat. Z¹ A 23.
2. Voy., sur cette affaire, *Pièces just.*, LII, LIII et LV.

de France, Bertrand, s' de La Tour, Jean, s' de Langeac, sénéchal d'Auvergne, Jean de Tinière et Dalmas de Vissac, « à ce commis et ordonnés par les gens des Trois Estaz du païs d'Auvergne, » concluent un traité d'alliance défensive contre les routiers avec les pays de Bourbonnais, Forez, Beaujolais et Combraille représentés par le comte de Clermont. Si l'un des pays confédérés a besoin de secours, il le fera savoir aux autres qui seront tenus de venir à son aide, suivant leurs facultés respectives [1]. Cette alliance tenait encore en 1430, où nous voyons fixer le nombre de gens de guerre que chaque pays devra envoyer au secours des autres [2]. Nous trouvons également des alliances conclues pour une cause passagère ; ainsi, en 1437, les Etats de la Basse-Auvergne envoyèrent « pluseurs chevaliers, écuyers et autres gens notables » pour « faire certaines aliances avec pluseurs seigneurs des païs de Velay et de Givaudan » ; le but de cette alliance était de forcer le fameux Rodrigue de Villandrando à évacuer le pays avec ses gens qui mettaient tout au pillage [3].

A côté des traités d'alliance avec des pays amis, se placent les traités, soit avec les Anglais, soit avec les nombreux chefs de routiers qui dévastaient les provinces, ainsi que le droit de lever et d'organiser des troupes pour la défense du pays. Nous en

1. *Pièces just.*, VI.
2. *Ibid.*, XV.
3. *Ibid.*, XXIX.

exposerons ailleurs [1] l'histoire tout au long ; bornons-nous ici à constater que le droit des Etats de faire des traités dans ces conditions était absolument reconnu. Dans des lettres-patentes du 8 janvier 1436, Charles VII trouve très naturel « que iceulx gens des Trois Estaz (Bas-Limousin) ou aucuns d'iceulx aient certains traictiez pour avoir et recouvrer les ville et chastel de Domme occupez par noz anciens ennemis les Anglois estans oudit bas païs ou marchissans sur icellui [2] ». En 1438, les Etats du Haut-Limousin font un « appointement » par devant notaire avec Jean de Saintoux, capitaine de Courbefy, pour le faire déloger de bonne grâce de cette place [3]. En 1443, nous voyons Jean de Langeac et Draguinet de Lastic « commisseres ordonnez par mons[gr] le Duc et mess[grs] des Trois Estaz du pays d'Auvergne a faire partie de certaines composicions et appoinctemens faiz à plusieurs cappitaines et gens de guerre en alant et venant... à Tartas [4] ».

Il va sans dire que l'exercice de ces droits ne s'explique que par la présence des Anglais aux frontières et les désordres de toute sorte qui signalent les deux premiers tiers du règne de Charles VII. Quand le roi eut réussi à peu près, en 1445, à mettre un terme

---

1. *Infra,* ch. III, § 3.
2. *Pièces just.,* XXV.
3. *Ibid.,* XXXIII, n°s 1, 9, etc.
4. *Ibid.,* XLIX.

« à la pillerie des gens de guerre », et quand plus tard la Guyenne fut redevenue française, les Etats n'eurent plus à exercer des droits dont les circonstances seules les avaient forcés de se servir.

Un droit politique important semble avoir été reconnu quelquefois aux Etats provinciaux dans les pays des grands vassaux : c'est celui de donner leur avis sur le mariage de leur suzerain. Par son testament de 1435 [1], Jacques de Bourbon, comte de la Marche et de Castres, instituant pour héritière sa fille unique Eléonore avec son mari Bernard d'Armagnac, la déshérite en partie « si le cas advenoit que non appellez ses principaulx parens et amis, et *les trois Estaz des contés de la Marche et de Castres assemblez en bon nombre*, elle voulust parvenir à secondes noces à homme de moindre estat et hostel qu'elle appartient ». Les Etats n'eurent pas à se prononcer puisque Eléonore de Bourbon, quoique devenue veuve, ne songea pas à se remarier, mais le droit que leur suzerain leur attribue n'en était pas moins intéressant à signaler.

C. — LES ÉTATS PROVINCIAUX NOMMAIENT-ILS DES DÉPUTÉS AUX ÉTATS GÉNÉRAUX ?

Certains auteurs placent parmi les droits politique des Etats de quelques provinces celui de nom-

---

[1]. Bibl. nat., *Collect. Brienne* 313, p. 231.

mer des députés aux Etats généraux [1]. Nous avons donc à examiner la question.

Il est indispensable, avant tout, de se rendre compte de la manière dont étaient convoqués les Etats généraux sous Charles VII. En ce qui concerne le tiers-état, le roi envoyait des lettres closes aux principales villes et les invitait à nommer des députés à l'assemblée des Etats généraux [2]; pour le clergé, les principaux évêques et abbés étaient convoqués directement [3]; et il en était évidemment de même de la noblesse. Ainsi le tiers-état était représenté au moyen d'une élection directe et il n'y avait pas d'élection du tout dans les deux autres ordres.

D'après cela il semble que l'on puisse affirmer hautement que les députés aux Etats généraux n'étaient pas nommés par les Etats provinciaux. Ce serait toutefois se hasarder beaucoup. Bien que les instructions du roi soient très précises sur ce point, il ne s'ensuit pas qu'elles aient été exactement suivies; et, si la question est obscure pour nous au-

---

1. Voy. Laferrière, *op. laud.*, p. 368; J. Paquet, *ibid.*, p. 162, et surtout Picot, *les Élections aux États généraux* dans les *Séances et travaux* de l'Acad. des sc. morales et politiques, 33ᵉ année, nouvelle série, t. II, p. 11 et suiv.

2. Voyez-en de nombreux exemples dans notre étude sur les Etats généraux sous Charles VII, *Cabinet historique* 1878, *Pièces justificatives*.

3. L'abbé de Saint-Jean-d'Angély fut convoqué personnellement aux Etats généraux de Poitiers, en octobre 1425 (B. nat., Fr. 20906, p. 43).

jourd'hui, il est à croire que les contemporains eux-mêmes n'étaient pas très fixés là-dessus. Les archives de Lyon nous fournissent des faits intéressants à ce sujet. La ville fut convoquée aux Etats généraux de Poitiers en octobre 1425 ; le texte des lettres closes est précis [1] : le roi ordonne d'envoyer deux ou trois députés à l'assemblée. Néanmoins nous voyons une réunion des villes du Lyonnais se tenir à Lyon, le 11 septembre, et décider qu'elles députeront collectivement aux Etats généraux [2]. Au contraire en 1427, quand il s'agit de nommer des députés aux Etats généraux qui étaient alors convoqués à Poitiers pour le 16 novembre, la ville de Lyon décide de députer uniquement en son nom conformément aux lettres du roi [3].

Il n'y aurait rien d'improbable à ce que des faits

---

1. Voyez ces lettres dans le *Cab. historique* de 1878, p. 215.

2. « Ilz ont concluz d'aler ensemble à l'assemblée des Trois Estaz à Poictiers tous ensemble et se gouverneront tous pour une maniere et tous ensemble. » (Arch. de Lyon, BB 1, fol. 237 v°.)

3. « Et quant de soy adjoindre avec le plat pays, ainsi que l'ont requis aucuns dudit plat pays, ilz ont conclus que, attendu que lesdiz du plat pays se sont déjà pluseurs fois desjoins d'avec la ville, et aussi que la ville puet avoir des rabais et graces par pluseurs moyens que n'ont point lesdiz du plat pays, que la ville face le mieulx par soy qu'elle pourra, sans soy adjoindre en riens avec ledit plat pays, excepté Mandront, qui dit que l'on se doit adjoindre avec ledit plat pays, pour tousjours estre plus fort, se besoing estoit, et pour plusieurs autres causes. » (Arch. de Lyon, BB 2, fol. 50 r°.)

analogues se soient produits dans les pays que nous étudions. Malheureusement les documents qui nous sont parvenus ne nous permettent guère d'élucider la question. Le 20 février 1424, Aubert Foucaud, seigneur de Saint-Germain, donne quittance de 60 fr. à lui donnés par les Etats du Limousin pour avoir été aux Etats généraux de Bourges en janvier 1423 [1]; mais la pièce n'indique pas précisément qu'il eût mandat des Etats. Dans la distribution des frais imposés en Haut-Limousin, en septembre 1435, outre l'aide du roi [2], nous trouvons une somme votée à l'évêque de Limoges « qui a esté nommé et requis par les gens dudit pays à aler devers le roy à l'assemblée tenue à Tours avecques autres en sa compaignie pour les affaires dudit pays ». Là les termes sont bien précis ; l'évêque de Limoges est bien mandataire des Etats ; mais il n'y a aucune trace d'Etats généraux tenus à Tours en 1435 et il est à peu près sûr que cette « assemblée » n'était qu'une députation des Etats du Haut-Limousin que le roi avait mandés en sa présence, comme cela eut lieu d'une façon indubitable en 1438.

En somme, notre conclusion, très peu affirmative, sera que normalement les Etats provinciaux ne nommaient pas les députés aux Etats généraux sous Charles VII, comme cela eut lieu régulièrement en 1484 ; mais qu'on peut cependant rencontrer, dès

1. *Pièces just.*, viii.
2. *Ibid.*, xxiv, n° 10.

cette époque, quelques exemples isolés de cette pratique plus moderne.

§ II. — *Attributions administratives.*

A. — RÉPARTITION DE L'IMPÔT.

Dans tous les pays que nous étudions, les Etats prenaient part à la répartition de l'impôt, mais dans des conditions propres à chacun d'eux.

En Auvergne, les Etats ne participaient pas seulement à la répartition ; on peut dire que cette importante opération était tout entière entre leurs mains. Depuis la seconde moitié du xive siècle, dans tous les subsides qu'ils accordaient régulièrement au frère de Charles V, le duc de Berry et d'Auvergne, ils avaient la jouissance de ce droit qu'ils exerçaient d'après une certaine organisation. Ils surent conserver cette organisation jusque vers 1451.

A chaque impôt voté, il y avait trois assiettes distinctes : l'une pour les bonnes villes, l'autre pour le plat pays de la Basse-Auvergne, la troisième pour la Haute-Auvergne. La proportion contributive de ces diverses régions était fixée depuis longtemps : la Haute-Auvergne supportait le 1/4 de l'impôt total, les bonnes villes, le 1/6, et le plat pays le reste, soit les 7/12 [1]. Mais, à la suite d'une enquête faite en 1445

---

1. En 1382, dans une assemblée des Etats de la Basse-Au-

et 1446 [1], il fut décidé que la part des bonnes villes serait diminuée et qu'elles paieraient seulement le 1/7 de la part de la Basse-Auvergne. La nouvelle proportion fut donc : Haute-Auvergne, 1/4 ou 7/28; bonnes villes, 3/4 × 1/7 ou 3/28, et plat pays d'Auvergne, 3/4 — 1/7 = 18/28.

La répartition de l'impôt entre les treize villes de la Basse-Auvergne était faite par les délégués de ces villes réunis à cet effet, et signée par eux. Nous trouvons cet usage en vigueur dès 1382 [2] et il subsista jusqu'au delà de 1451. Le seul original d'un partage entre les bonnes villes que nous ayons pu découvrir est du 22 février 1449 [3].

L'assiette du plat pays était faite par des commissaires spéciaux nommés par les gens d'Eglise et nobles. Du temps du duc de Berry, en 1399, nous voyons que ces commissaires étaient : l'abbé de Mozat et Me Pierre de Perrol, pour les gens d'Eglise, et les seigneurs de Canilhac, d'Allègre, de Monmaury et de Monrodez pour les nobles, soit six commissaires dont deux membres du clergé et quatre de la noblesse [4]. Cette proportion subit quelques variations sous Charles VII. En 1436, les commis-

---

vergne, un subside ayant été accordé, les gens d'Eglise et nobles s'engagent à payer par leurs sujets les 5/6 et les villes le reste (Verdier-Latour, p. 39).

1. Voyez *Infrà*, III, § 2.
2. Verdier-Latour, *op. laud.*, p. 39.
3. *Pièces just.*, LXVIII.
4. Verdier-Latour, p. 47 s.

saires sont : Jean de Langeac, sénéchal d'Auvergne, Jean de Chauvigny, Pierre de Cros, chevaliers; Guiot Coustave, Gonin Roland, écuyers, et Pierre Boniol, official de Clermont [1]; il n'y a donc qu'un membre du clergé ; en 1438, les mêmes, moins Gonin Roland [2]; en 1440, apparaît Pierre Voulpilhère, écuyer, qui semble remplacer Gonin Roland [3]. En 1441, il n'y a que cinq commissaires [4]. Enfin, en 1442, [5] nous trouvons six commissaires, dont deux du clergé et quatre de la noblesse, comme en 1382 ; la liste reste la même jusque vers 1451 ; elle est ainsi composée : Jean de Langeac, sénéchal d'Auvergne ; Jean de Chauvigny, s^r de Blot, chevaliers; Pierre Voulpilhère et Robert Coustave, écuyers ; Pierre Boniol, official de Clermont, et Guiot du Riuf, abbé d'Artonne [6].

De ce fait qu'on retrouve presque toujours les mêmes noms, il faut évidemment conclure que ces commissaires avaient un mandat permanent et qu'on ne procédait au remplacement de l'un d'eux que par suite de décès ou d'autres empêchements. Certaines fonctions étaient d'ailleurs de nature à conférer presque forcément le mandat de commissaire : ainsi le sénéchal d'Auvergne, comme représentant plus spé-

---

1. Voy. Bibl. nat., *Fr*. 26062. p. n° 3055.
2. *Ibid.*, 22296, p. n° 2.
3. *Ibid.*, à la date.
4. *Pièces just.*, XLI.
5. Bibl. nat., *Fr*. 22296 a la date.
6. *Ibid., passim.*

cialement le duc de Bourbon, l'official de Clermont[1] comme représentant de l'évêque, y figurent toujours. — Ces commissaires étaient nommés d'une façon permanente par les Etats, mais ils ne procédaient au fait de leur office qu'en vertu de lettres patentes à eux adressées par le roi à chaque nouvel impôt qu'il s'agissait d'asseoir[2]. Ils répartissaient alors sur toutes les paroisses du plat pays le montant de l'impôt, tant principal que frais, et signaient l'assiette, ordinairement sur papier, qui était donnée au receveur pour faire sa recette. Leur salaire pour ce travail était fixé par les gens d'église et nobles et imposé parmi les frais ; ils avaient ordinairement chacun 50 ou 60 francs.

Cette organisation des Etats de la Basse-Auvergne pour la répartition des impôts ne pouvait manquer d'exciter la défiance de la royauté, surtout si l'on considère que, dans tous les autres pays de Languedoïl, l'assiette des deniers royaux était confiée à des agents exclusivement nommés par le roi (commis-

1. En 1432, la liste des commissaires est exactement composée comme en 1436, mais alors l'official est P. Chaudon (Bibl. nat., *Fr.* 25944, p. n° 69).

2. « Charles, etc. à noz amez et feaulx les s[rs] de Langhac, seneschal d'Auvergne, et de Blot, chevaliers, Pierre Boniol, official de Clermont, Guiot du Riuf, abbé d'Arthonne, Pierre Voulpilhere, escuier, et Robert Coustave, gouverneur de Clermont, commisseres ordonnez de par les gens des Trois Estaz du bas païs d'Auvergne à asseoir et imposer les tailles et imposlz de par nous mis sus oudit bas païs. 19 décembre 1443. » (Bibl. nat., *Fr.* 25711, n° 166.)

saires temporaires ou élus permanents). Aussi, quand elle se sentit assez forte, elle engagea la lutte contre les privilèges et les habitudes du pays. Les commissions pour l'année 1447, données à Maillé en Touraine le 26 novembre 1446, sont remarquables à ce point de vue. Elles sont adressées conjointement au sénéchal d'Auvergne et autres commissaires des gens d'église et nobles, et aux élus sur le fait des aides au diocèse de Clermont, première atteinte au droit de la province ; bien plus, elles contiennent ordre aux élus, « au cas où les commissaires seroient refusans ou delayans de ce faire », d'imposer d'office sur le pays les sommes contenues dans le mandement du roi [1]. Pour bien faire comprendre l'antagonisme qui existait entre les commissaires des Etats et les *élus*, il est nécessaire de nous expliquer sur les officiers que l'on désignait par ce dernier nom.

Les Etats généraux de Languedoïl, dans leurs différentes sessions tenues de 1355 à 1358, avaient nommé des surveillants ou « superintendants » chargés, avec les pouvoirs les plus étendus, de l'administration des aides accordées à la royauté ; ces « superintendants » prirent le nom de généraux esleuz par les trois Estaz sur le faict des aides ordonnez pour la guerre ». A côté de ces élus généraux, les Etats nommèrent des élus particuliers dans chaque diocèse [2]. Mais on sait combien l'autorité des

---

1. Voy. Bibl. nat., *Fr.* 24,031.
2. Voy. *Ordon.*, III, préface p. 67 (pièce du 17 mai 1357) et *ib.*,

Etats généraux fut éphémère ; en décembre 1360, le roi Jean mis en liberté sous caution, et imposant différents impôts indirects dans le royaume pour payer sa rançon, reprit pour son compte la création des Etats généraux, et dès lors les *élus* provinciaux, comme les généraux sur le fait des aides, devinrent officiers royaux [1]. Les aides ayant été, en fait, levées presque sans interruption de 1360 à 1418, les offices d'élus devinrent permanents comme elles. Les attributions *normales* de ces officiers royaux ne concernaient que les impôts indirects, et spécialement les aides pour la guerre (12 d. pour livre sur toutes marchandises, etc.). Aux termes des instructions de Jean le Bon, ils devaient « bailler lesdictes impositions à ferme, prendre caucions, recevoir et faire recevoir tous les deniers à la fin de chasque mois, establir receveurs particuliers, etc. » En outre, ils avaient la connaissance de tous les débats qui pouvaient surgir à l'occasion de la perception des aides. C'est dans ces conditions qu'ils furent établis en Auvergne comme dans les autres provinces du domaine. Quelques années

---

III, 219 (pièce du 14 mai 1358). Plusieurs auteurs ont cru à tort que les *élus* diocésains étaient nommés par les Etats provinciaux. (Dareste, *Hist. de l'adm. en France*, II, p. 53 ; Laferrière, *op. laud.*, p. 359.)

1. *Ord. des rois de Fr.*, III, p. 436-7 (instr. du 18 décembre 1360). M. Laferrière (*Op. laud.*, p. 377) croit que c'est Charles VII seulement qui a transformé les élus en officiers royaux en enlevant leur nomination aux Etats provinciaux : c'est là une grave erreur.

plus tard, il est vrai, surtout sous Charles VI, la royauté leva fréquemment des impôts directs ou tailles conjointement avec les aides ; les élus étaient alors chargés par commission spéciale de faire la répartition de leur quote-part entre les paroisses de leur élection [1]. Ce fait ne semble pas s'être produit en Auvergne à partir du règne de Charles VI ; cette province appartenait alors au duc de Berry qui, de l'assentiment même de son neveu, y exerçait tous les droits régaliens. Mais son autorité ne put aller jusqu'à imposer des tailles sans le consentement des Etats. Or ceux-ci, comme nous l'avons vu, se réservèrent le droit, en accordant ces tailles, de les faire répartir par leurs délégués. Toutefois les élus avaient la connaissance judiciaire des débats soulevés entre parties au sujet des tailles comme des aides.

Sous Charles VII, la maison de Bourbon, à laquelle avait passé le duché d'Auvergne, n'avait pas hérité de la toute puissance de Jean de Berry. C'est le roi qui assemblait périodiquement les Etats, et tous les subsides qu'ils accordaient autrefois à leur duc, étaient maintenant accordés au roi. L'Auvergne se retrouvant dans les mêmes conditions que les autres pays obéissant à la royauté, celle-ci devait chercher à y introduire ce qui se pratiquait ailleurs, c'est-à-

---

1. Assiette faite dans le diocèse d'Uzès par les élus en vertu d'une commission royale : 1404 (Bibl. nat., *Fr.* 23901). — Commission du roi aux élus d'Evreux. 1415 (Arch. nat. ZIA 6, fol. 36).

dire la répartition par les officiers royaux ou élus. Les Etats de la Basse-Auvergne, comme on peut s'y attendre, résistèrent. La lutte ne se déclara ouvertement qu'en 1450. Au mois de janvier, les Etats d'Auvergne avaient octroyé au roi une aide de 35,500 francs qu'il fallait répartir sur le pays, ainsi que le paiement des 160 lances qui y étaient logées par ordre du roi. La commission royale de l'impôt pour la Basse-Auvergne ayant été adressée aux élus à Clermont, ceux-ci, qui étaient Jean Barré, sieur de Bourresol, Robert Chéron et Barthélemi de Nesson, se mirent en mesure d'obéir. Ils répartirent la part de la Basse-Auvergne entre les villes et paroisses de la province. Les Etats protestèrent vivement et intentèrent un procès aux élus; ceux-ci se disant commissaires du roi, la cause fut portée d'abord au Parlement, puis renvoyée à la Cour des aides. Les élus ayant fait défaut, la cour ne voulut pas adjuger aux demandeurs le bénéfice du défaut et, par arrêt du 1er août 1450, elle ajourna les élus à un autre jour [1]. C'est cet arrêt qui nous a fourni les détails qui précèdent; nous avons parcouru en vain les registres de la Cour des aides [2] pour y trouver la suite de l'affaire. Mais, en fait, les élus l'emportèrent et, comme nous le verrons, l'assiette ne se fit plus, depuis lors, dans les mêmes conditions.

Il n'y avait pas le même antagonisme entre les

1. *Pièces just.*, LXXI.
2. Arch. nat., Z^e A.

Etats de la Haute-Auvergne et les élus sur le fait des aides à St-Flour. D'ailleurs l'organisation de l'assiette était absolument différente de celle de la Basse-Auvergne. Cette organisation offre deux phases distinctes depuis le commencement du règne de Charles VII jusque vers 1431, sans que nous puissions saisir la transition et indiquer les raisons de ce changement.

Dans la première période, l'assiette est faite par des commissaires nommés par le roi [1]; les Etats n'y prennent part que par la présence de quelques-uns de leurs membres qui assistent officieusement les commissaires du roi, mais n'apposent pas leur signature au bas de l'assiette. Les commissaires sont ordinairement au nombre de trois : à savoir, les deux élus sur le fait des aides à Saint-Flour et une troisième personne à la disposition du roi. En 1430, par exemple [2], la commission est ainsi composée : Louis du Breuil, seigneur d'Aurouse, bailli des Montagnes pour le roi, et les élus (Louis de Monbalat et Tachon de Bar); de même en 1432. En 1431, nous trouvons comme commissaire adjoint aux élus Antoine de Cugnac, chambellan du roi [3]; en 1440, Guillaume de Bresons, bailli de Gévaudan [4]; en 1441, Draguinet, seigneur de Lastic [5]. C'est vers cette époque qu'il y a un changement.

1. Ainsi en 1424 (Bibl. nat., *Fr.* 25710, p. n° 20).
2. *Pièces just.*, xvi.
3. *Ibid.*, xviii.
4. Bibl. nat., *Pièces orig.*, 510, dossier *Bresons*, n° 3.
5. Quitt. du 22 octobre 1441 (Bibl. nat., *Cab. des titres*, dossier *Lastic*).

Dès 1444, au plus tard, les commissaires sont au nombre de quatre. Ce sont : l'évêque de Saint-Flour, Draguinet, seigneur de Lastic, et les deux élus ou leurs lieutenants. La situation de ces commissaires paraît assez ambiguë : en 1444, Draguinet de Lastic est qualifié commissaire pour les seigneurs du pays [1]; dans deux quittances de 1445 [2] et de 1449, l'évêque de Saint-Flour prend le titre de « l'un des commisseres ordonné par les Troys Estaz des pays d'Auvergne à mettre sus, asseoir et imposer en iceulx la porcion de l'aide de IIIe M. fr., etc. » ; dans le préambule de l'assiette de 1448 [3], ils se qualifient simplement « commissaires ordonnez par le roy à mettre sus, etc. », et ailleurs, en 1444 « commissaires ordonnez de par le roy nostre sire et messeigneurs des Troys Estaz, etc. » [4]. Il faut évidemment en conclure qu'ils avaient un pouvoir permanent de la part des Etats, mais qu'ils étaient investis du droit de procéder à l'assiette par un mandement royal à chaque nouvel impôt, comme les commissaires des gens d'église et nobles pour la Basse-Auvergne.

Les Etats du Franc-Alleu, du Limousin et de la Marche n'avaient pas les mêmes privilèges que ceux de l'Auvergne. Les commissaires nommés par le roi pour demander aux Etats l'octroi des subsides étaient

---

1. Inst. de la Haute-Auvergne en 1444 (*Pièces just.*, LI, n° 12).
2. *Pièces just.*, LIX et LXX.
3. *Ibid.*, LXVII.
4. Instr. *ut supra* (*Pièces just.*, LI, n° 34).

chargés en même temps de répartir les sommes votées entre les paroisses; eux seuls avaient le droit de signer l'assiette. Mais ces commissaires étaient soumis à un contrôle. Dans le Franc-Alleu, tous les membres des Etats, dont le nombre ne devait pas être très-grand, assistaient à l'assiette faite par les commissaires [1]. Dans les autres pays, les Etats nommaient des délégués spéciaux.

Dès 1423, en Haut-Limousin, l'assiette est faite « ad ce presens et appellez plusieurs des gens des Trois Estaz dudit pays ». Il y a plus : dans cette même année, nous trouvons une assiette distincte pour les frais imposés par les Etats outre le principal, et cette assiette, bien que signée par les commissaires seuls, est faite « par le conseil et octroy des gens des Trois Estaz dudit haut païs, *en la presence de nous..... commissaires, etc.* [2] » Toutefois, cette distinction n'est plus observée dans les années suivantes. En 1437, nous voyons encore plus nettement indiqué le caractère des membres des Etats qui assistent les commissaires : « appellé ad ce fere, disent les commissaires, avecques nous pluseurs des gens desdiz Trois Estatz de par eulx *nommez et esleuz* [3] ». Ces délégués des Etats recevaient une indemnité plus ou moins considérable suivant leur condition, et cette indemnité figurait parmi les frais

---

1. *Pièces just.*, XXX et XLV.
2. *Ibid.*, IV.
3. *Ibid.*, XXVIII, n° 1.

outre le principal ; ce sont précisément les distributions de frais qui nous apprennent leurs noms. Leur nombre ne semble avoir rien eu de fixe ; il variait à chaque session. On peut en juger par quelques exemples. En 1435, nous trouvons des sommes votées à dix-huit membres des Etats pour avoir assisté à l'assiette ; en 1437, à dix seulement ; en 1438, en revanche, à vingt-deux [1]. Nous n'avons aucun détail sur la manière dont ils étaient nommés par l'assemblée, mais le désordre dans lequel leurs noms se présentent à nous semble indiquer que l'élection ne se faisait pas *par ordre*.

Nous trouvons absolument le même usage en Bas-Limousin, mais les délégués sont moins nombreux. En 1438 [2], indemnités à « Mgr. l'abbé d'Userche, messire Jehan de Roffignac, chevalier, s^r de Richemont, Heliot, s^r d'Esmyer, Me Hugues Beynete et Me Jehan Laval, pour avoir esté commis par les Trois Estaz en la compaignie des commisseres pour faire l'assiette dudit aide », et à « maistre Pierre Saige et Jehan de Beaufort, pour semblable », soit sept délégués. En 1439, il y a quatre délégués seulement qui sont : Louis de Gimel, Pierre de Royère, Jean de Beaufort, écuyers, et Jean Laval, juge du s^r de Treignac.

Dans la Marche, il était d'usage d'appeler à cha-

---

1. Voy. des assiettes de ces différentes dates, *Pièces just.*, XXIV, XXVIII et XXXIII.

2. Voy. les assiettes, *Pièces just.*, XXXII et XXXV.

que assiette d'impôt le procureur général du comte de la Marche et les châtelains des diverses châtellenies du comté ; en outre, les Etats nommaient des délégués en petit nombre pour y prendre part. En 1440, nous trouvons « Philippe Billon, prieur de Jarnage, Thomas Deaulx, de Guaret, et Jehan de la Rouchete, esleux et ordonnez par les gens des Troys Estaz, tant pour ceulx de eglise comme pour ceulx des villes à estre presens et veoir faire le taux [1] ». En 1441, nous ne trouvons de présents à l'assiette que Thomas Deaulx et Jean de la Rochette « ordonnez par les gens des villes [2] ». Procureur, châtelains et délégués recevaient une indemnité.

B. — ADMINISTRATION DES FRAIS OUTRE LE PRINCIPAL. — VÉRIFICATION DES COMPTES DU RECEVEUR

Au xiv° siècle, du moins dans la première partie, lorsque les Etats accordaient une aide au roi, ils nommaient eux-mêmes les commissaires chargés de la percevoir, et ils choisissaient dans leur sein des personnes devant qui les receveurs nommés par eux étaient obligés de compter [3]. Sous Charles VII, la centralisation royale a fait de singuliers progrès ; c'est le roi qui nomme lui-même le receveur des

---

1. *Pièces just.*, xxxviii, n° 8.
2. Bibl. nat., *Fr.*, 21423.
3. Voy. notamment *Ord.*, I, 692-3 (Auvergne, 1319.)

subsides qu'on lui accorde ; ce receveur doit payer le principal de l'aide conformément aux décharges levées sur lui par les généraux des finances et il ne peut compter que devant la Chambre des comptes. L'impôt une fois accordé au roi, les Etats n'ont donc plus aucune part à son administration. Il n'en est pas de même des frais levés par leur ordre outre le principal. Le droit même de faire lever ces impôts (et nous avons vu dans quelles conditions les Etats l'exerçaient) impliquait nécessairement le droit d'en régler l'emploi. Ce sont précisément les procédés administratifs suivis à cet égard que nous nous proposons d'étudier.

Si le roi nommait le receveur du principal, les Etats pouvaient, en principe, choisir le receveur des frais. En 1441, Charles VII dit expressément, en parlant des Etats du Haut-Limousin, qu'ils ont voulu et ordonné que les sommes imposées par eux outre le principal fussent cueillies et levées par Mᵉ. Pierre de Beaucaire [1]. Mais, en fait, nous voyons toujours le receveur du roi chargé de percevoir les frais aussi bien que le principal. C'est que la création d'un receveur distinct aurait, entre autres inconvénients, nécessité deux assiettes séparées, l'une pour le principal, l'autre pour les frais, ce qui n'était pas dans la pratique ordinaire [2].

1. Voy. Bibl. nat., *Fr.* 20594, p. n° 33.
2. Il y a cependant deux assiettes distinctes en 1423 pour le Haut-Limousin, mais néanmoins le receveur est le même. (Bibl. nat., *Fr.* 23902.)

Les Etats du Dauphiné surent faire respecter par Charles VII leur droit d'obliger les receveurs à compter devant leurs élus, conjointement avec les élus du gouverneur, des sommes imposées uniquement pour les besoins de la province, et d'en interdire toute connaissance aux Chambres des comptes de Grenoble et de Paris [1]. Nous trouvons l'exercice du même droit au pouvoir des Etats du Bas-Limousin dans deux circonstances particulières. Nous avons parlé plusieurs fois de l'assemblée tenue à Tulle, en septembre 1419, en l'absence de tout contrôle du pouvoir royal : en ordonnant la levée d'une taille de 24,000 francs, les Etats nomment des commissaires au nombre de quatre : Jean, seigneur de Bonneval, Gouffier Helias, seigneur de Villac, Jean Peyssiera et Bertrand Arramit, à la fois pour présider à la distribution de cette somme et pour entendre les comptes du receveur [2].

En 1436, Charles VII fait don aux mêmes Etats d'une somme de 3,650 fr. pour employer au siège de Domme : il consent à ce que cette somme soit remise entre les mains de Pierre de Royère et de Martin de Sorrias, commissaires des Etats, et il leur en laisse l'entière administration, sans que la Chambre des comptes puisse en contrôler l'emploi [3]. Mais ce sont là des faits exceptionnels. Il est de

---

1. Lettres-patentes de Charles VII du 22 janvier 1438 (*Ordonn. des rois de Fr.*, XIII, 252).
2. Voy. *Pièces just.*, I.
3. *Ibid.*, xxv.

règle que l'emploi des deniers provinciaux, aussi bien que celui des deniers royaux, soit contrôlé par la Chambre des comptes de Paris [1] : frais comme principal, tout doit passer devant ses yeux. Il fallait donc au receveur un acte qui lui permît de distribuer les frais conformément à la volonté des Etats et qui lui servît en même temps de pièce justificative pour son acquit.

En Franc-Alleu, l'assiette était immédiatement suivie d'un rôle distributif des frais [2], signé également par les commissaires du roi, et qui faisait partie intégrante avec elle. En rapportant ce rôle avec quittance des personnes auxquelles des sommes étaient allouées par les Etats, le receveur devait être tenu quitte par la Chambre des comptes. Les frais étaient si minimes que ce procédé ne semble jamais avoir soulevé de difficultés.

Il en était de même dans la Marche; la distribution des frais était encore plus étroitement unie à l'assiette, car les commissaires du roi n'apposaient leurs signatures qu'à la fin de ces deux pièces comme si elles n'en avaient formé qu'une [3]. Cette distribution est le seul acte que nous voyons invoquer dans les quittances relatives à ce pays, aussi bien en 1451 [4] qu'en 1442 [5]. Signalons cependant une

1. Siégeant à Bourges de 1418 à 1436.
2. Voy. *Pièces just.*, XXX et XLV.
3. Voyez-en deux exemples, *Pièces just.*, XXXVIII et LVI.
4. Bibl. nat., *Cab. des Titres*, dossier *Saint-Avit*.
5. Voy. *Pièces just.*, XLIV.

distribution des frais dans des conditions différentes ; elle concerne l'année 1445, est datée de Tours le 24 septembre 1445 et signée Bar [1]. Mais elle n'a que la valeur d'une copie ; l'original nous est parvenu aussi ; il est daté du 27 mars 1445, signé des commissaires du roi et annexé, comme d'habitude, à l'assiette [2].

Les Etats du Haut et du Bas-Limousin avaient la même habitude. Tantôt la distribution des frais formait une pièce isolée signée par les commissaires du roi et appelée « Informacions » ou « Instruccions » [3] ; tantôt, et le plus souvent, elle était annexée à l'assiette sans cependant en faire partie intégrante comme dans la Marche. Les receveurs du Haut et du Bas-Limousin, comme ceux de la Marche et du Franc-Alleu, devaient être tenus quittes par la Chambre des comptes en rapportant un exemplaire de cette distribution avec les quittances des personnes auxquelles les sommes étaient allouées. C'est un privilège que les Etats revendiquent avec la plus grande énergie. En 1438, les Etats du Bas-Limousin veulent que les sommes par eux imposées outre le principal soient « receues par ledit Jehan Beaupeil et par lui distribuées aux personnes ausquelles ilz les ont ordonnées et tauxées, en prenant

---

1. La signature est de Jean de Bar, général des finances (Bibl. nat., *Fr.* 25946, n° 467).
2. Voy. *Pièces just.*, LVI.
3. *Ibid.*, VI.

de chacune desdictes personnes quittance seulement de ce qu'ilz en recevront, sans pour ce en vouloir avoir, requerir ne demander autre mandement ou ordonnance fors ceste presente assiete et declaracion des parties, disant que ainsi en peuent et doivent user et l'ont acoustumé par privileiges à eulx pieça attribuez par les predecesseurs d'icelui seigneur (le roi), le *vidimus* desquelz privileiges dient estre retenu et demouré en sa Chambre des comptes [1] ».

En 1435, à la suite d'une aide de 5,000 fr. accordée au roi au mois de septembre à la Souterraine, les Etats du Haut-Limousin sont encore plus énergiques. L'assiette et la distribution des frais terminées et signées, les commissaires du roi furent obligés d'écrire au revers : « Et est assavoir que, à la requeste desdictes gens des Trois Estaz, ledit receveur a esté chargié de bailler, distribuer et paier ladicte somme de $IIII^m VIII^c$ l. t., dont cy dessus est faicte mencion, aux personnes à qui il a esté ordonné, en prenant de chascun d'eulx leur quittance seulement, sans en demander autre mandement, disans que ainsy l'ont acoustumé de fere par privileiges qui se dient avoir du roy nostredit seigneur et de ses predecesseurs, *et en ceste condicion ont octroyé et accordé ledit aide, et non autrement* [2]. »

L'affirmation si énergique d'un droit prouve évi-

---

1. *Pièces just.*, XXXII, n° 2. Nous n'avons trouvé aucune trace de ces lettres-patentes qui peut-être n'ont jamais existé.
2. *Pièces just.*, XXIV, n° 32.

demment que l'exercice de ce droit rencontrait des obstacles. C'est qu'en effet il était de règle dans la comptabilité royale, et au moins depuis Charles VI, que le receveur d'une aide ne pût rien délivrer ni payer des deniers imposés outre le principal sans lettres-patentes du roi vérifiées par les généraux des finances. C'est précisément à ce contrôle que les Etats voulaient échapper; mais, s'ils y réussirent pendant les dix-huit premières années du règne de Charles VII, il n'en fut pas de même après. Dès 1440, à chaque impôt accordé au roi, les Etats furent obligés de se pourvoir à la chancellerie royale pour obtenir des lettres-patentes spécifiant la distribution des frais votés par les Etats, et donnant ordre aux généraux des finances de laisser payer ces sommes par les receveurs et de les en tenir quittes sur le vu desdites lettres-patentes et des quittances individuelles [1]. Ce n'était là qu'une simple formalité; à partir de 1444, il en fallut encore une autre. Aux lettres-patentes du roi devait être annexé un rôle de parchemin reproduisant la distribution contenue dans les lettres-patentes, et signé de la main du roi et d'un de ses secrétaires [2].

En Auvergne, la distribution des frais par les receveurs se faisait en vertu de deux actes curieux qui

---

1. Nous avons trouvé huit de ces lettres-patentes, dont cinq pour le Haut et trois pour le Bas-Limousin. Voyez-en des exemples, *Pièces just.*, XXXIX et LX.

2. Voyez-en un exemple pour le Bas-Limousin, *Pièces just.*, LXXIII.

demandent une étude détaillée. Le premier, relatif à la Basse-Auvergne, était intitulé : « *Instructions et ordonnances faites, passées et accordées par les gens d'église et nobles du bas païs d'Auvergne sur le partage et division d'un aide de,* etc. » Ces instructions commençaient par établir la part revenant à la Haute-Auvergne, puis aux bonnes villes, des sommes votées à l'assemblée générale des Etats, tant pour le roi que pour les intérêts communs de la province, puis la part des bonnes villes des sommes votées par les Etats de la Basse-Auvergne, et enfin le rôle distributif du receveur de la Basse-Auvergne tant au sujet de ces sommes que de celles dont les gens d'église et nobles ordonnaient, en outre, la levée sur le plat pays. Cette immense pancarte (celle de l'année 1446 a au moins 1 mèt. carré) était scellée, au nom de tous les gens d'église et nobles, par l'évêque de Clermont, le comte de Montpensier, dauphin d'Auvergne, le comte de Boulogne et d'Auvergne, le seigneur de Dampierre et de Ravel (J. de Châtillon), le seigneur de Canilhac (L. de Beaufort) et le seigneur de Langeac, sénéchal d'Auvergne, ou par cinq, quatre ou trois d'entre eux. Les gens d'église et nobles tenaient une assemblée particulière pour rédiger ces instructions, quelquefois assez longtemps après la session d'Etats qui les motivait. Ainsi les instructions relatives aux sessions de mai et d'août 1443 sont datées d'Aigueperse en janvier 1444. Mais, en réalité, la plupart des crédits, même spéciaux au plat pays, étaient votés au moment même de la session et le receveur devait en avoir une minute par devers lui. C'est ce qui explique qu'en 1443, par exemple, nous trouvons déjà au moins huit paiements sur les frais, effectués par le receveur avant le 31 décembre, bien que les instructions ne soient datées que du mois de janvier 1444. Ces instructions n'étaient pas signées, mais simplement contre-signées sur le revers par un secrétaire [1].

Il y avait un acte analogue pour la Haute-Auvergne, avec quelques différences matérielles. Ainsi il était signé et scellé par les commissaires chargés de faire l'assiette des impôts dans le haut pays. En outre, chose curieuse, il portait le titre de « *Instructions faictes et accordées par messeigneurs les gens d'église et nobles du hault et bas païs d'Auvergne à cause,* etc. » Cette bizarrerie apparente s'explique par ce fait que les crédits étaient votés en commun par le haut et le bas pays à la session générale et que les instructions de la Haute-Auvergne n'étaient qu'un extrait particulier des résolutions communes. Une minute en était rédigée au moment de la session, mais l'expédition authentique et patente n'avait lieu que quelque temps après, à Saint-Flour générale-

---

1. Il nous est parvenu huit originaux de ces instructions, tous conservés à la Bibl. nat., savoir : un de 1432 (février) dans le vol. *Fr.* 25944 n° 69; un de 1436 (décembre), dans le *Fr.* 26062, n° 3055, et six de 1438 à 1446 dans le *Fr.*, 22296 (anc. *Gaign.*), Voyez-en un exemple de 1445. *Pièces just.*, LVIII.

ment, quand le moment était venu de procéder à l'assiette [1].

Les receveurs de la Haute et de la Basse-Auvergne devaient distribuer les frais conformément à ces instructions, et la Chambre des comptes devait les en tenir quittes sur le vu des instructions et des quittances particulières. Comme dans les autres provinces, la royauté toléra longtemps cette pratique ; mais, par lettres du 17 mars 1443, Charles VII défendit aux receveurs de tenir compte, à l'avenir, de ces instructions, s'ils n'avaient de lui une autorisation spéciale à chaque fois [2]; d'ailleurs, comme pour le Limousin, la nécessité de cette sanction royale semble n'avoir été qu'une formalité plus ou moins fidèlement observée.

Bien que toutes les finances provinciales dussent passer sous les yeux de la Chambre des Comptes, les Etats avaient cependant le droit, surtout dans la Marche et dans l'Auvergne, de vérifier certaines parties des comptes du receveur. Dans la Marche, pendant l'intervalle d'une session ordinaire à l'autre, il y avait fréquemment des assemblées plus ou moins nombreuses dans l'intérêt du pays, ce qui occasionnait des dépenses que le receveur soldait immédiatement; au moment de la session suivante,

1. Il ne s'est conservé que deux instructions originales de la Haute-Auvergne : 1444 et 1448 (Arch. nat., K 68, n° 2, et Bibl. nat., *Clair.* 119, fol. *ultimo*). Voyez celles de 1444, *Pièces just.*, LI.
2. Bibl. nat., *Portef. Font.* 870, fol. 292, copie. — Voy. *Pièces just.*, XLVII.

celui-ci établissait un compte des sommes qu'il avait ainsi déboursées ; le compte, avec pièces à l'appui, était examiné de concert par les commissaires du roi et les Etats, qui, après l'avoir approuvé, lui en ordonnançaient le montant parmi les frais dont on ordonnait alors la levée. Il en était de même pour les dépenses occasionnées par la session ordinaire : pour ces deux chapitres du budget provincial, les pièces justificatives ne passaient pas sous les yeux de la Chambre des comptes qui devait se contenter des déclarations contenues dans le rôle distributif.

En Auvergne, ce système était pratiqué sur une échelle beaucoup plus large. Dans la première partie de la période que nous étudions, jusque vers 1440, il était d'usage que les Etats de la Basse-Auvergne imposassent sur eux, à chaque session, une somme fixe, destinée à payer les gens de guerre entretenus par le pays, et à subvenir aux dépenses imprévues que pouvaient motiver les affaires de la province : cette somme était portée en bloc aux Instructions ; elle était distribuée, au fur et à mesure des besoins, par mandements des personnages qui mettaient leurs sceaux à cet acte, ou d'au moins trois d'entre eux. Lorsque le crédit ouvert était épuisé, le receveur produisait son compte qui était examiné et vérifié par les commissaires, et ceux-ci lui délivraient une décharge générale qui devait suffire à l'acquitter vis-à-vis de la Chambre des comptes, sans que celle-ci pût l'obliger à produire les pièces justificatives de l'emploi de cette somme [1]. Dans la seconde période, il est plus rare que l'on impose ainsi un fonds de réserve, et il semble qu'il faille une autorisation royale. Toujours est-il qu'en 1444, par lettres du 12 mars, Charles VII autorise spécialement la levée d'une somme de 6,000 fr. sur toute l'Auvergne, comme réserve, à condition que la distribution en sera certifiée par ses commissaires auprès des Etats d'Auvergne [2]. Lorsque, dans l'intervalle de deux sessions, les affaires du pays exigeaient le payement immédiat de fortes sommes, comme par exemple quand il s'agissait de composer avec les routiers pour qu'ils ne pillassent pas le pays, les Etats nommaient des commissaires à cet effet ; ceux-ci faisaient payer par les receveurs, en leur délivrant des certificats [3], les sommes nécessaires ; puis des délégués des Etats examinaient ultérieurement les sommes ainsi déboursées, et les faisaient imposer en bloc parmi les frais. Le roi essaya de rendre nécessaire son autorisation quand la somme était considérable ; en 1443, les Etats durent payer une amende de 20,000 fr. pour avoir ainsi imposé de leur chef 24,000 fr. et plus, en 1442 [4]. Nous ne croyons pourtant pas que cela ait produit un effet

1. Voy. une de ces décharges, *Pièces just.*, XXIII.
2. Voy. les lettres d'autorisation, et la distribution certifiée pour la Basse-Auvergne, *Pièces just.*, L et LII.
3. Voy. un de ces certificats du 28 septembre 1443, *Pièces just.*, XLIX.
4. Voyez *supra*, § 1 A.

appréciable. Dans les Instructions de l'année 1443, les Etats de la Basse-Auvergne imposent sur eux 12,953 l. 7 s. 6 d. t. pour partie de 22,953 l. 7 s. 6 d. t. payés par le receveur dans l'intervalle de la session de septembre 1442 à celle d'août 1443, et ils réservent pour l'année suivante l'impôt des 10,000 fr. restants. Il est dit expressément que les Etats ou leurs délégués ont vérifié, par le détail, le compte du receveur à ce sujet, et qu'il prendra ladite somme par sa main des deniers de sa recette, sans avoir besoin d'autre autorisation que le texte même des Instructions [1]. Les Etats de la Haute-Auvergne agissent avec la même liberté; en 1444, « a esté accordé par Mgr le duc et Mess^{grs} des Trois Estaz estre mis sus oudit hault païs la somme de v^m vi^c l. t. pour satisfaire aux parties du compte rendu et baillié par Martin Roux à mesdiz S^{grs}, lesquelles parties et sommes d'argent il avoit paiées par leur ordonnance et mandement... ainsi que plus à plain est contenu es parties de sondit compte, lesquelles ont esté par mesdiz S^{rs} bien veues, examinées et gettées [2], et icelles au dit Martin Roux accordées estre allouées en la despense de ses comptes et rabatues de sa recepte en rapportant ces presentes tant seulement, et sans pour ce avoir ne demander autres lettres, certiffications ou quittances

---

1. Voy. les Instr. faites à Aigueperse en janvier 1444, Bibl. nat., Fr. 22296, à la date.
2. Calculées.

fors ces dictes presentes tant seulement [1]. » On voit que, momentanément du moins, la royauté ne semble pas avoir eu l'avantage dans sa lutte contre ce privilège des Etats. Si, dans les années suivantes, nous ne trouvons pas de faits analogues, cela tient sans doute à ce que les événements ne les rendirent pas nécessaires.

§ III. — *Attributions législatives.*

Sous Charles VII, comme à toutes les périodes de l'ancienne monarchie, il n'y a qu'un corps qui ait réellement le droit de légiférer, c'est le conseil du roi ou Grand Conseil. Mais, si les Etats n'ont, par eux-mêmes, le droit de prendre aucune mesure législative, ils ont un moyen de provoquer ces mesures, et c'est à ce titre que nous avons cru pouvoir consacrer un chapitre à leurs attributions législatives. Ce moyen, c'est la rédaction et la remise de *cahiers de doléances,* comme on a dit plus tard. Un savant membre de l'Institut appelle ce droit le droit de présenter des cahiers de *remontrances* [2]. Le mot *remontrance* appartient à un ordre d'idées et d'institutions entièrement différentes : il est absolument impropre. Nous n'avons pas trouvé le mot *doléance* dans les textes contemporains, mais il répond beaucoup mieux à la chose.

1. Voy. les instr. du 3 mai 1444, *Pièces just.*, LI, n° 6.
2. M. Laferrière, *Op. laud.*, p. 367.

Les cahiers de *doléances* ne sont autre chose, en somme, que des suppliques remises au roi et examinées par son Grand Conseil. Toutes les fois que les États désiraient obtenir une mesure dont l'autorité royale seule pouvait prendre l'initiative, ils envoyaient des députés au roi et ces députés devaient être chargés de mémoires en forme de doléances [1]. Les documents les plus connus sous le nom de cahiers de *doléances* étaient rédigés dans les assemblées de bailliages, à l'occasion des États généraux depuis 1484, et avaient une portée générale. Nous avons vu que, sous Charles VII, les États provinciaux n'étaient pas appelés à nommer les députés aux États généraux; ils n'avaient donc pas de cahiers à rédiger à ce sujet. En revanche, ils pouvaient, quand ils le jugeaient à propos, faire présenter au roi des cahiers de doléances portant sur un ou plusieurs objets. Un heureux hasard nous a conservé [2] un de ces trop rares documents. Il fut adressé au roi par les États d'Auvergne au commencement de l'année 1442, le roi étant à Bressuire. Notre intention n'est pas d'analyser ce qu'il contient; nous aurons à en utiliser chaque paragraphe, suivant son objet, dans les différents chapitres de notre IIIe partie.

1. « Charles, etc. Receue avons l'umble supplication des gens des Trois Estaz de nostre bas païs de Limosin contenant que... etc. » Janvier 1436. (*Pièces just.*, xxv.)

2. C'est une copie contemporaine qui se trouve dans les titres de la maison de Bourbon, Arch. nat., P 1361¹, cote 950. Voy. *Pièces just.*, xliii.

Mais nous voulons en étudier simplement la forme matérielle. Il est conçu dans les termes les plus humbles :

« Au roy nostre souverain seigneur,

« Supplient très humblement voz très humblez et tousdiz loyaulx serviteurs et subgez les gens des Trois Estaz de vostre pays d'Auvergne qu'il vous plaise de vostre benigne grace, tant sur les pouvretez, afferes et calamitez dudit pays à Vous nostre souverain seigneur diz et expousez, comme sus les autres cy après contenuz et declarez, leur pourveoir tout par la forme et maniere qu'ilz supplient et requierent, ou autrement ainsy que vostre bon vouloir sera. »

Vient alors l'exposé des doléances des Etats contenu dans huit paragraphes ou articles. Chaque article est divisé en deux parties : la première renferme le grief dont les Etats se plaignent, la seconde, la prière au roi d'y remédier sous une forme plus ou moins précise.

Ce qui est surtout remarquable dans ce document, c'est la partie suivante, intitulée « *Cy s'ensuit l'expédient extrait des articles précédents* ». Là sont résumées avec une précision remarquable les mesures que demandent les Etats pour remédier aux griefs exposés précédemment ; il y a huit articles, autant que dans la première partie, et l'on peut dire que chacun renferme, soigneusement élaboré, un projet d'ordonnance royale. A la suite de chaque article se trouve la réponse du roi. Enfin, la pièce est donnée à Bressuire le 17 janvier 1442, et l'original était signé du secrétaire du roi D[reux] Budé.

CHAPITRE III

Rôle et influence des États provinciaux.

§ I. — *Influence politique.*

L'influence politique des Etats provinciaux ne pouvait être très considérable sous Charles VII. Les questions politiques étaient soumises au Grand Conseil; quelquefois le roi eut recours aux Etats généraux pour prendre des résolutions avec plus de solennité; mais nous ne voyons pas qu'il se soit servi, aux mêmes fins, des Etats provinciaux. Cependant, si les Etats provinciaux n'avaient pas d'action efficace sur la politique, ils n'y demeuraient pas absolument étrangers. Lorsque Charles VII eut renoncé, en 1440, à réunir les Etats généraux pour leur demander des subsides, il dut lever des impôts de son autorité propre. Voici comment on procédait à chaque impôt nouveau. Le roi soumettait à son Conseil l'état des affaires, les principaux actes accomplis depuis la dernière levée d'impôt, les desseins qu'il avait pour l'avenir, et le Conseil fixait, d'accord avec le roi, la somme qu'il était nécessaire d'imposer en Languedoïl. Puis il procédait à la répartition de cette somme entre les différentes provinces. C'était donc le grand Conseil qui avait l'initiative politique en matière d'impôts. A la suite de cette séance du Conseil, on nommait les commissaires chargés d'imposer, dans chaque province, la quote-part qui lui revenait. Toutes les commissions étaient conçues de la même façon : le préambule, rédigé sans doute par le Conseil, contenait l'exposé politique de la situation que les commissaires devaient mettre sous les yeux des Etats provinciaux de chaque pays. Ce document était donc une sorte de message politique; mais il est évident que les Etats n'étaient pas admis à délibérer sur son contenu. Ils ne pouvaient que le sanctionner en votant leur part de l'impôt demandé, et il faut reconnaître qu'il leur aurait été bien difficile de se soustraire à la nécessité de ce vote.

On peut croire que les Etats provinciaux n'étaient pas satisfaits de ce système qui leur forçait la main pour le vote de l'impôt, et qu'ils eussent voulu le retour aux Etats généraux dans lesquels ils trouvaient une garantie de plus. Les doléances présentées par les Etats d'Auvergne au roi, en 1442 [1], contiennent, à ce sujet, un article qui mérite une étude approfondie [2]. Les Etats exposent au roi que, sans compter l'aide de 28,000 livres qu'ils venaient de lui

---

1. Voyez des détails sur ces cahiers de doléances, *supra*, § 3, et le document lui-même, *Pièces just.*, XLIII.

2. Art. 2.

accorder au mois de novembre 1441, le pays lui avait payé, depuis quinze ou seize mois, près de 100,000 livres ; ils se plaignent que leur quote-part ait été considérablement augmentée depuis quelque temps, bien que le pays soit désolé, et ils prient le roi de les imposer désormais suivant leur quote-part primitive qui était beaucoup plus faible. L'article est assez bénin, et le roi pouvait en prendre à son aise. Mais « l'expédient [1] » est autrement précis et énergique : pour empêcher le retour de faits pareils, les Etats demandent « lettres par les quelles le roy veult que d'ores en avant les Troys Estaz dudit pays soient appellez ou convoquez quant il plaira au roy demander aucune chouse sur les pays de Languedoïl pour consentir et prendre leur quotte et loyalle porcion de ce qu'ilz pourroient porter. » Il faut bien comprendre la valeur de cet article. Sous forme de réclamation particulière, il contient un vœu général. Les Etats veulent être appelés « quant il plaira au roy demander aucune chouse sur les pays de Languedoïl ; » c'est-à-dire qu'ils refusent de reconnaître au Grand Conseil le droit de fixer seul, et le montant de l'impôt général, et la quote-part de chaque province ; en un mot, ils demandent que le roi convoque les Etats généraux de Languedoïl toutes les fois qu'il voudra lever une aide générale. Le vœu des Etats provinciaux fut bien ainsi compris par le Grand Conseil qui était directement en cause : la ré-

1. Art. 10.

ponse qu'on y fit est un chef-d'œuvre d'habileté et pousse au plus haut point l'art de ne pas répondre à ce qu'on demande, tout en ayant l'air de l'accorder. La voici : « Le roy a tousjours eu et aura en toute bonne recommandation les pays d'Auvergne, et est l'intencion du roy que, *toutez et quantes foiz qu'il assemblera les Troys Estatz de ses pays de Languedoïl, il les mandera et appellera comme les autres*, ainsi que tousjours a acoustumé de faire. »

Ainsi les Etats demandent des « lettres », c'est-à-dire une promesse solennelle scellée du sceau royal : la réponse n'en souffle mot. Ils demandent à être appelés (comme les autres pays de Languedoïl) quand le roi voudra lever un impôt général : le roi répond qu'il les appellera en effet comme les autres, mais quand ? « Toutez et quantes foiz *qu'il assemblera les Troys Estaz de ses pays de Languedoïl.* » Les rédacteurs officiels n'ont eu garde d'ajouter ce sous-entendu que l'intention du roi était de ne plus convoquer les Etats de Languedoïl. Les Etats provinciaux n'obtinrent donc rien ; mais il n'en est pas moins intéressant aujourd'hui pour nous de constater qu'ils émirent un vœu politique remarquable en protestant contre la suppression des Etats généraux : c'est là un fait à opposer aux paroles du roi qui, dans un document officiel, affirme que « plusieurs notables seigneurs du pays ont requis qu'on cessast de telle convocation faire [1]. »

1. Réponse aux griefs des seigneurs assemblés à Nevers en 1441. *(Recueil des anc. lois fr.,* t. IX p. 108.)

Si ordinairement les Etats provinciaux avaient peu d'influence politique, il pouvait se présenter telles circonstances où cette influence acquérait cependant de l'importance. Il est curieux, à ce point de vue, d'étudier le rôle des Etats provinciaux de l'Auvergne dans la *Praguerie* [1]. Nous n'avons pas à faire l'histoire de cette révolte. On sait que le mouvement, commencé en Poitou au nom et avec la complicité du dauphin, fut bientôt arrêté dans cette province. Le dauphin traversa rapidement la Marche, dont le comte, Bernard d'Armagnac, son propre gouverneur, était aux côtés du roi, et il se retira en Auvergne et en Bourbonnais où le duc de Bourbon embrassa hardiment son parti; le comte de Montpensier, dauphin d'Auvergne et seigneur de Combraille, fit de même, puisque le roi dut faire assiéger ses châteaux de Chambon et d'Evaux. Les seigneurs coalisés travaillèrent vivement les Etats d'Auvergne pour les attirer dans leur parti, mais sans succès. Bien que leur duc fût dans le parti rebelle, ceux-ci se conduisirent avec la plus grande sagesse et n'abandonnèrent pas la cause royale. Ils se réunirent à la convocation de Charles VII, au mois de mai, dans la ville de Clermont. Il faut citer ici quelques vers de Martial d'Auvergne. C'est à peu près le seul témoignage d'un chroniqueur que nous ayons à invoquer dans ce travail sur les Etats provinciaux :

Ylà les gens des Trois Estaz

1. En 1440.

> Luy vindrent faire reverence...
> Ce fait, après au roy offrirent
> Luy aider de corps et chevance
> Et leur devoir grandement firent,
> Luy presentant don de finance [1].

Ce don de finance était une aide de 20,000 francs [2]. Mais, après cette preuve de leur fidélité au roi, ils prirent leurs mesures pour que le pays eût le moins possible à souffrir des hostilités des deux partis. Les comtes de Boulogne et d'Auvergne et de Montpensier et le seigneur de Canilhac furent envoyés auprès du duc de Bourbon et du dauphin à Riom et à Gannat, pour essayer le rôle de médiateurs entre eux et le roi, et surtout pour les prier de ne pas faire de dommage à la province. Les Etats prirent les mêmes précautions vis-à-vis du roi, et firent don d'un cheval à Robert de Floques, dit Floquet, capitaine royaliste, pour le faire partir le plus vite possible avec ses troupes [3]. Il faut reconnaître

---

1. Martial d'Auvergne, *Vigilles de Charles VII*, éd. 1724, t. I, p. 176.
2. Voy. *Catalogue*, Auvergne 1440, mai.
3. « A Monsgr de Dampierre et de Revel, en recompensacion d'un cheval qui fut donné à Floquet, capitaine de gens d'armes et de trait pour le roy nostre sire, afin que lui et ceulx de sa compaignie vuidassent et alassent hors dudit païs d'Auvergne et n'y feissent dommaige, et aussi en recompensacion de certaine despense qu'il fist à avoir esté devers Monsgr le duc de Bourbon à Gannat et Molins et devers le roy à Clermont et à Saint-Poursain, par l'ordonnance de messeigneurs dudit

que, dans ces circonstances difficiles, les Etats firent preuve d'un grand tact politique.

§ II. — *Influence financière*.

Les impôts intéressant au plus haut point les Etats provinciaux, puisqu'ils les votaient et les supportaient, on doit s'attendre à trouver trace de leur influence en matière financière. Examinons comment cette influence s'est exercée et les résultats qu'elle a obtenus.

païs, pour besoigner sur aucunes choses touchans le bien dudit païs, 440 livres tournois.

A Mons[gr] le conte de Bouloigne et d'Auvergne, pour certaines grans despenses qu'il a faictes en certains voyages et chevauchées qu'il a fais à avoir esté à Riom et à Gannat devers Mess[grs] le Daulphin et de Bourbon, pour adviser qu'il estoit expedient de faire sur aucunes requestes qu'ilz faisoient au païs et veoir se on pourroit trouver aucun bon appointement et appaisement entre le roy et eulx, et affin que ledit pays n'eust dommaige par eulx ne leurs gens, 400 l. t.

A Mons[gr] le conte de Montpensier, dauphin d'Auvergne, pour semblable, 200 fr.;

A Mons[gr] Loys de Beaufort, conte d'Aleps et s[r] de Canilhac, pour semblable, 200 fr. »

(*Instruct. des gens d'église et nobles* faites à La Sauvetat, en septembre 1440. — Bibl. nat., *Fr.* 22,296, p. n° 3).

A. — LES ÉTATS CHERCHENT A RENDRE PLUS ÉQUITABLE L'ASSIETTE DE L'IMPÔT DIRECT

Au XVe siècle, la répartition de l'impôt direct ou taille se faisait entre les différentes paroisses, suivant le nombre de feux de chaque paroisse. Les commissaires chargés de l'assiette devaient donc avoir sous les yeux une sorte de cadastre où figuraient toutes les paroisses avec le nombre de feux contribuables de chacune. A l'origine, le mot *feu* avait sa signification propre, c'est-à-dire qu'il désignait un ménage ou feu vif. Mais bientôt, comme sous l'empire romain le mot *caput*, il fut synonyme d'unité contributive et n'eut plus de valeur littérale. Il fallut plus ou moins de *feux réels*, suivant leur importance, pour faire un feu contributif. Chaque paroisse était abonnée pour un nombre fixe de feux et même de fractions de feu, qui ne pouvait être changé que par mandement royal. Dans ces conditions, le travail des commissaires répartiteurs était bien simple : s'il s'agissait, par exemple, d'imposer 20,000 francs et que le nombre des feux de la province fût de 2,000, on divisait 20,000 par 2,000 pour avoir la valeur d'un feu, soit 10 francs ; alors une paroisse de deux feux était imposée à 20 francs, une de trois feux et demi à 35 francs, etc. Il y avait donc un grand intérêt d'impartialité à ce que le cadastre fût dressé avec soin et modifié toutes les fois que besoin était. C'est ce que les Etats ne cessèrent de réclamer.

En 1423, les Etats de Languedoïl ayant accordé au roi une aide d'un million, le Limousin, tant haut que bas, fut taxé, pour sa part, à 37,000 francs. Des commissaires vinrent pour imposer cette somme et assemblèrent les Etats à cet effet, au mois de février. Ceux-ci voulaient qu'avant de faire aucune assiette, on procédât à une « réformation de feux », c'est-à-dire qu'on révisât le cadastre. Toutefois, comme cette opération exigeait du temps, les Etats consentirent à ce qu'on imposât immédiatement le premier terme de l'aide, renvoyant l'assiette des deux autres après la « réformation des feux ». Ils nommèrent des délégués pour assister à l'assiette, comme d'habitude ; mais il fut expressément stipulé que, si la révision n'était pas faite en temps utile, les Etats seraient de nouveau assemblés avant d'asseoir les deux derniers termes. Y eut-il des commissaires nommés par les Etats pour procéder à cette opération ? Nous l'ignorons. Toujours est-il que la révision ne put être faite, et que les Etats assemblés de nouveau consentirent à la dernière assiette moyennant « aucunes corrections et reparacions qui ont esté faictes sur plusieurs des villes et paroisses tout par le conseil des dictes gens des Trois Estaz [1]. »

Les Etats d'Auvergne furent plus heureux que ceux du Limousin. Au mois de janvier 1442, dans leurs cahiers de doléances [2], ils représentent au roi

---

1. Voy. sur cette affaire *Pièces just.*, II, III, IV.
2. Art. 6 et 13.

« que plusieurs villes estans oudit pays d'Auvergne sont par les dictes guerres et divisions très fort diminuées et les autres augmentées et peuplées, par quoy bonnement les dictes villes et villaiges diminués ne puevent porter la charge qu'ils avoient acoustumé de faire, et les autres ainsy augmentés plus convenablement pourroient porter plus grant charge que jadis n'avoient acoustumé ». Ils demandent donc au roi de « leur donner certains commissaires à leur nominacions, lesquelz aient à soy informer des diminucions et augmentacions dessus dictes et imposer les dictes villes et villaiges, le fort portant le faible, en regart es dictes diminucions et augmentacions, comme en leurs armes et consciences ils verront que à faire sera de raison ». Le roi répond qu'il « est content de ce faire ». Néanmoins nous ne voyons pas qu'il ait été donné suite immédiatement à ce projet. Au mois de janvier 1445, Martin Roux est envoyé auprès du roi à Nancy pour obtenir les lettres de commission depuis longtemps demandées, et il lui est taxé pour ce voyage 200 livres [1]. Il ne semble pas avoir réussi dans sa démarche, car nous voyons encore, au mois d'août suivant, 450 livres ordonnées au seigneur de Dampierre et de Ravel « pour avoir pourchacé et obtenu du roy les lettres necesseres adreçans aux commisseres ordonnez par le roy à faire la visitacion des feux et heluges desdiz bas et

---

[1]. Attestation de ce fait par Louis de Bourbon et autres; 12 juillet 1445 (Bibl. nat., *Fr.* 22296, p. 8).

hault pais d'Auvergne et pour les avoir fait verifiier ainsi que besoing en estoit¹. » Ces commissaires nommés par le roi sur la présentation des Etats étaient au nombre de douze ; c'étaient : Jacques de Montmorin, bailli de Saint-Pierre-le-Moutier ; Jean, seigneur de Langeac, sénéchal d'Auvergne ; Jean, seigneur de Chaseron et de Vollore ; Draguinet, seigneur de Lastic ; Barthélemi de la Farge, prieur de la Voûte ; Pierre Boniol, official de Clermont ; Guiot du Riuf, abbé d'Artonne ; Pierre Voulpilhère ; Robert Coustave ; Hugues Chaumeilh, baile de Murat ; Pierre Mandonnier et Martin Roux. Ils procédèrent au fait de leur commission pendant les années 1445 et 1446 ; en 1446, les Etats leur ordonnèrent collectivement pour ce la somme de 1,125 livres ² ; ils eurent encore diverses allocations en 1447. Le principal résultat de cette vaste enquête fut de changer la proposition contributive observée depuis longtemps entre le plat pays et les bonnes villes. Il fut arrêté que ces dernières, au lieu de payer comme auparavant la sixième partie de l'ensemble de l'impôt, ne paieraient plus que le septième de la part de la Basse-Auvergne, soit les trois vingt-huitièmes de l'impôt total. La répartition eut lieu sur cette nouvelle base dès le mois de janvier 1447 ³.

1. *Pièces just.*, LVIII, n° 80.
2. Voy. Bibl. nat., *Fr.* 22296, Instr. des mois de février 1446 et janvier 1447.
3. Pièce du 24 janvier 1446 (ancien style) analysée par Savaron

Les États d'Auvergne ne poursuivirent pas avec moins d'énergie un abus très préjudiciable aux intérêts de la province. Le comte de la Marche, Bernard d'Armagnac, possédait dans la Haute-Auvergne les vicomtés de Carlat et de Murat, et le comte d'Armagnac, les baronnies de Pierrefort et de Chaudesaigues. Bien que ces terres eussent toujours contribué avec l'Auvergne, ces deux seigneurs, tranchant du souverain chez eux, ne voulaient pas souffrir que leurs sujets payassent rien des sommes imposées sur l'Auvergne, ce qui jetait un grand trouble dans les finances de la province et chargeait d'autant les autres contribuables. Les États s'en plaignirent vivement au roi [1] et, cette fois aussi, ils eurent satisfaction. Le comte de la Marche composa vers 1443, et les terres de Pierrefort et de Chaudesaigues furent confisquées, peu de temps après, sur le comte d'Armagnac.

B. — PRÉFÉRENCE DES ÉTATS POUR L'IMPÔT DIRECT OU TAILLE, OPPOSÉ AUX AUTRES SYSTÈMES DE CONTRIBUTIONS ET SPÉCIALEMENT AUX AIDES. — CONVERSION DES AIDES EN ÉQUIVALENT.

Un fait très curieux à constater, s'il n'est pas facile à expliquer, c'est la préférence accordée par les

---

dans son Inventaire fol. 62 b. Nous n'avons pu retrouver l'original aux archives de Clermont.

1. Dans les doléances de 1442. *Pièces just*, XIII, n°s 4 et 11.

Etats de notre région centrale aux impôts directs, par opposition aux impôts indirects ou aides. La première preuve en est que jamais, pour ainsi dire, les Etats n'ont accordé de subside au roi sous la forme d'impôt indirect. Un contemporain nous apprend qu'aux Etats généraux de Poitiers, en octobre 1425, il y eut de longues contestations entre les membres de l'assemblée parce que, pour fournir un subside au roi, « les ungs, c'est assavoir d'Angiers, d'Orliens, Blaiz, Touraine et autres, vouloient des aides partie, et les autres des païs bas jusques en Lionnois vouloient que tout se paiast par taille [1] ». A ce point de vue, l'Auvergne, le Limousin et la Marche faisaient partie des *pays bas*. Pour le montrer encore mieux, il suffit d'un exposé historique des faits. Au mois d'août 1423, les Etats généraux de Selles accordent au roi le rétablissement provisoire des aides qui avaient cours pour la guerre du temps de Charles VI [2]; en décembre suivant, les Etats d'Auvergne remplacent la perception des aides par un impôt direct de 20,000 francs [3]. Au mois d'octobre 1425, les Etats généraux avaient accordé au roi un subside d'après lequel on devait percevoir le onzième de toutes denrées et marchandises ; dans une assemblée

1. Lettre de Roulin de Mâcon aux conseillers de la ville de Lyon, ap. *Cab. historique,* 1878, p. 216.

2. Les *aides* se composaient de 12 deniers par livre de toutes denrées, d'un quart du vin vendu au détail et de l'imposition foraine.

3. Voy. le *Catalogue* à la date.

tenue à Montluçon au mois d'avril suivant, et à laquelle prennent part les Etats d'Auvergne, ce subside est remplacé par une taille de 250,000 francs [1]. En décembre 1426, les Etats de Montluçon accordent au roi la levée d'une sorte de capitation d'après laquelle chaque habitant devait payer de 5 sous à 10 deniers tournois par semaine, suivant son état : au mois de mai suivant, cet impôt est remplacé, en Auvergne, par une taille ordinaire [2]. En 1432, le roi, avec l'assentiment des Etats généraux, ordonne la levée d'un droit appelé barrage sur toutes les marchandises qui entreraient dans les villes ou en sortiraient; au mois de septembre, les Etats d'Auvergne accordent au roi une somme de 20,000 francs pour remplacer cette imposition [3]. Les Etats de Tours (sept.-oct. 1433) rétablissent la capitation; au mois de janvier 1434, les Etats d'Auvergne la remplacent par une taille de 20,000 francs [4]. Au mois de juillet 1435, ils accordent un impôt direct au lieu des aides qui venaient d'être rétablies provisoirement [5]. Enfin, les aides sont définitivement « remises sus » par le roi avec le consentement des Etats généraux, en février 1436; les Etats de la Basse-Auvergne obtiennent encore, moyennant une somme de 8,000 fr., qu'elles n'aient pas cours en Auvergne de toute l'an-

1. Voy. le *Catalogue* à la date.
2. *Ibid.*
3. *Ibid.*
4. *Ibid.*
5. Arch. nat., *Reg. du Parl.*, X¹ A 8604, fol. 125.

née 1436 [1]. C'est seulement au mois de décembre 1436 que Charles VII, de passage à Clermont, promulgue solennellement le rétablissement des aides dans la province à partir du commencement de l'année 1437 [2]. Dès lors les Etats n'ont plus d'autorité sur ces impositions qui se lèvent sans leur intervention : ils ne peuvent que protester, au besoin, contre les vexations des agents qui en sont chargés [3].

Les mêmes faits ont certainement dû se passer dans le Limousin et dans la Marche, mais nous ne possédons pas assez de documents pour en dresser une liste aussi complète. Signalons toutefois les suivants : l'aide des *barrages* fut remplacée en 1433, dans la Marche, par une taille de 4,000 francs [4]; cette aide, non plus que la capitation de 1433, ne fut pas perçue en Bas-Limousin, mais elles furent changées toutes deux en une taille de 6,000 fr. [5]; en 1435, les Etats de Poitiers ayant rétabli provisoirement les aides, les Etats de la Marche y substituèrent un *équivalent* [6]. Nous avons dit que le rétablissement définitif des aides fut accordé au roi par les Etats de Languedoïl réunis à Poitiers au mois

---

1. Voy. le *Catalogue* à la date.
2. Arch. de Clermont, reg. non coté, à la date.
3. Voy. leurs doléances, *Pièces just.*, XLIII, n°s 8 et 15.
4. Voy. le *Catalogue*, à la date.
5. Lettres de Charles VII du 14 janvier 1437 (Arch. nat., K 63, n° 29).
6. Voy. le *Catalogue*, à la date.

de février 1436 : malgré cela, il semble absolument certain que ces impositions ne furent levées ni dans le Limousin ni dans la Marche, de 1436 à 1450 environ [1]. Cela tint sans doute à la résistance énergique que les Etats durent opposer à cette mesure. C'est seulement vers 1450 que le roi résolut d'assimiler ces provinces au reste des pays de Languedoïl. Il fallut entamer de longues négociations avec les Etats provinciaux. C'est probablement à cette affaire que se rattache un voyage fait avant le 25 mars 1451 par Baudot de Haloy, clerc, par ordre des trésoriers de France, « de la ville de Tours en la ville de Limoges et en la conté de la Marche devers les gens des Trois Estaz desdiz païs pour leur porter certaines instruccions, mémoires et autres advertissemens et illec avoir attendu leur responce et retourné par devers le roy en ladicte ville de Tours [2] ». Le résultat de ces négociations fut que les Etats de la Marche, du Limousin haut et bas et du Périgord offrirent collectivement au roi de lui payer annuellement une somme de 20,000 francs pour que les aides n'eussent pas cours dans ces pays. Le roi accepta ce marché pour un certain nombre d'années, et le nouvel impôt s'appela l'*équivalent aux aides* : il finit par devenir définitif. La quote-part de chaque

---

1. Un texte de 1444 nous apprend qu'à cette époque il n'y avait « nulz esleuz ou païs de Limosin » (Arch. nat., *Reg. de la cour des aides*, Z¹ A 14, fol. 105 v°).

2. Arch. nat., KK 648 (vol. Monteil) p., n° 91.

pays était ainsi fixée : Marche, 4,500 fr. ; Bas-Limousin, 6,750 fr. ; Haut-Limousin, 6,750 fr., et Périgord, 2,000 fr. L'équivalent dut commencer à se lever à partir du mois d'octobre 1454. Les États de ces quatre pays imposèrent, en outre, sur eux la somme de 6,000 fr. (dont 1,500 fr. sur la Marche) pour défrayer les députés qu'ils avaient envoyés, à plusieurs reprises, auprès du roi pour obtenir le changement des aides en équivalent. Dans la somme de 6,750 l. t. supportée par le Bas-Limousin, la vicomté de Turenne était comprise pour 536 l. 10 s. t.; mais les habitants de cette principauté ayant absolument refusé de rien payer, la moitié de leur quote-part fut, un peu plus tard, deversée sur le Haut-Limousin dont la charge se trouva ainsi portée à 7,018 l. 5 s. t., pendant que celle du Bas-Limousin était réduite à 6,481 l. 15 s. t. [1].

Cet exemple ne tarda pas à être suivi des pays voisins. La Combraille, où le roi avait établi les aides en 1451 [2], envoya des députés à la cour et obtint la transformation de cet impôt indirect en un équivalent de 700 fr. par an, avant le mois de

1. Voy. sur cette affaire : Arch. nat., K 692ᵇ, nᵒ 11 ; Bibl. nat., Fr. 5909. fol. 175 ; 20580, p. 29, et 2886, *Rôle des aides pour* 1454-5 (très-mal publié par feu P. Clément, de l'Institut, dans *Jacques Cœur et Charles VII*, t. II, p. 419 et sv.), et les *Pièces just.*, LXXXVI et LXXVII.

2. Voy. Arch. nat., Z¹ A 24. — Les villes principales de la Combraille étaient Evaux et Chambon (Creuse).

décembre 1456 [1]. La même question agitait fort les Etats d'Auvergne. Le 21 mars 1454, une somme de 400 francs est répartie entre les bonnes villes « pour envoyer certeine ambassade devers le roy pour fere abatre les guabelles ou fere mettre à l'équivalent [2] ». Les Etats de la Basse-Auvergne se réunissent pour examiner l'affaire le 27 juin à Issoire, le 10 et le 12 août à Riom et à Clermont, le 11 septembre à Issoire. Toutefois, leurs demandes ne semblent pas avoir abouti sous Charles VII; nous trouvons encore des élus sur le fait des *aides* en mars 1459 [3]. La première mention de l'équivalent que nous ayons est de 1463 [4] : c'était probablement un cadeau de Louis XI à son avènement. Cet équivalent était de 24,000 francs pour la Basse-Auvergne [5]; nous n'avons pas de détails sur la Haute-Auvergne.

C. — LES ETATS SUSPENDENT L'EXERCICE DE DIVERS DROITS FINANCIERS DE LA ROYAUTÉ, OU LES RACHÈTENT PAR DES IMPÔTS DIRECTS.

Avec les aides ordonnées pour la guerre, et les tailles qu'ils accordaient périodiquement, les Etats

1. *Rôle des aides, supra.*
2. Arch. de Clermont, reg. non coté.
3. Bibl. nat., *Fr.* 23898, à la date.
4. Bibl. nat., *Pièces orig.*, 724, dossier *Chauvigny*, n° 8 *bis*.
5. Bibl. nat., *Fr.* 23898, à la date.

n'étaient pas encore entièrement à l'abri des exigences de la royauté. Celle-ci possédait certains droits dont la revendication, pour être intermittente, n'en était pas moins vexatoire.

De ce nombre était la convocation de l'arrière-ban. Dès l'époque de Philippe le Bel, ce n'était plus pour la royauté qu'un moyen de se procurer de l'argent par les compositions auxquelles les particuliers étaient obligés de se soumettre. Ce moyen fut rarement employé sous Charles VII. Cependant, en 1441, il chargea Tandonnet de Fumel et Nicole du Breuil de « faire mettre à execution l'arrière-ban » dans le Bas-Limousin. Les Etats s'émurent aussitôt et offrirent au roi, qui l'accepta, une somme de 4,500 fr. pour qu'il ne donnât pas de suite à ce projet.

C'était une vieille habitude de la royauté d'envoyer de temps en temps dans les provinces des commissaires extraordinaires avec pleins pouvoirs pour réformer et punir tous les abus qui y avaient été commis depuis une certaine époque : tel était déjà le caractère des *enquêteurs* de saint Louis. Charles VII jugea bon de remettre en vigueur cet usage, moins dans l'intérêt de la justice assurément, que comme un moyen d'alimenter le trésor par les amendes et confiscations qui devaient en résulter. En 1445, une commission de ce genre fut instituée en Auvergne pour « la générale reformacion »; elle

1. *Pièces just.*, XLII.

était composée de Gilbert de La Fayette, de Girart le Boursier, de Pierre de Morvillier et de Nicole du Breuil. La venue de ces commissaires mit la province en émoi : on commença par les gagner en leur faisant des présents : le maréchal de La Fayette reçut 100 livres tournois, Nicole du Breuil 40, et les deux autres chacun 80 livres tournois. On obtint ainsi un sursis momentané. Puis les Etats envoyèrent à la cour Gonnot du Riuf pour faire révoquer la commission.

Mais l'on pense bien que la royauté n'allait pas renoncer gratuitement à l'exercice de cette mesure lucrative et fructueuse. Il fallait une compensation. Les Etats, après plusieurs assemblées tenues dans les mois d'août et de septembre 1446 à Issoire et à Gannat, offrirent au roi, qui l'accepta, l'octroi d'une taille dont nous ignorons le montant, pour que les commissaires fussent revoqués. — Il faut reconnaître que la conduite des Etats dans cette circonstance n'était pas inspirée par un sentiment d'équité : si la commission eût suivi son cours, amendes et confiscations ne seraient tombées que sur les coupables ; au contraire, la racheter par un impôt, c'était faire payer par tous la rançon de quelques-uns. Mais les membres des Etats devaient évidemment tenir à ce que certains faits restassent dans l'ombre, et il ne faut pas trop s'étonner de retrouver là le mobile de presque tous les actes politiques, à savoir : l'intérêt bien entendu [1].

---

1. Pour les noms des commissaires et les sommes qui leur

Ils furent mieux inspirés en s'opposant à une autre mesure de la royauté. Au commencement de 1445 environ, Charles VII, de sa propre autorité, voulut faire lever en Auvergne de nouveaux droits sur le sel, tant de Poitou que de Languedoc. Quatre commissaires vinrent à cet effet dans la province : Charles de Castillon, Pierre des Crosses, Morelet Le Viste et Charlot de Rollot. Il fallut encore leur donner 200 fr. au mois d'avril 1445 pour les faire surseoir et attendre qu'on se fût pourvu auprès du conseil du roi [1]; en 1446, nouveau don de 600 fr. pour le même motif. En même temps, les Etats envoyèrent auprès du roi une ambassade composée du sénéchal d'Auvergne, du seigneur de Chascron, de l'abbé d'Artonne et de Jean Le Viste, « pour lui remonstrer que le païs avoit acoustumé ne rien paier sur le sel ». Quel fut le résultat de cette démarche? Nous l'ignorons. Ce qu'il y a de sûr, c'est qu'elle coûta à la province 1,200 livres tournois et plus [2].

Enfin, en 1448, Charles VII ayant nommé d'autres commissaires chargés de percevoir les droits de francs-fiefs et nouveaux acquêts, les Etats obtinrent

---

furent données, voy. les *Instructions* de février 1446 (Bibl. nat. *Fr.* 22296), et sur l'aide accordée au roy, voy. *Catalogue*, à la date.

1. Voy. *Pièces just.*, LVIII, n° 61.
2. Voy. les *Instructions* du mois de février 1446 (Bibl. nat., *Fr.* 22296 à la date).

encore du roi que ces commissaires restassent un an entier sans procéder à leur commission [1].

§ III. — *Rôle des Etats au point de vue de la défense territoriale. — Organisation de l'armée par Charles VII.*

C'est peut-être au point de vue de la défense territoriale que le rôle des Etats provinciaux a été le plus important sous Charles VII, et qu'il est aujourd'hui le plus intéressant à étudier. L'ennemi contre lequel les provinces avaient à se défendre était double : les Anglais, d'une part, et les routiers, de l'autre.

A. — DÉFENSE CONTRE LES ANGLAIS.

Des pays qui nous occupent, le Limousin seul se trouvait sur la frontière des Anglais, maîtres de la Guyenne jusqu'en 1451. Dès 1419, la première session des Etats du Limousin que nous ayons rencontrée est relative à la défense du pays. Un capitaine anglais, nommé Beauchamp, était alors maître de la forteresse d'Auberoche en Périgord, et, de là, faisait de nombreuses incursions dans le Limousin ; quelques seigneurs, et à leur tête le comte de Ventadour et les vicomtes de Comborn et de Limoges,

---

[1]. Voy. Arch. nat., KK 648 (reg. Monteil) p. n° 99.

résolurent d'aller mettre le siège devant cette place. Pour cela il fallait une petite armée et surtout de l'argent pour l'entretenir. On réunit les États à Tulle dans les premiers jours de septembre ; ceux-ci consentirent à ce qu'on imposât sur le pays une somme de 24,000 francs, à la condition expresse que cette somme serait uniquement employée à solder les troupes qui devaient assiéger Auberoche. Deux receveurs furent nommés, l'un pour le bailliage de Limoges, l'autre pour les bailliages de Brive et d'Userche ; quatre commissaires : Jean, seigneur de Bonneval ; Gouffier Hélie, seigneur de Villac ; Jean Peyssiera et Bertrant Arramit, furent chargés de présider à la distribution de l'argent et d'entendre les comptes des receveurs [1]. Grâce à cette organisation, la place d'Auberoche put être emportée, et le pays fut mis, pour quelque temps, à l'abri des incursions ennemies [2].

En 1435, les Anglais occupaient encore, dans le voisinage plus ou moins direct du Limousin, plusieurs places très-préjudiciables au pays, entre autres, Aucor [3], Mareuil [4] et Domme [5]. Les États du Haut-Limousin s'employèrent énergiquement pour trouver moyen de les en déloger. A plusieurs reprises, ils envoyèrent l'évêque de Limoges, Jean

1. Voy. *Pièces just.*, I.
2. Marvaud, *Hist. du Bas-Limousin*.
3. Commune de Beaussac (Dordogne).
4. Chef-lieu de canton (Dordogne).
5. *Ibid.*

d'Asnières, Bertrandon de Lur et Guinot du Barry auprès de Jean de la Roche, sénéchal de Poitou, pour lui faire mettre le siège devant la place d'Aucor [1]. De son côté, le vicomte de Limoges paya comptant audit sénéchal la somme de 750 livres pour l'aider dans ce projet, et la place put être reprise de vive force aux Anglais [2]. Le résultat fut moins heureux pour Mareuil ; bien que l'évêque de Limoges eût fait un voyage en Saintonge pour concerter l'attaque, et que, conjointement avec Jean de la Roche, le vicomte de Limoges eût fourni des troupes pour tenir une bastille devant la ville, on ne put la reprendre [3]. Nous voyons en effet, en 1437, les Etats voter au seigneur de Mareuil une somme de 500 fr. « pour lui aidier à delivrer et recouvrer son chastel de Mareul, à present occupé et detenu par les Angloys, ennemis et adversaires du roy nostre dit seigneur, qui ont fait et font de jour en jour guerre et grans maulx et dommaiges aux habitants du pays. » Cependant les Etats du Limousin, tant haut que bas, avaient obtenu du conseil du roi que la presque totalité de l'aide de 10,000 fr. qu'ils avaient accordée au roi en 1435 [4] fût employée à « la recouvrance de Domme et de Mareul [5]. » L'aide

1. Voy. *Pièces just.*, XXIV, nᵒˢ 10, 14 et 23.
2. Voy. *Ibid.*, XXVI.
3. *Ibid.*, XXVIII, nᵒ 8.
4. 5,000 liv. accordées par le Bas-Limousin à Userche en août, et 5,000 liv. par le Haut-Limousin à la Souterraine en septembre.
5. *Pièces just*, XXIV, nᵒ 19.

du Bas-Limousin dut être affectée spécialement à la reprise de Domme; les Etats exposèrent qu'ils « avoient certains traictiez pour avoir et recouvrer les ville et chastel de Domme », et le roi leur accorda la libre disposition d'une somme de 3,650 fr. pour employer à cet effet. Il fut stipulé que cet argent serait remis entre les mains de Pierre de Royère et de Martin de Sorrias, bourgeois de Tulle, commissaires des Etats délégués à cette intention, et que, même par mandement du roi, les commissaires ne pourraient en délivrer un denier pour un autre objet que la délivrance de Domme : ils devaient être tenus quittes par la Chambre des comptes, en rapportant un certificat d'Amaury d'Estissac constatant que la ville était remise en l'obéissance du roi [1]. » Il semble, d'après cela, que les Etats du Bas-Limousin eussent traité à l'amiable avec le capitaine anglais de Domme pour lui faire évacuer cette place; ce résultat fut atteint, et Domme fut remis entre les mains de son seigneur, partisan de Charles VII. Mais, en 1438, Charles VII, sans doute peu confiant dans ce personnage, chargea Thibaut de Lucé, évêque de Maillezais, Gautier de Pérucc et Jean Barton, de traiter avec lui pour qu'il abandonnât la ville aux mains du roi : le Limousin dut encore payer par un impôt les frais de cette négociation [2].

1. *Pièces just.*, xxv.
2. *Ibid*, xxiv.

En 1439, grâce à des renforts amenés en Guyenne par le comte de Hontington, les Anglais reprirent l'offensive en Périgord et s'emparèrent de Thenon [1], d'où ils menacèrent, à la fois, le Limousin et la Haute-Auvergne [2]. Charles VII, sur l'initiative des Etats, envoya des commissaires au pays pour lever un impôt et aviser aux moyens de reprendre la place : ces commissaires étaient : Gautier de Péruce, Jean Barton et Etienne Froment. Les Etats du Bas-Limousin accordèrent une aide de 5,000 francs ; ceux du Haut-Limousin octroyèrent probablement la même somme. L'argent provenant de ces deux octrois fut distribué, conformément aux ordres du roi, par mandements du comte de Ventadour, des vicomtes de Limoges et de Turenne, et d'Etienne Froment, ou d'au moins deux d'entre eux. La forteresse de Thenon fut reprise aux Anglais [3].

Si le Limousin seul avait directement affaire aux Anglais, les Etats de toutes nos provinces apportaient leur concours à la guerre nationale en votant fréquemment des sommes plus ou moins fortes pour aider des prisonniers à payer leur rançon. Les sommes ainsi votées l'étaient dans deux conditions : si le

---

1. Chef-lieu de canton (Dordogne).
2. Le 8 janvier 1440, les habitants de Salers (Cantal) requièrent le Parlement de leur permettre de fortifier leur ville, les Anglais venant de s'emparer de Thenon, à une journée de marche, bien qu'il y ait procès à ce sujet entre eux et leur seigneur (Arch. nat., X^1 A 1482, fol. 131 ^{b}.)
3. Voy. *Catalogue*, Haut et Bas-Limousin, 1439, novembre.

personnage était de grande importance, le roi prenait d'ordinaire la cause en main, lui accordait une certaine somme qu'il répartissait lui-même par lettres patentes entre différentes provinces, et alors les Etats ne faisaient guère que confirmer la décision du roi en votant leur quote-part : c'est ce qui eut lieu notamment pour le fameux La Hire (Etienne de Vignolles), pour Charles d'Orléans et quelques autres. Au contraire, si le personnage était secondaire et n'avait qu'une notoriété locale, il faisait exposer sa situation aux Etats de sa province qui, de leur propre initiative et sans aucune intervention du roi, lui votaient telle somme qu'ils jugeaient à propos. Voici un tableau chronologique des personnages, plus ou moins importants, auxquels les Etats provinciaux sont ainsi venus en aide :

1425, novembre, Jean Foucaud, pris par Talbot à Laval : 200 liv. (Etats du Haut-Limousin.) — *Id.* Jean de Rochechouart, seigneur de Mortemar, conseiller et chambellan du roi, pris à la journée de Verneuil, 200 liv. (*id.*) — 1432, janvier, Robert Coustave, écuyer, prisonnier à Rouen, 300 liv. (Basse-Auvergne.) — Lancelot de Bonneville, 120 liv. (*id.*) — 1436, décembre, Gonnin de Blot, 300 liv. (*id.*) — 1437, août, Etienne de Vignolles, dit La Hire, 250 liv., restant de 1,000 écus à lui assignés par ordre du roi (Haut-Limousin.) — Perrinet le Jeune, écuyer, 30 liv. (*id.*) — Jean Paris, écuyer, 20 liv. (*id.*) — 1438, juillet, Gonnin de Blot (*bis*), 150 liv. (Basse-Auvergne) — 1439, février, Bertrand du Saillant, fait prisonnier par les

Anglais de Limeuil (Dordogne), 120 liv. (Bas-Limousin.) — 1441, janvier, Jean de Montbrun, écuyer, 40 liv. (Haut-Limousin). — Guillaume de Saint-George, écuyer, 30 liv. (*id.*) — Giron Bardot, écuyer, 30 liv. (*id.*) — 1442, Charles d'Orléans. Par lettres données à Limoges le 24 mai 1442 [1], à Charles VII lui fait don de 168,900 écus sur tout le royaume, dont 6,000 sur le Limousin haut et bas, 2,000 sur la Marche et 10,000 sur l'Auvergne ; cependant, à leur session de septembre 1442, les Etats d'Auvergne ne lui accordent que 5,000 écus (= 6,878, liv.) [2]. — 1443, août, Jacques d'Ussel, écuyer, 450 liv. (Basse-Auvergne), — 1445, août, Raoul, seigneur de Gaucourt, 500 écus (Auvergne). — 1448, janvier, duc d'Angoulême, 500 liv. (*id.*).

B. — DÉFENSE CONTRE LES ROUTIERS

Nous n'avons pas besoin d'insister sur un fait universellement connu, c'est que jusque vers 1445 les gens de guerre furent la plaie de la France. Sous les noms de routiers, estradeurs, écorcheurs que leur infligeait le ressentiment public, ils arrivèrent à se faire redouter des populations plus encore que les Anglais. Les chroniqueurs contemporains sont unanimes à ce sujet, et nous en avons des témoignages par-

---

1. Arch. nat., K 68, n° 11.
2. Bibl. nat., *Fr.* 22296, à la date.

ticuliers. Dès 1419, à la session des Etats du Limousin tenue à Tulle au mois de septembre, où il s'agissait de lever une petite armée pour assiéger Auberoche, l'abbé d'Userche n'y consent qu'à la condition que les seigneurs, en revenant de cette expédition aient à ne pas piller, rançonner et manger le pays comme cela arrivait trop souvent [1]. Un texte de 1423 relatif à l'Auvergne parle des « roberies, pilleries, murdres de personnes, ravissemens de femme et autres domnaiges, excès et inconveniens qui de jour en jour sont euz, faiz et perpetrez... par plusieurs rotiers, robeurs, pilleurs ou autres malfaicteurs [2] ». Voyons par quels moyens les Etats ont essayé de remédier à ces désordres.

Dès 1424 les Etats d'Auvergne avaient levé des troupes à cet effet ; nous voyons qu'il y avait soixante hommes d'armes « à la garde et deffense du pays » sous les ordres de Bertrand, seigneur de La Tour, de Jean, seigneur de Langeac, sénéchal d'Auvergne, et d'autres ; leurs gages étaient payés sur les fonds provinciaux [3]. C'était évidemment une conséquence de l'alliance conclue le 11 juillet 1423 entre l'Auvergne, le Bourbonnais, le Forez, le Beaujolais et la Combraille, alliance par laquelle chacun de ces pays s'engageait à secourir les autres, en cas de besoin,

---

1. « *Non habeant pilhare, nec ransonare nec consumere patriam.* » *Pièces just*, I, n° 8.
2. *Ibid.*, VI, n° 1.
3. Voyez une quittance de Bertrand de La Tour, *Pièces just.*, IX.

avec des forces proportionnées à ses ressources [1]. Le 27 mai 1430, dans une assemblée tenue à Issoire, les États organisèrent définitivement cette milice provinciale par un acte solennel. Cet acte est digne de la plus grande attention [2] : on retrouve là par avance les principales mesures que devait promulguer plus tard Charles VII, à la requête des États généraux, dans la pragmatique d'Orléans (2 novembre 1439). Il fut décidé que la province entretiendrait désormais cent vingt hommes d'armes et quatre-vingts hommes de trait, répartis en cinq compagnies sous les ordres du sénéchal d'Auvergne, du bailli de Montpensier, et des seigneurs de La Tour, de Dampierre et de La Fayette. Chaque capitaine devra choisir lui-même les hommes de sa compagnie et répondra de leur conduite. Pour qu'ils soient toujours prêts en cas de besoin, on leur paiera un mois de gages d'avance. A la première session, on ordonnera la levée d'une somme suffisante pour l'entretien de ces troupes; cette somme sera mise dans un coffre spécial pourvu de cinq clefs. Il y aura cinq commissaires qui recevront chacun une clef pour présider à la distribution de cette somme, à savoir : Pierre de Cros, le prieur de La Voûte, l'official de Clermont, Hugues Roland et le gouverneur de Clermont. Ces commissaires feront le serment d'em-

---

1. Voyez plus haut, II, § 1, B.
2. L'original se trouve aux Arch. nat. P 1359; il a déjà été publié par M. Rivière. Voyez *Pièces just.*, xv.

ployer uniquement cette somme à la solde des troupes, et ils ne délivreront de mandats de paiement qu'après s'être assurés par des montres que l'effectif est au complet. Enfin on décide que, conformément au traité d'alliance, ces troupes seront envoyées, en cas de besoin, au secours du Bourbonnais, du Forez et du Beaujolais, à la condition que *vice versa* le Bourbonnais devra envoyer au secours de l'Auvergne quarante hommes d'armes et vingt archers, le Forez vingt hommes d'armes et quinze archers et enfin le Beaujolais quinze hommes d'armes et dix archers.

Cette organisation semble avoir subsisté jusque vers 1438. Nous trouvons encore, cette année-là, une somme de 9,000 fr. imposée pour payer les gens d'armes employés à la défense du pays, mais la distribution en est confiée à l'évêque de Clermont, au comte de Boulogne et d'Auvergne, aux seigneurs de Dampierre, de Canilhac et de Langeac ou à quatre ou deux d'entre eux [1]. En 1440, nous ne retrouvons plus cette mesure avec le même caractère ; nous voyons allouer une indemnité totale de 2,100 fr. à quatre seigneurs « pour et en recompensacion des fraiz et despenses qu'il leur a convenu faire et soutenir pour avoir, mettre sus, armer et entretenir *par certain temps* certain nombre de gens d'armes et de trait qu'il a convenu tenir oudit païs pour la

---

1. Voyez les Instructions de cette année, Bibl. nat., *Fr.* 22296, à la date.

garde et défense d'icellui [1] ». Les termes mêmes de cette allocation indiquent bien qu'on avait renoncé à l'idée d'une milice permanente. Nous n'en retrouvons plus aucune trace postérieurement.

Il n'y eut pas d'organisation analogue dans les provinces voisines; toutefois, on sut aussi résister par la force aux invasions des routiers. En 1435, le fameux Rodrigue de Villandrando [2] ayant couru le Bas-Limousin avec ses bandes, plusieurs seigneurs du pays tinrent garnison contre lui à Meymac et à Ussel, et les Etats leur votèrent des indemnités pour ce fait [3]. Dans la Marche, le comte avait dans plusieurs villes des capitaines qui n'étaient pas sans avoir quelques soldats avec eux; cela suffisait parfois à effrayer les routiers. Ainsi en 1440 et 1441, nous voyons les Etats voter une somme de 100 fr. aux capitaines de la Chapelle-Taillefer, de Guéret, de Jarnage, de Rochefort et à Jacques Bézu « pour recompensacion de pluseurs chevauchées, fraiz et despenses qu'ilz ont faictes pour aller au-devant de pluseurs capitaines de gens d'armes affin qu'ils n'entrassent oudit pays [4] ».

Mais il faut bien le reconnaître, même la savante organisation adoptée par les Etats d'Auvergne était

1. Voyez les Instructions, Bibl. nat., *Fr.* 22296, à la date.
2. Voyez sur ce fameux capitaine la belle biographie de M. J. Quicherat, récemment republiée avec de nombreuses additions, Paris, Hachette, 1879.
3. Voy. Bibl. nat., *Fr.* 22420, et *Catalogue*, à la date.
4. *Pièces just.*, XXXVIII, n° 9.

absolument impuissante; ces troupes entretenues par les Etats ne semblent pas avoir rendu de grands services aux pays, ni tenu les routiers en respect. Le plus souvent c'était à prix d'argent qu'on barrait la route à ces hôtes dangereux ou qu'on les faisait déloger. Les sommes que les gens de guerre ont ainsi tirées de nos provinces du centre, pendant plus de vingt ans, sont énormes. Essayons d'en donner quelques aperçus.

Les documents sont rares sur la Marche; nous voyons cependant, en 1426, les Etats obligés de composer à la somme de 500 francs avec Theode de Valpergue et autres capitaines au service du roi « pour non logier oudit pays et y donner souffrance de non y fourrager ne le dommager par certain temps [1] ».

Le Limousin eut beaucoup à souffrir : en 1435, un certain Audet de Rivière occupait le château de Courbefy et s'y conduisait comme en pays ennemi; les Etats durent traiter avec lui à prix d'argent pour le faire évacuer la place avec ses gens [2]. Il fallut encore promettre à son successeur 200 francs pour « garder ses gens une saison de piller et appatisser les gens du pays [3] ». Autres dépenses pour obliger Jean de La Roche, sénéchal de Poitou, à retirer la garnison qu'il tenait à Saint-Exupéry; on y réussit par l'intermédiaire du vicomte de Turenne

---

1. *Pièces just.*, xiv.
2. *Ibid.*, xxiv, n° 14; Bibl. nat., *Fr.* 23902, à la date.
3. *Ibid., ibid.*, n° 16.

et cela coûta 3,000 francs que durent payer les Etats du Bas-Limousin [1]. Ce malheureux château de Courbefy était un refuge merveilleux pour les routiers qui pouvaient rançonner à loisir le pays environnant et venir y mettre leur butin en sûreté ; aussi les tentait-il. Après Audet de Rivière, ce fut Jean de Santoux qui s'en empara. Sa conduite fut si exécrable que les Etats traitèrent avec lui au prix de 1,400 réaux d'or pour le faire déloger et remettre la place aux mains d'Amaury d'Estissac, lieutenant du gouverneur de Limousin [2] (1438). Le gouverneur était alors Charles d'Anjou ; il semble qu'il aurait dû avoir des troupes assez bien disciplinées pour réprimer ces désordres. Mais loin de là ; le capitaine général de ses gens d'armes et de trait, Louis de Bucil, commettait pis que pendre dans le pays ; les Etats durent encore traiter avec lui par l'intermédiaire de Poton de Saintrailles, alors bailli de Berry ; ils lui donnèrent 400 réaux d'or pour le faire déloger immédiatement avec ses gens et lui firent promettre de ne pas remettre les pieds dans le pays avant la fête de Noël 1438 [3].

Telle était l'épouvante que causait le passage des gens de guerre qu'au mois de mai 1442, Charles VII partant pour faire lever le siège de Tartas, les Etats du Haut et du Bas-Limousin lui offrirent spontané-

---

1. *Pièces justif.*, n° 10, et Bibl. nat., *Fr.* 22420.
2. *Id.*, xxxiii, *passim.*
3. *Id.*, xxxiii, n°ˢ 11, 12 et 13.

ment 4,000 francs pour que les troupes qui l'accompagnaient ne traversassent pas la province [1]. Ce fut la même chose au retour : les Etats du Bas-Limousin furent obligés de promettre aux capitaines (Chabannes, Floquet et autres) plus de 4,000 fr. pour éviter le pillage, et malgré cela, dit un document contemporain, « iceulx cappitaines et leurs gens et toute l'armée du roy en retournant dudit voiage ont passé par ledit pays et logé en icelui, ont bouté feux, prenoient gens et bestail et mettoient à raençon et ont tout destruit, et encore que pour eulx desloger d'icelui ont rançonné les villaiges [2] ».

S'il fallait ainsi compter par le menu toutes les rançons payées par l'Auvergne, cela deviendrait fastidieux ; bornons-nous à quelques chiffres. En 1436, les Etats de la Basse-Auvergne remboursent au duc de Bourbon 6,000 fr. qu'il a payés à Rodrigue de Villandrando, alors en Albigeois, pour éviter qu'à son retour il ne traverse le pays [3]. En 1438, les rançons payées aux gens d'armes s'élèvent à près de 20,000 fr. rien qu'en Basse-Auvergne ; en 1442, à 24,000 fr. ; en 1443, à 23,000 fr., à l'occasion du retour des gens de guerre de Gascogne. En 1445 encore, l'Auvergne est obligée de donner 1,300 moutons au bâtard d'Armagnac pour le faire sortir de la province [4].

1. Voy. *Catalogue*, à la date.
2. Arch. nat. Z¹ A 14.
3. Bibl. nat., *Fr.* 26032, n° 3055, et *Catalogue*, Auvergne, XXIV bis.
4. Ce qui faisait 975 liv. tourn. du temps. Le mouton était

Rien ne montre mieux que ce long exposé la nécessité de la réorganisation de l'armée dont Charles VII et son conseil prirent l'initiative en 1445 ; rien, semble-t-il, n'était plus propre à faire accepter de grand cœur, par les Etats provinciaux, le nouvel état de choses créé par les mesures de la royauté. Nous allons voir quel fut leur rôle dans cet événement capital, non-seulement du règne de Charles VII, mais de l'histoire de France.

C. — NOUVELLE ORGANISATION DE L'ARMÉE PAR CHARLES VII. — RÔLE DES ÉTATS

C'est au mois de mai 1445 que Charles VII, alors à Loupy-le-Château, en Barrois, commença la réforme de la cavalerie. Sans parler de mesures destinées à rendre la discipline plus sévère, la véritable innovation fut la résolution adoptée par le conseil du roi de caserner l'armée dans les provinces, et de mettre à la charge de chacune d'elles la nourriture et l'entretien des soldats qui y caserneraient. On fixa à 2,000 le nombre des lances à loger ainsi dans tout le royaume [1] : 500 en Languedoc et 1,500 en Languedoïl ; puis on établit la quote-part de chaque pro-

---

une monnaie que l'on trouve rarement mentionnée dans nos provinces centrales ; elle avait cours surtout en Languedoc.

1. Chaque lance comprenait six personnes et six chevaux. Voy. *Bibl. de l'Ec. des Chart.*, II° série, t. III, p. 122 et sv., un bon article de M. Vallet de Viriville que M. Boutaric n'a fait que répéter dans ses *Institutions militaires de la France* (p. 309).

vince. L'Auvergne fut taxée à 160 lances, dont 40 dans la Haute-Auvergne, c'est-à-dire le quart du nombre total : les 40 lances de la Haute-Auvergne étaient sous le commandement de Robert Compaing [1] ; il y avait deux capitaines dans la Basse-Auvergne : Amanieu d'Albret, seigneur d'Orval, avec 100 lances, et Guillaume de Rosinviven avec 20 autres [2]. Le Haut et le Bas-Limousin reçurent chacun 43 lances sous le commandement de Philippe de Culant, seigneur de Jalognes, maréchal de France [3]. Nous n'avons de détails sur la Marche que pour l'année 1451 ; elle entretenait, à ce moment, 18 hommes d'armes dont 9 sous le maréchal de Jalognes, et les autres 9 sous Blain Loup, seigneur de Beauvoir et de Mérinchal [4] : il en était probablement ainsi dès l'origine. Cependant, en 1449, le maréchal de Jalognes s'intitule capitaine de 100 lances fournies logées par ordre du roi dans le Limousin haut et bas et dans le comté de la Marche [5] ; d'après notre compte, nous ne trouverions que 94 lances sous ses ordres. Une pièce de 1454 [6] nous apprend que le Franc-Alleu avait reçu 3 lances fournies.

L'idée nouvelle de cette organisation ne se manifeste à nous que par des lettres patentes du roi

1. *Instr.* pour 1446 ; Bibl. nat., *Fr.* 22296, à la date.
2. *Pièces just.*, LVIII, n° 79, et *Fr.*, 21495, p. 47 et 49 (montres).
3. Bibl. nat., *Cab. des titres*, dossier *Culant*.
4. Bibl. nat., *Fr.* 23901, et *Cab. des titres*, dossier *Loup*.
5. Quittance du 20 août 1449 (dossier *Culant*).
6. Bibl. nat., *Fr.* 26082, n° 6642.

données à Loupy-le-Château le 26 mai 1445 [1]. Mais on peut dire qu'elle était déjà dans l'air quelque temps auparavant : ainsi nous voyons, au mois d'avril, les Etats d'Auvergne envoyer un chevaucheur du roi auprès de lui « pour enquérir si les gens d'armes vendroient vivre en Auvergne [2] ».

Quoi qu'il en soit, c'est le 26 mai seulement que Charles VII nomma les commissaires chargés d'organiser les casernements dans chaque province ; l'ordonnance royale réglait les contributions que devaient fournir les habitants ; elles étaient toutes en nature, sauf une somme de 20 sous tournois par lance et par mois pour les jours maigres : les commissaires devaient choisir les villes propres à recevoir les garnisons, faire la répartition sur les habitants des contributions en argent et en nature, et enfin juger les débats qui s'élèveraient à ce sujet [3].

Dans tout cela pas un mot n'est relatif aux Etats provinciaux ; mais il ne faut pas s'y tromper. Nous avons vu que c'est le caractère de presque tous les documents officiels de taire à dessein ce nom. En réalité, aussitôt arrivés dans les provinces, les commissaires durent convoquer les Etats provinciaux pour procéder, de concert avec eux, à l'exécution des

---

1. Vallet de Viriville, *loc. cit.* — Arch. nat., K 68, n° 14.

2. *Pièc. just.*, LVIII, n° 74.

3. Les deux pièces conservées aux Arch. nat. (K 68, n°s 14 et 14²) sont relatives, l'une au Poitou, et l'autre au Gévaudan ; elles sont absolument identiques et, par suite, celles des autres provinces devaient l'être aussi.

ordres du roi. Il y eut des commissaires distincts pour la Haute et pour la Basse-Auvergne; ces commissaires furent, pour le haut pays : Jean d'Aulon, conseiller du roi ; Amauri de Montal, bailli royal des montagnes, et les élus sur le fait des aides [1]; pour le bas pays : Charles, seigneur de Culant; Jean de Bar, général des finances, et Jean de Langeac, sénéchal d'Auvergne ; ce dernier fut spécialement chargé de juger les débats entre les gens de guerre et les particuliers. En outre, pour faire la répartition des vivres entre les paroisses du pays, cinq personnes furent choisies conjointement par le roi et les Etats, à savoir : le sénéchal d'Auvergne, Pierre Boniol, official de Clermont, Pierre Voulpilhère, Robert Coustave et Pierre Mandonier. Tout se passa conformément aux ordres du roi, et, à la session d'août 1445, les Etats imposèrent diverses sommes parmi les frais du second terme de l'aide de 52,000 liv. pour rétribuer les commissaires du roi et les personnes chargées de la répartition, plus 1,335 liv. « pour délivrer et distribuer aux gens de guerre pour avoir leurs vivres neccesseres aux jours qu'on ne mengue point de char [2] ».

Dans le Haut-Limousin, il en fut autrement. Le roi avait fixé les contributions en nature. Les Etats, dès l'origine, préférèrent contribuer en argent. Dès

---

1. Voy. Bibl. nat., *Cab. des titres*, dossier *Montal*, et *Clair.* 172, p. 5537.

2. *Pièces just.*, LVIII, n° 83.

que les commissaires furent arrivés dans le pays
(nous ignorons malheureusement leurs noms), les
Etats envoyèrent auprès du roi à Châlons une em-
bassade composée de Gautier de Péruce, seigneur des
Cars, du prieur de Bénévent, de Pierre de Royère
et de maître Chanin. Ces députés étaient très-probablement chargés de demander au roi la transformation en argent des contributions en nature : toujours est-il que nous voyons une somme de 2,010 fr.
imposée sur le pays pour les mois de mai-juin 1445,
« tant pour le fait des vivres de XLIII hommes d'armes et IIII^{xx}VI archiers, comme aussi pour le fait
de certaine ambaxade que les gens des Trois Estaz
dudit païs ont envoyée devers le roy nostre sire à
Chaalons pour certains les affaires d'icellui païs [1] ».
La contribution financière fut fixée à 16 fr. par mois
par lance fournie, probablement avec quelques sup-
pléments en nature. Pour les trois mois suivants,
les Etats imposèrent 2,562 fr., y compris sans doute
les frais ; mais, au mois de juillet, les gens de guerre
ayant quitté momentanément le pays pour une expédition en Périgord, leurs gages de ce mois leur
furent payés à raison de 22 fr. par lance fournie [2].
Une nouvelle ambassade composée de Pierre de
Royère, écuyer, et de Jean de Sandelles, bourgeois
de Limoges, fut encore envoyée auprès de Charles VII

1. Bibl. nat., *Clair.* 126.
2. Voyez une quitt. du 5 juillet 1445 du maréchal de Jalognes. (Bibl. nat., *Cab. des titres*, dossier *Culant*.)

à Chinon : les frais en furent imposés avec le paiement des trois derniers mois de l'année, qui se monta en tout à 3,010 l. 4 s. 5 d. t.[1].

Il est bien regrettable qu'aucun détail ne nous soit parvenu sur le but précis de ces ambassades de Châlons et de Chinon : les Etats de la Basse-Auvergne eurent aussi à réclamer auprès du roi. Malgré le texte des ordonnances, les gens de guerre exigeaient « les peaulx des bestes, les fustz des vins et autres despoilles de ce qu'on leur délivroit pour leurs vivres ». Louis d'Aubière fut envoyé « lui quatriesme à cheval » à la cour pour se pourvoir contre ces exigences [2]. Ces réclamations des Etats ne furent certainement pas étrangères au nouveau règlement élaboré par le conseil de Charles VII et publié le 4 décembre 1445 [3]. Le roi laissa au choix des Etats provinciaux trois manières de pourvoir à l'entretien des gens de guerre pour l'année 1446 : 1° en fournissant les vivres conformément à l'ordonnance du 26 mai 1445, mais en payant en plus 9 fr. par lance fournie par mois; 2° en payant 21 fr. en argent, plus certains vivres stipulés dant le nouveau règlement; 3° enfin, en donnant 31 fr. en argent par lance, par mois, sans aucune fourniture en

1. *Id., ibid.* et lettres de Charles VII du 25 juin 1447.
2. *Inst.* de 1446 (Bibl. nat., *Fr.* 22296, à la date).
3. Cette pièce très-importante a été publiée par M. Vallet de Viriville, *loc. cit.*, d'après une copie contemporaine conservée au British Museum. Nous avons retrouvé l'original à la Bibl. nat., *Fr.* 21427, n° 10 (anc. fonds *Gaignières*).

nature ; au cas où les gens d'armes seraient forcés de quitter le pays pour une expédition, le dernier mode de payement serait obligatoire pour tout le temps de leur absence.

Comme on peut s'y attendre, les Etats du Haut-Limousin adoptèrent avec empressement le dernier système ; nous les voyons ordonner, pour le premier semestre de 1446, la levée de 9,520 fr. à cet effet [1], et, les années suivantes, le payement des gens de guerre se lève annuellement et dans les mêmes conditions que les autres subsides directs accordés au roi. Il dut en être de même dans le Franc-Alleu, le Bas-Limousin et la Marche : pour ce dernier pays, nous n'en sommes pas sûrs avant l'année 1451 [2].

Les Etats d'Auvergne, comme certainement les autres, n'avaient été rien moins que contents de la nouvelle charge que l'entretien des gens d'armes imposait au pays. Vers la fin de l'année 1445, ils envoyèrent une ambassade solennelle au roi à Chinon, pour obtenir une diminution sur le nombre des lances logées dans la province ; mais elle n'eut pas de succès. Charles VII leur fit dire que le moindre rabais obligerait à un remaniement de la quote-part de toutes les autres provinces, et, pour les calmer, il leur rabattit 4,000 fr. sur les 40,000 fr. qu'il voulait, en outre, demander aux Etats [3]. Il avait

---

1. Quitt. du maréchal de Jalognes, Bibl. nat., dossier *Culant*.
2. Bibl. nat., *Fr.* 23902, à la date.
3. Voyez sur cette ambassade, *supra*, II, § I A, et Bibl. nat.,

chargé l'archevêque de Reims, le maréchal de La Fayette et Jean de Bar de leur exposer l'ordonnance du 4 décembre 1445, pour qu'ils pussent choisir entre les trois moyens indiqués pour l'entretien des gens de guerre : une assemblée générale des Etats eut lieu, à cet effet, à Aigueperse au mois de février 1446 : il semble cependant que le haut et le bas pays aient pris des résolutions différentes. En effet, nous trouvons dans la Haute-Auvergne, en 1446, Martin Roux « commis à recevoir le payement ou ordonnance de quarante lances fournies » et mention « d'*Instruccions* faictes par les gens des Trois Estaz sur la distribucion des deniers mis sus en icellui pays pour raison et à cause dudit payement, tant pour le principal que pour les fraiz [1] », ce qui indique d'une façon à peu près sûre que les Etats avaient choisi le mode de paiement en argent. Au contraire, pour la Basse-Auvergne, nous voyons une somme de 200 fr. allouée à Jean, seigneur de Langeac, en 1446, pour « avoir aidé à faire le taux et impost des *vivres* ordonnez aux gens de guerre [2] », preuve que les Etats avaient préféré le paiement en nature; mais, dès 1449, au plus tard, ils avaient adopté le même système que la Haute-Auvergne [3].

Fr. 24031. — Les frais de cette ambassade atteignirent 2,125 fr. C'est beaucoup pour 4,000 fr. de rabais.

1. Bibl. nat., *Cab. des titres*, dossier *Montal*.
2. *Ibid.*, *id.*, dossier *Langeac*.
3. *Ibid.*, *Fr.* 26078, n° 6074.

Sans doute l'organisation inaugurée par Charles VII en 1445 était préférable aux désordres que commettaient de toute part les gens de guerre avant cette époque : les chroniqueurs contemporains l'ont généralement beaucoup vantée [1]; mais il faut reconnaître qu'elle imposait de bien lourdes charges aux provinces. Prenons, par exemple, l'Auvergne en 1449 : le roi ayant ordonné de lever un impôt de 200,000 fr. en Languedoil, les Etats lui accordent, pour leur part, 35,500 fr.; le paiement des gens de guerre, sans compter les frais, s'élève à 59,520 fr.; d'autre part, au moyen des aides ou gabelles, le roi tire encore de la province au moins 20,000 fr., soit un ensemble de plus de 115,000 fr. d'impôts extraordinaires pesant sur ce pays chaque année. Il faut ajouter que la conduite des gens de guerre était loin d'être exemplaire. Nous trouvons, à la date du 27 décembre 1448, « un mandement impetré par les Trois Estats du haut et bas Auvergne faisant mention comme plusieurs nobles et autres gens de guerre faisant leurs monstres prenoient bleds et vins du pauvre peuple, et chassoient les garenes des gens d'église et nobles, leur estant mandé sur peine d'estre cassés de leurs ordonnances qu'ils n'eussent à rien prendre par violence ny autrement sans

---

[1]. Sauf cependant Thomas Basin qui émet des critiques d'un caractère politique remarquable, et Jean Jouvenel des Ursins qui, dans des opuscules encore inédits, trouve ce système écrasant pour les populations.

paier, et qu'ils rendissent ce qu'ils avoient pris ¹ ».

On comprend que les Etats aient cherché sans cesse à faire diminuer le nombre des lances qu'ils entretenaient. Un voyage fait au mois d'avril 1447, auprès du roi par l'official de Clermont, Draguinet de Lastic et l'abbé d'Artonne au nom des Etats d'Auvergne ², un autre voyage fait à Tours en 1448, par Gautier de Péruce, député du Haut-Limousin ³ n'avaient peut-être pas d'autre objet. Quoi qu'il en soit, c'est seulement en 1451 qu'ils obtinrent quelque satisfaction. Le roi ayant fait venir en sa présence la plupart des élus de Languedoïl, modifia le tableau de répartition; l'Auvergne obtint une diminution de 20 lances : il n'y eut plus que cent cinquante lances dans le Bas-Pays et trente-cinq dans le Haut ⁴; le Haut-Limousin et le Bas-Limousin furent réduits chacun à trente-cinq lances ⁵. La Marche seule paraît avoir perdu à cette révision : de dix-huit lances, sa part fut portée à dix-neuf ⁶.

En somme, les Etats secondèrent utilement Charles VII dans l'œuvre qu'il avait entreprise ; mais ils ne paraissent pas avoir manifesté l'enthousiasme qu'on serait tenté de leur attribuer, si l'on s'en rap-

1. Arch. de Clermont-Ferrand, Inv. Savaron, fol. 44ª.
2. Voy. les Instructions de 1448, pour la Haute-Auvergne, Bibl. nat., *Clair.* 119, fol. *ultimo*.
3. Quittance du 18 septembre 1449, Bibl. nat., *Clair.* 187.
4. Bibl. nat., *Fr.* 23897, à la date de 1458.
5. *Ib.*, *Fr.* 21427, n° 3.
6. *Ib.*, *Fr.* 25712, n° 3.

portait uniquement au témoignage des chroniqueurs.

De l'organisation des francs-archers en 1448, nous n'avons rien à dire ; les Etats semblent y avoir pris très peu de part, ou du moins les documents nous font défaut. Signalons seulement les deux faits suivants : en 1448, les Etats de la Haute-Auvergne votent 15 fr. à Jean du Mazel « pour avoir esté à Haulteribe devers monsg^r le mareschal de La Fayette pour savoir se on mettroit sus le fait des francs arbalestriers avecques le derrenier terme dudit aide [1] ». En 1450, les Etats du Bas-Limousin votent à Jean Barton 100 fr. « pour partie de la despense que lui convint faire l'année passée a mettre sus les francs arbalestiers dudit Bas-Païs [2] ».

§ IV. — *Allocations diverses.* — *Travaux publics, etc.*

Il est bien peu d'actes des Etats provinciaux qui sortent du cadre que nous venons de tracer à leur influence. Ils n'en sont que plus intéressants à relever.

Il faut signaler en premier lieu le vote par les Etats de la Basse-Auvergne, à la session de juillet 1437, d'une somme de 600 liv. « pour la convertir et employer à faire que la rivière d'Alier

---

1. Voy. les Instructions de cette année, Bibl. nat., *Clair.* 119, fol. *ultimo.*

2. Bibl. nat., *Fr.* 20594, p. 37.

peust porter navire ». Malheureusement la pièce même qui vous révèle ce fait nous apprend que cette somme dût être détournée de sa destination dans l'intérêt du pays, pour payer des ambassadeurs chargés de conclure une alliance avec le Velay et le Gévaudan afin de pouvoir repousser les routiers de Rodrigue de Villandrando [1]. Citons encore, comme rentrant également dans le chapitre des travaux publics, une allocation de 10 liv., en novembre 1433, pour convertir à la réparation du pont de Saint-Sauve emporté par les grandes eaux [2]; et en septembre 1442, 25 liv. « aux commis à faire faire la réparation du pont d'Alier pres du Pont du Chastel [3], pour employer en ladite reparacion [4] ».

Signalons enfin, pour terminer, trois allocations intéressantes à divers point de vue :

1432 janvier : « Aux freres mineurs et cordelliers de Clermont, qui leur a esté donné en aumosne pour eulx aidier à faire recouvrir leur eglise qui par fortune de vent a esté grandement dommaigiée et descouverte la pluspart, xxx l. t.

Aux freres carmes de Clermont, pour semblable, xx l. t. [5] »

---

1. *Pièces just.*, xxix. L'Allier est aujourd'hui navigable depuis Maringues.
2. Quitt. de ladite somme, Bibl. nat., *Cab. des titres*, dossier *Cros*.
3. A 12 kil. est de Clermont.
4. Instr., Bibl. nat., *Fr.* 22296, à la date.
5. Instr., *Ib.*, *Fr.* 25944, n° 69.

1442, septembre : « A maistre Girault Bresson, phisicien, pour certains services qu'il a faiz de son mestier à pluseurs povres creatures dudit païs et fait chascunn jour, et affin qu'il ait cause de soy y tenir et y demourer et qu'il soit plus abstrains de fere service aux habitants d'icellui tant de sondit mestier et sa science comme autrement, cent livres tournois [1]. »

§ IV. — *Les Etats provinciaux à la fin du règne de Charles VII* (1451-61). — *Causes de leur déclin.* — *Résultats.*

En étudiant les attributions et l'influence des Etats provinciaux sous Charles VII, nous nous sommes arrêtés à 1451. C'est qu'en effet la condition de cette institution dans les dernières années de ce règne est absolument différente de ce qu'elle était auparavant. La base de l'organisation des Etats provinciaux, telle que nous l'avons exposée, c'est le vote annuel et régulier de l'impôt royal ; c'est au moment de ce vote que les Etats établissent, pour ainsi dire, le budget de la province ; c'est dans ce vote que leur influence trouve sa sanction, car ils peuvent le subordonner à l'exécution de telle ou telle de leurs demandes. C'est là, pour ainsi dire, la cheville ouvrière de l'institution : si on l'ôte, tout se détraque. C'est précisément ce qu'a fait Charles VII après 1451. Il

---

1. Instr., Bibl. nat., *Fr.* 22296, à la date.

en fut alors pour les Etats provinciaux de la France centrale ce qu'il en avait été en 1440 pour les Etats généraux de Languedoïl. Du moment où le roi se crut assez fort pour lever l'impôt sans leur intervention, il ne les convoqua plus. C'est un fait que nous devons nous borner à constater. Remarquons que ce fait se produisit dans des conditions habilement choisies. Depuis 1445 jusqu'en 1451, le roi avait levé simultanément deux impôts directs dans nos provinces chaque année : 1° l'impôt destiné à l'entretien des gens de guerre logés dans chaque pays ; 2° un impôt, ou aide destinée, suivant les expressions du temps, « à la conduite de sa guerre et autres ses affaires ». Ce second impôt fut, en 1445, de 300,000 fr. sur le Languedoïl ; en 1446, de 226,000 fr. ; en 1447, de 200,000 fr. ; en 1448 et 1449, de 200,000 fr. également ; en 1450, de 240,000 fr., et enfin, en 1451, de 120,000 fr. Or, à partir de 1451 la guerre étant, pour ainsi dire, terminée avec les Anglais, Charles VII renonça à lever des impôts de ce genre et se contenta des aides et de la taille des gens de guerre ; en outre, après une révision générale faite dans le courant de cette année 1451, il diminua le contingent de beaucoup de provinces, entre autres de l'Auvergne et du Limousin. C'étaient là des mesures propres à lui concilier les populations longtemps surchargées, et à leur faire accepter, sans trop de regrets, la levée de l'impôt faite désormais en vertu de la seule autorité royale.

En Auvergne, depuis 1445, Charles VII nommait

tous les ans des commissaires chargés de réunir les États du haut et du bas pays en assemblée plénière pour leur requérir l'octroi à la fois du payement des gens de guerre et de l'aide supplémentaire demandée par le roi. Les documents originaux nous montrent qu'il en fut ainsi jusqu'à l'année 1451 inclusivement. Au commencement de cette année, les États, réunis devant des commissaires dont nous ignorons les noms, accordèrent au roi, outre le paiement des gens de guerre, une somme de 18,700 liv. pour leur part des 120,000 liv. imposées en Languedoïl [1]. En 1452, il ne s'agissait plus que d'imposer le payement des gens de guerre avec quelques menues sommes pour les francs-archers ; le roi, au lieu de nommer des commissaires comme d'habitude, se borna à charger directement les élus de la Haute et de la Basse-Auvergne, d'imposer, chacuns dans leur élection, les sommes nécessaires à cet effet [2]. Il n'y eut donc pas convocation des États cette fois-là ; les années suivantes, il en fut de même, et l'on peut dire que dès lors la taille des gens de guerre devint

---

1. Verdier-Latour, p. 66.
2. Villedieu de Comble, 9 novembre 1451. Mandement aux élus sur le fait des aides à Saint-Flour d'imposer sur la Haute-Auvergne : 13,020 liv. pour le paiement de trente-cinq lances fournies et 600 liv. pour les frais ; plus 80 liv. pour partie des gages des deux capitaines de francs-archers, créés par le roi en Auvergne ; plus 110 liv. pour dix brigandines achetées pour les francs-archers. (Bibl. nat., *Fr.* 21426).

réellement permanente, puisqu'elle ne dépendit plus que de la volonté du roi.

Dans le Limousin et dans la Marche, pendant longtemps il n'y eut pas d'élus ; du moment où ils furent créés dans ces pays date la décadence des Etats provinciaux. C'est également à l'année 1451 qu'il faut rapporter ce fait. Les Etats de la Marche, du Limousin haut et bas et du Périgord, ayant accordé au roi un impôt direct annuel de 20,000 liv. comme *équivalent* aux aides [1], le roi créa dans ces pays des *élus* comme il en existait ailleurs : au lieu de s'appeler élus sur le fait des aides, ils s'appelèrent élus sur le fait de l'équivalent aux aides. Leurs premières attributions furent purement judiciaires et se bornèrent à juger des débats occasionnés par la levée de l'équivalent ; nous voyons, en effet, que la répartition en fut d'abord réservée à des commissaires spéciaux nommés par le roi : pour l'année 1452-1453 [2], ces commissaires étaient pour les quatre provinces : Gui Bernard, archidiacre de Tours, et Jean du Mesnil-Simon, sénéchal de Limousin [3]. Mais, dès 1454-455, la répartition était aux mains des élus [4]. D'ailleurs cet impôt ayant été consenti

1. Voy. *supra*, IIIe partie, § 2, B.
2. Pour les impôts indirects et les équivalents l'année financière commençait le 1er octobre.
3. *Pièces just.*, LXXVI.
4. Voy. l'assiette de l'équivalent du Bas-Limousin pour 1454-55, faite par les élus Jean de Gremont et Jacques de la Ville ; celle de 1458-59, signée de Jean de Gremont et d'Henri

une fois par les Etats pour une longue période, ils n'avaient pas à donner leur consentement annuel. Quant au payement des gens de guerre, au plus tard pour l'année 1453 [1], et probablement dès 1452, le roi, au lieu de nommer des commissaires comme auparavant, chargea simplement les élus nouvellement créés d'en faire la répartition. En apparence, le changement est insignifiant; la commission, adressée aux élus, est toujours à peu près conçue dans les mêmes termes; mais, au fond, il y a une révolution complète. Les commissaires étaient nommés pour une fois; souvent ils étaient étrangers au pays où le roi les envoyait : il fallait donc nécessairement qu'ils convoquassent les Etats provinciaux et qu'ils leur fissent connaître la teneur de leur commission avant de procéder à sa mise à exécution : aussi emportaient-ils avec eux des lettres closes du roi pour les accréditer auprès des Etats, et d'autres lettres closes pour les convoquer. Au contraire, en adressant la commission aux élus qui sont des officiers royaux permanents dans le pays, le roi renonce par le fait à la convocation des Etats que les élus ne peuvent avoir mission de réunir. Ceux-ci exécutent à la lettre la teneur de leur commission, font la répartition de l'impôt et la remet-

---

Baude, le poète révélé par M. J. Quicherat (Bibl. nat., Fr. 23903).

1. 6 octobre 1452; mandement aux élus de la Marche pour 1453 (*Ib.*, Fr. 25712, n° 266).

tent au receveur pour le percevoir. L'intervention des États pour consentir l'impôt n'est donc plus nécessaire.

Ce changement capital n'atteint pas le principe même de l'existence des États, mais il modifie du tout au tout les conditions de leur fonctionnement en leur enlevant ce qui avait été jusqu'alors leur principale attribution. Examinons rapidement la situation qui leur est faite à la fin du règne de Charles VII.

L'Auvergne et la Marche n'appartenant pas directement à la couronne, le duc d'Auvergne et le comte de la Marche peuvent, quand ils le jugent à propos, convoquer les États de leurs fiefs pour examiner l'intérêt du pays, ou leur demander des subsides. En Auvergne, la réunion en une seule assemblée des États du haut et du bas pays devient très-rare ; elle n'a guère lieu que lorsque le duc d'Auvergne veut leur faire requérir une aide. Les États conservent la faculté de la lui accorder, mais ils ne peuvent la faire lever de leur propre autorité. En Limousin, il est difficile de rien affirmer; cependant il semble qu'il peut y avoir quelquefois des assemblées plus ou moins nombreuses d'États pour un objet déterminé, sans convocation du roi, peut-être avec l'autorisation du sénéchal.

Le *principal* de l'impôt échappant à leur compétence, les États peuvent-ils comme auparavant voter certaines sommes outre le principal? Pour le Limousin et la Marche les frais sont strictement fixés par le roi, et de 1452 à 1461, nous ne voyons pas qu'il ait été rien levé par ordre des Etats. D'ailleurs, au cas où les Etats eussent voulu le faire, il devient indispensable d'adresser une requête préliminaire au roi qui seul a autorité sur les élus chargés de la répartition, et d'en obtenir une permission spéciale. C'est précisément ce qui se passe pour l'Auvergne. Le duc veut-il obtenir une aide des Etats, il a le droit de les assembler pour la leur demander sans que le roi intervienne; mais il ne peut la faire imposer outre le principal qu'en vertu d'un mandement royal [1]. De même, lorsque les Etats de la Haute ou de la Basse-Auvergne veulent faire lever une certaine somme pour être employée dans l'intérêt de la province, ils doivent obtenir des lettres patentes du roi adressées aux élus et leur ordonnant d'imposer la somme demandée [2]. Que deviennent

1. Voyez une assiette de 1459, où figurent 8,400 liv. pour le duc de Bourbonnais et d'Auvergne « ordonnez y estre imposez par lettres patentes du roy nostre sire données le trentiesme jour de novembre 1458 ». (Bibl. nat., *Fr.* 23898, à la date).

2. « Aultre mandement du mesme roy (Charles VII) du 28 novembre 1555, (lisez 1455) addressant aux esleuz du Roy par lequel sur la requeste presentée par les trois estats du bas pays d'Auvergne tendant a ce qu'il pleust a sa majesté leur permettre faire imposer sur le dit pays certaine somme pour leurs affaires, Sa Majesté leur auroit accordé la somme de six cents livres qui seroit levée par le receveur commis a recevoir l'ayde des gens de guerre, pour par après estre mise entre les mains du procureur ou receveur des diz supplians, cotté vingt un ». — (Arch. de Clermont, Inv. Savaron, fol. 44, r°).

alors ces actes si caractéristiques de l'omnipotence des Etats, appelés *Instructions?* Ils subsistent, mais singulièrement transformés, soit avec le même nom, soit avec le nom plus modeste de *Distribution* [1]. Ils portent uniquement sur une certaine somme dont le roi a autorisé la levée supplémentaire à la requête des Etats; postérieurs à la perception de cette somme, ils certifient la distribution détaillée qu'en a faite le receveur par l'ordre des Etats, et ils se terminent par une supplication à la chambre des comptes du roi de vouloir bien aquitter le receveur sur le vu de cette distribution et des quittances de chaque partie.

La part que les Etats prenaient auparavant à l'assiette de l'impôt est singulièrement réduite et dans certains pays complètement annulée. Les Etats de la Marche et du Franc-Alleu semblent y demeurer absolument étrangers. La répartition du Franc-Alleu est confiée aux élus du Haut-Limousin qui la font à Limoges même, sans se donner la peine d'aller dans le pays [1]. « Aucuns des plus notables gens du pays » assistent à des répartitions sur le Haut et sur le Bas-Limousin en 1454, 1455 et 1458, répartitions faites par les élus ou leurs lieutenants [3]; si l'on veut en savoir le nombre, les commissions royales

---

1. Voyez une pièce de ce genre du 31 décembre 1459, et comparez la aux Instructions de 1445 : *Pièces just.*, LXXVIII.
2. Voyez en plusieurs exemples, Bibl. nat., *Fr.*, 23902.
3. *Ibid.*, *Fr.*, 23902 ou 23903.

du 15 octobre 1457 ordonnent aux élus d'appeler avec eux « deux ou trois des plus notables dudit païs [1] ». On voit qu'il n'y a plus comme autrefois de délégués des États « ad ce par eulx nommez et esleus ». Dans la Haute-Auvergne la répartition de l'impôt est aussi exclusivement aux mains des élus. Il n'en est pas tout-à-fait de même dans la Basse-Auvergne. Avant 1450, les élus de Clermont n'intervenaient ni dans l'assiette du plat pays faite par les commissaires des gens d'église et nobles, ni dans celle des bonnes villes. Nous avons vu qu'il y eut procès à ce sujet devant la Cour des aides [2], les élus ayant usurpé le droit des États. Mais forts des ordres du roi, les élus finirent par conquérir la première place dans la répartition de l'impôt. Nous avons une assiette de 1459, faite par les élus de Clermont sur le fait des aides (Jean de Borresol, Barthélemi de Nesson et Robert Chéron), conjointement avec Merlin de Cordebeuf, comme représentant du duc d'Auvergne, Pierre Boniol, représentant des gens d'église et Robert Coustave, représentant des nobles [3]. On voit que les commissaires des gens d'église et nobles ne sont plus qu'au nombre de trois et qu'il n'occupent que le second rang. Quant aux bonnes villes, nous les trouvons

---

1. Commission pour le Haut-Limousin donnée à la Chaucière en Bourbonnais (Bibl. nat., *Fr.* 21427, n° 3).
2. Voy. *supra*, II° partie, § 2, A.
3. Bibl. nat., *Fr.* 23898, à la date.

encore, en 1455, en possession du droit de répartir elles-mêmes entre elles la taille des gens de guerre [1]; mais en 1459, l'assiette des bonnes villes faisant suite à celle du plat pays dont nous venons de parler, est faite par les trois élus du roi et signée d'eux seuls; c'est seulement vers la fin du XVe siècle que les bonnes villes obtinrent le droit de nommer à tour de rôle des délégués pour assister à cette répartition [2].

Disons enfin qu'il reste aux Etats le droit inaliénable de présenter des requêtes et des doléances au roi : en 1455, les Etats du Limousin demandent au Grand Conseil qu'une enquête soit faite sur les abus commis dans la province par le receveur des aides [3]. En 1460, les Etats de la Basse-Auvergne envoient Draguinet, seigneur de Lastic, à la cour « remonstrer les tres grans affaires, necessités et pouvretés du païs et requerir avoir aucun moderacion et rabays des lances [4] ».

On voit que la condition des Etats provinciaux de notre région est bien différente aux deux périodes que nous avons successivement étudiées. Avant 1451, il n'y a aucune différence, en principe et toute proportion gardée, entre les Etats de l'Auvergne, du Limousin, de la Marche, voire du Franc-Alleu et

1. Arch. de Clermont, reg. non coté.
2. Voy. Bergier, *Recherches*, etc.
3. Bibl. nat., *Baluze*, 17.
4. *Ibid. Clair.*, 171, p. 5537.

ceux du Languedoc : après 1451, au contraire, tandis que le Languedoc reste pays d'Etats comme avant, nos provinces deviennent pays d'élection. C'est donc à Charles VII qu'il faut faire remonter la cause première de cette distinction : c'est sur lui aussi qu'il faut en faire peser la responsabilité. Car, si tout n'était pas parfait dans l'organisation des Etats provinciaux de 1418 à 1451, si leur composition trop aristocratique put leur faire négliger parfois l'intérêt du plus grand nombre, il faut reconnaître que cette institution était cependant un frein salutaire aux exigences de la royauté, et la seule sauvegarde possible alors des intérêts provinciaux. Si d'autre part on songe à ce qu'eurent à souffrir certaines des provinces qui nous occupent de l'injustice et de la tyrannie des intendants au xviie et au xviiie siècle ; si l'on tient compte de ce fait que l'administration des pays d'Etats à la même époque était beaucoup meilleure que celle des pays d'élection ; si l'on se rappelle enfin l'énergie avec laquelle toutes les provinces centrales, à l'approche de la Révolution, demandèrent le rétablissement de leurs Etats depuis longtemps abolis, on arrivera à cette conclusion que l'annihilation des Etats du centre de la France par le gouvernement de Charles VII, cause première de tous ces faits, fut une œuvre funeste dans ses résultats pour les intérêts du pays.

DEUXIÈME PARTIE

INTRODUCTION

I

Avant de donner la liste des sessions tenues sous Charles VII par les Etats de l'Auvergne, du Franc-Alleu, du Bas-Limousin, du Haut-Limousin et de la Marche, il est nécessaire d'indiquer exactement l'étendue territoriale de chacun de ces pays [1].

L'Auvergne s'étendait sur les départements actuels du Cantal et du Puy-de-Dôme, moins Montaigut-en-Combraille et quelques communes voisines ; elle comprenait, en outre, l'arrondissement de Brioude, les chefs-lieux et plusieurs communes des cantons de Saint-Paulien et d'Allègre dans la Haute-Loire, et une notable partie du département de l'Allier, avec Ebreuil, Cusset et Saint-

---

1. Tous les détails qui suivent sont extraits d'assiettes d'impôts du temps de Charles VII (Bibl. nat., Fr. 23897-23903). Comparez avec notre carte.

Pourçain comme villes principales. Au point de vue de la répartition de l'impôt, elle se divisait en Haute et Basse Auvergne. La Haute-Auvergne comprenait la plus grande partie du département du Cantal; elle avait quatre subdivisions : prévôtages de Saint-Flour, d'Aurillac, de Maurs, de Mauriac.

La Basse-Auvergne se subdivisait en 11 prévôtages : de Riom, de Montferrand, de Roche-Sanadoire, de Monton, de Nonnette (comprenant le comté et le dauphiné d'Auvergne), d'Auzon, de Brivadois, de Langeac, de Thiers, de Cusset, de Paluel.

Le Franc-Alleu se trouvait dans le diocèse de Limoges. Par un reste de l'ancienne division financière de 1356, basée sur les diocèses, on s'obstina à le taxer avec le Haut-Limousin jusqu'en 1435 au moins; les habitants ne s'obstinèrent pas moins à ne pas vouloir contribuer avec cette province. Au mois de mai 1435, le receveur du Haut-Limousin ayant envoyé un sergent de Limoges dans le pays pour les forcer à payer leur part d'une aide accordée au mois de novembre précédent par les Etats du Haut-Limousin, les Etats du pays répondirent « d'une mesme voix, qu'ilz n'estoient en riens des gens dudit hault païs de Limosin qui à leur très grand desplaisance les baptisoient et maintenoient leurs enclaves, duquel lieu de Limosin ilz distoient a xxx lieues et plus, mais estoient dudit païs d'Auvergne et ressort de Rion »[1]. Bien que judiciairement le pays fût en effet de la sénéchaussée de Riom, il ne contribuait pas aux impôts avec l'Auvergne;

---

1. Voy. *Pièces justif.*, XXII.

il paraît avoir longtemps fait comme la chauve souris, se disant tour à tour d'Auvergne ou de Limousin, et avoir évité ainsi de payer aucun subside au roi. Mais en 1437, pour remédier à cet abus, Charles VII nomma des commissaires spéciaux au Franc-Alleu, et ce pays fut érigé en circonscription indépendante. Il en fut ainsi jusque vers 1451 ; plus tard le Franc-Alleu fut soumis à la juridiction des élus de Limoges ; néanmoins il y avait une commission distincte. Sous Louis XI nous trouvons une pétition des habitants tendant à la création d'une élection de Franc-Alleu entièrement séparée de celle du Haut-Limousin [1]. Cette demande fut satisfaite, et, en 1480, il y avait un élu pour le Franc-Alleu [2]. Ce petit pays comprenait vingt et quelques communes groupées autour de Crocq, Bellegarde et Mainsat, aujourd'hui dans le département de la Creuse, plus trois ou quatre villages, qui, par une de ces bizarreries ordinaires aux circonscriptions antérieures à 1789, se trouvaient dans l'arrondissement de Bourganeuf, à plus de 40 kilomètres du reste de la province.

Le Bas-Limousin s'étendait dans le département de la Corrèze ; il comprenait ce département tout entier, sauf quelques enclaves peu importantes de la Marche au nord, et englobait, en outre, deux ou trois communes de la Haute-Vienne. Au sud du Bas-Limousin, et dans les limites du département de la Corrèze, se trouvait une notable partie de la vicomté de Turenne ; jusqu'en 1443, et peut-être

---

1. Bibl. nat., Fr. 20495, f. 09.
2. Ib., Fr. 25715, p. n° 300.

plus tard, elle fut régulièrement imposée avec le Bas-Limousin à tous les impots accordés au roi; mais non moins régulièrement le vicomte et les habitants refusèrent de rien payer, prétendant être complètement exempts d'impôts. Les Etats n'étendaient donc pas réellement leur action sur ce territoire. Les subdivisions du Bas-Limousin étaient à la fois ecclésiastiques, féodales et traditionnelles ; les voici : l'évêché de Tulle, la Saintrie [1]; les archiprêtrés de Brivezac, de Treignac, de Vigeois; le pays d'Yssandonois [2]; la châtellenie de La Roche-[Canillac] ; les archiprêtrés de Gimel, de Chirouze [3], de Saint-Exupéry.

L'étendue du Haut-Limousin n'était pas bien fixée dans les premières années de Charles VII ; ainsi la châtellenie du Dorat était réclamée par le Poitou : en 1422, les Etats du Haut-Limousin durent obtenir « lettres de remedes que les habitans ou ressort du Daurat, contribuables avecques le païs de Limosin, ne fussent imposez avecques le païs de Poictou, à quoi on les vouloit contraindre [4]. » Le Haut-Limousin comprenait le département actuel de la Haute-Vienne, moins les enclaves de la Haute-Marche et celles du Poitou (la plus importante comprenait presque tout l'arrondissement de Rochechouart), plus une partie du département de la Creuse où se trouvaient entre autres la Souterraine, Bénévent, le Grand-Bourg-de-Salagnac et Saint-Vaury. Au point de vue féodal, cette province comprenait

---

1. Subdivision comprenant 13 paroisses, dont Rilhac-Xaintric.
2. Circonscription autour d'Yssandon (Corrèze).
3. Subdivision limitrophe de la Marche.
4. Quittance, Bibl. Nat., *Cab. des titres*, depuis *Lermite*.

partie du Limousin proprement dit, partie de la vicomté de Limoges (plus de soixante paroisses), partie de la Basse-Marche (châtellenies du Dorat, de Bellac, Rancon et Champagnac). Ses subdivisions étaient purement ecclésiastiques : archiprêtrés de Limoges, de la Porcherie, de Lubersac, de Nontron, de la Meyse, de Saint-Paul, de Vigeois, de Bénévent, de Saint-Junien, de Rancon.

Les Etats de la Marche n'étaient, à proprement parler, que les Etats de la Haute-Marche, la Basse-Marche étant divisée au point de vue financier entre le Haut-Limousin et le Poitou [1]. La Marche comprenait le département de la Creuse, moins la Combraille et le Franc-Alleu à l'est, et les nombreuses enclaves du Berry, du Bourbonnais, du Limousin et du Poitou [2], plus quelques communes de l'Indre (notamment l'enclave de Vouhet), de la Haute-Vienne (châtellenie du Dognon), de la Corrèze (châtellenie de Rochefort) et du Puy-de-Dôme (châtellenie de Montaigut-en-Combraille). Les subdivisions de la Haute-Marche étaient toutes féodales, sauf une seule : châtellenies de Felletin, d'Aubusson, d'Ahun, de Guéret, de Drouilles [3], de Crozant; pays de la Montagne [4]; seigneuries de Malval,

---

1. En Poitou se trouvaient les châtellenies de Charroux, Calais et Saint-Germain-sur-Vienne.

2. Voyez à ce sujet un bon travail de M. Bosvieux, archiviste de la Creuse, à la suite du *Conseil général* de la Creuse de 1863.

3. Commune de Saint-Éloy, canton de Pontarion (Creuse).

4. C'était une simple division naturelle embrassant toute la région méridionale de la Creuse, adossée aux montagnes du Bas-Limousin ; au point de vue féodal, ce pays était divisé entre les châtellenies d'Ahun, d'Aubusson et de Felletin.

de Dunois [1] ; châtellenies de Montaigut-en-Combraille, du Dognon [2]; seigneurie de Châtelus-Malvaleix ; châtellenie de Rochefort [3].

II

Disons aussi un mot des documents qui nous ont servi à rédiger notre catalogue et de la façon dont nous les avons utilisés.

Chaque session convoquée par le roi pour le vote d'un impôt était précédée et suivie d'un certain nombre d'actes qui nous permettent aujourd'hui de la constater :

1º Lettres patentes du roi nommant les commissaires ;

2º Lettres patentes du roi nommant le receveur (toujours de la même date que les premières) ;

3º Lettres closes du roi pour la convocation des Etats ;

4º Assiette de l'impôt par les commissaires du roi ou des Etats (après la session) ;

5º Distribution des frais votés par les Etats ;

6º Mise en possession du receveur par les commissaires ;

7º Quittances et pièces diverses relatives aux frais votés par les Etats outre le principal.

Si toutes ces pièces nous étaient parvenues, nous aurions sur chaque session la plus grande somme possible de renseignements. On pense bien qu'il n'en est pas ainsi.

---

1. Ayant pour centre Dun-le-Palleteau.
2. Commune du Châtenet-en-Dognon, canton de Saint-Léonard (Haute-Vienne).
3. Près de Sornac (Corrèze).

Souvent une seule pièce nous permet de constater une session. C'est précisément à ce sujet qu'il y a lieu de faire une observation. Par un reste des procédés de la chancellerie royale sous Charles VI, beaucoup de pièces officielles, surtout antérieures à la session, ne prononcent même pas le nom des Etats et présentent l'impôt comme levé simplement par mandement du roi. En réalité cependant, l'impôt est toujours consenti par les Etats et il est imposé en même temps des sommes dont les Etats seuls ordonnent la levée et la distribution. Prenons un exemple. Nous avons une pièce du 24 décembre 1434[1] par laquelle les commissaires « à mettre sus, asseoir et imposer ou conté de la Marche.. la somme de II^m l. t. que le roy nostre sire a ordonné pour principal y estre assise et imposée pour sa porcion de l'aide à lui octroyé ou mois d'aout precedant » mettent le receveur nommé par le roi en possession de son office. Rien dans cette pièce ne constate, à un titre quelconque, l'intervention des Etats de la Marche dans l'imposition de cette aide de 2,000 liv. ; mais une autre pièce du 12 mai 1435 témoigne que les Etats étaient intervenus, comme toujours, à cette occasion, et qu'ils avaient imposé entre autres sommes, outre le principal, 1,780 liv. pour le comte de la Marche [2]. Nous avons donc le droit de noter une session d'Etats à cette occasion. Mais si le hasard nous avait conservé seulement la première pièce, aurions-nous été fondé à constater une session d'Etats ? Nous sommes absolument décidés pour l'affirmative. L'investiture du

---

1. Bibl. nat., *P. orig.* 207, d^r *Barton*, n° 12.
2. Voy. *Pièces justif.*, XXI.

receveur étant évidemment postérieure à la session des Etats, il y a certitude morale que la session a été tenue. Mais si nous avions uniquement sur cette session les lettres patentes par lesquelles le roi charge les commissaires d'imposer la somme en question, alors il y aurait simplement probabilité pour que la session ait été tenue, mais non certitude. Aussi voici la règle que nous avons adoptée. Toute session est pour nous assurée lorsque nous avons une pièce postérieure à cette session, lors même que cette pièce ne mentionnerait pas formellement l'intervention des Etats. Au contraire, si nous n'avons qu'une pièce antérieure, nous ne classerons pas dans notre catalogue la session qui a dû probablement la suivre; toutefois, comme le hasard peut faire connaître du jour au lendemain des pièces postérieures confirmant les données de l'unique document que nous ayons, nous donnons à sa date la cote de ce document comme une simple probabilité [1].

1. Les mentions de ce genre portent le n° *bis* de la session qui les précède immédiatement; la date est en outre imprimée en italique pour qu'on ne les confonde pas avec les sessions réelles et assurées.

AUVERGNE

I. — 1419, février ou mars,....

Les Etats accordent au dauphin-régent une aide de 9,000 livres tournois [1].

II. — 1419, mai,....

Les Etats accordent au dauphin-régent une aide de 16,000 livres tournois [2].

III. — 1420, 26 mai, Clermont.

Les Etats accordent au dauphin-régent une aide de 22,161 fr.? [3].

IV. — 1420, 9 juillet,......

Les Etats accordent au dauphin-régent, conformément à ses

---

1. Arch. de Clermont-Ferrand, *Reg. des délibérations*, I, fol. 26 : « Memoria sia que le... jour de mars, l'an mil IIII^c XVIII fut indite une tallhe de XXXVI mois en la chapelle de saint Barthelemi pour fere paiement à Estienne Croiset, receveur ou païs d'Auvergne d'une ayde de IX^m l. t. octroyé a Mgr le dauphin de Viennoys, regent le royaume. »
2. Don à la ville de Clermont de 200 l. pour ses fortifications : Lyon, le 27 janvier 1419/20. (B. N., *Franç*. 20589, p. 14.)
3. Arch. Clermont, *Délib*. I, fol. 28 : « Memoria sia que mosenhor le

184   DEUXIÈME PARTIE

demandes, une aide de 1,000 hommes à pied armés selon leur condition, à raison de six francs de gages par homme.— Commissaires : Guillaume Lallier, de Gannat, et Aleaume Cachemarée, huissier en Parlement¹.

V. — 1422, 8 janvier, Issoire.

Les Etats accordent au dauphin-régent une aide de 80,000 livres tournois, à payer à deux termes (1ᵉʳ mars et 30 avril)².

VI. — 1422, 6 juillet,.....

Les Etats accordent au dauphin-régent une aide de 20,000 écus payable, la moitié présentement à raison de 20 sous par écu, l'autre moitié à la Toussaint à raison de 25 sous l'écu, à con-

---

dophi de Vianés, regent le reaume, huita à Clermont lo mecre xxııᵉ jour de may l'an mil ııııᶜ et xx... et après ıııı jours luy fu doné par les gauz des Troes Estas do pays d'Overnhe xxıı^m et cLxı^e foes » (sic).

1. Arch. Clermont, ut supra fol. 28ᵃ : « Memoria sia que lo mars ıxᵉ jour de juilhet l'an mil ııııᶜ et xx, envoya monsenhor le dophi de Vianés, regent le reaume, en Auvernhe aux Tres Estas dodit pays, nobles, gaus d'iglizes et bones villes dudit pays, sept (sic) assavoer : Mᵉ Guillaume Halhier (infra Lalhier), de Gannat, et Aleaume Cachemarée (infra Cassamarée) pour espouzer et requeryr de par ledit monsenhor lo dophi que toux ensemble luy vossicent ayder de mil homes à pié, harmés de jacques et de baroet ho capellina et acha ho bastont sofizant segont lor estat. Et fu hotroyé par les Troes Estas dudit pays, en la prezanse de monsenhor de La Tor et autres, les dis mil homes garnys, et par chesque home vı frans de gage, et u estat fayt le partage dez bones villes lo mecredit xᵉ dudit més, don a estat nostra part. xxvıı. homes. »

2. Arch. Clermont, ut supra fol. 29 : « Memoire soit que le vıııᵉ jour de janvier l'an mil ıııı' xxı fu ottroyé à Monseigneur le regent le royaume dauphin de Viennois en la ville d'Yssoyre par les gens des Troys Estas du païs d'Auvergne une ayde de ıııı^{xx} mille livres, c'est asavoir Lx^m l. au bas [païs] d'Auvergne et xx^m l. au païs des montaignes de Saint-Flour, à paier à deux termes, le premier terme le premier jour de mars ensuivant et le segont terme au darr[ain] jour d'avril après ensuivant. »

dition qu'il améliorera la fabrication de la monnaie. Ils accordent, en outre, le rétablissement des aides (supprimées en 1418) à partir du 1er octobre [1].

VII. — 1423, 15 juillet,....

Au nom et comme représentants des Etats, Robert Dauphin, évêque de Chartres, Gilbert de La Fayette, maréchal de France, Bertrand de La Tour, Jean de Langeac, sénéchal d'Auvergne, Jean de Tinière, s^r du Val, et Dalmas de Vissac, s^r de Marsac, concluent un traité d'alliance défensive contre les routiers avec la duchesse de Bourbonnais et son fils Charles, comme représentants les pays de Bourbonnais, Forez, Beaujolais et Combraille [2].

VIII. — 1423, décembre,....

Les Etats accordent au roi une aide sous forme de taille de 20,000 l. t. pour trois ans, au lieu des aides dont les Etats de Selles en Berry (août 1423) avaient autorisé le rétablissement pour le même temps. — Commissaires : l'archevêque de Toulouse et Jean de Troissy, bailli de Senlis [3].

---

1. Arch. Clermont, *supra* fol. 29 ^b: « Memorie sia que lo vi^e jour de juillet l'an iiii^c xxii fu ottroyé par les gens des Troys Estas du pays d'Auvergne à mgr le regent le royaume une ayde de .xx^m. escuz d'or, la moytié à paier à présent en. xx. sous par escut, et l'autre moytié à la Toux Sainz prochain venant, à xxv sous l'escut, si la monoye est faicte bone. *Item* furent ottroyées les aydes, c'est à savoir .xii. deniers pour livre et le quart de vin enssy comme il estoit parravant acoustumé, et se commensseront à lever le premier jour d'octobre prochain venant. »

2. A. N., P 1358² cote 550. Voyez *Pièces justif.*, vi.

3. Voyez les lettres de nomination des commissaires, *Pièces justif.*, vii. Voy. aussi A. N. KK 56, fol. 49^v. — Le montant de « l'aide au lieu des aides » nous est révélé par l'assiette de la Haute-Auvergne pour l'aide de Selles, mars 1424 (B. N., *Franç.* 23897) où les deux premiers termes sont comptés pour 2,500 l. t.; d'où l'aide totale = 5,000 l. t. pour la

IX. — 1424, MARS OU AVRIL,......

Les Etats, outre une aide de 74,000 livres tournois, pour leur part de l'aide d'un million octroyé au roi à Selles par les Etats de Languedoïl au mois de mars, imposent sur eux diverses sommes, tant pour frais et récompenses que pour la défense du pays [1].

Haute-Auvergne et 20,000 pour toute l'Auvergne, le haut pays supportant toujours le quart de l'ensemble.

1. A. Nomination du receveur de la Haute-Auvergne. — Selles, 16 mars 1424 (B. N., *Franç.* 25710, p. 20).

B. Assiette de la Haute-Auvergne (B. N., *Franç.* 23897, copie contemp. ; imp. en partie dans le *Cabinet historique*, 1878, p. 158).

C. Quitt. de Bertrand, s^r de La Tour, à André de Villeneuve, receveur de la Basse-Auvergne, de 700 liv. dont 200 pour partie des gages de soixante hommes d'armes employés à la défense du pays ; 21 avril 1424 (B. N., *Franç.* 26047 n° 241. Voy. *Pièces just.*, IX).

D. — de Jean, s^r de Langeac et de Brassac, au même, de 600 liv. dont 200 pour la même cause ; 22 avril 1424 (*Ibid.*, n° 242).

E. — de Guillaume, vicomte de Narbonne, à Bernard Pailleux, receveur de la Haute-Auvergne, de 100 liv. ; 26 juin 1424 (B. N., *Cab. des titres*, dossier *Narbonne*).

F. — d'Etienne Champagnac, écuyer, au même, de 10 liv., par don des Etats de ce pays ; 5 juillet 1424 (B. N., *Pièces orig.*, 661, dossier *Champagnac*, n° 2).

G. — de Bertrand, s^r de Pierrefort, au même, de 20 liv. pour semblable cause ; 8 août 1424 (B. N., *Cab. des titres*, dossier *Pierrefort*).

H. — de Tachon de Bar, écuyer, un des commissaires à imposer la part de la Haute-Auvergne, au même, de 100 liv. ; 21 août 1424 (B. N., *Pièces orig.*, 184, dossier *Bar, s^r de Fourvial, en Auvergne*, n° 2).

I. — de Guiot, s^r de Beaucler, au même, de 10 liv. pour semblable cause ; 23 décembre 1424 (B. N., *Pièces orig.*, 238, dossier *Beaucler*, n° 2).

J. — de Pierre de Calsat, bâtard d'Apchon, au même de 20 liv., même cause ; 25 décembre 1424 (B. N., *Pièces orig.*, 79, dossier *Apchon*, n° 2 ; Voy. *Pièces just.*, X).

K. — de l'abbé d'Aurillac au même, de 40 liv. ; 31 décembre 1424, en latin (B. N., *Franç.* 20909, p. 63).

L. — de Dringonnet, s^r de Lastic, chevalier, au même, de 20 liv., 12 mai 1425 (B. N., *Cab. des titres*, dossier *Lastic*).

X. — 1424, NOVEMBRE, RIOM.

Les Etats assemblés en présence du roi en même temps que ceux de plusieurs autres provinces lui accordent une aide de [1].....

X bis. — *Poitiers, octobre* 1425.

Protocole des lettres de Charles VII chargeant le prieur de la Selle, Guillaume Le Tur, Guillaume Charrier, le sénéchal d'Auvergne (Jean, sr de Langeac), le sire de Gros et les élus d'imposer sur l'Auvergne sa part de l'aide de 450,000 fr, accordée présentement au roi par les Etats de Languedoil. — Nomination du receveur de ladite portion.

(B. N., *Franç.*, 5024, fol. 146 et sv.)

XI. — 1426, AVRIL,....

Les Etats, outre 30,000 liv., pour leur part de l'aide de 250,000 liv. accordée au roi à Montluçon par les Etats de Languedoil au lieu du onzième de toutes denrées, imposent sur eux diverses sommes pour les frais et les affaires du pays. — Commissaires : Jean Girard, maître des requêtes de l'hôtel, et Béraud, dauphin d'Auvergne [2].

---

1. A. « Descharge levée le 4 février 1425 sur André de Villeneuve commis à recevoir ou pays d'Auvergne la porcion de l'aide octroyé au roy nostre sire de son obbeissance (*sic*) ou mois de novembre derr. passé. » — (A. N., KK 56, fol. 81 v°).

B. « Sur ce que la ville doit à cauze de la talhie ottroiée au roy nostre sire en la ville de Riom ou mois de... l'an m cccc xxiiii » (Arch. de Clermont, *Reg. des délib.*, fol. 44).

C. Voyez sur cette assemblée de Riom notre étude sur les Etats généraux sous Charles VII (*Cabinet historique*, 1878).

2. A. Instructions pour la Haute-Auvergne rédigées par maître Jean Girard (B. N., *Franç.* 23897, copie contemporaine).

XII. — 1427, janvier?,...

Les Etats, outre 18,000 liv. pour leur part de l'aide de 120,000 liv. accordée au roi par les Etats de Languedoïl réunis à Montluçon au mois de décembre 1426, imposent sur eux diverses sommes pour les frais et les affaires du pays [1].

XIII. — 1427, mai,...

Les Etats accordent au roi une aide de... au lieu de la capitation de 5 s. t. et au-dessous que lui avaient octroyée les Etats de Montluçon au mois de décembre précédent [2].

B. Assiette de la Haute-Auvergne; les frais montent à 1,254 l. 3 s. 5 d. t. (*Ib.*, *ib.*, copie contemporaine).

C. Quittance de Guillaume d'Apchon à Jean Maynard, receveur de la Haute-Auvergne, de 30 liv. : 10 juillet 1426 (B. N., *Pièces orig.*, 79, dossier *Apchon*, n° 3; impr. en partie dans le *Cabinet historique*, 1878, p. 163).

D. — du bâtard d'Apchon au même, de 22 liv. ; 28 août 1426 (*Ib.*, *ib.*, (*ib.*, n° 4).

E. — des Consuls de Saint-Flour au même, de 140 liv. ; 16 avril 1427 *Ib.*, *Pièces orig.*, 661, dossier *Champagnac*, n° 3).

F. — de Rigon de Beaucler, bailli des montagnes pour le duc de Bourbon, au même, de plusieurs sommes, dont 10 liv. sur la présente aide ; 14 mai 1432 (*Ib.*, *ib.*, 238, dossier *Beaucler*, n° 3).

1. A. Instructions pour la Haute-Auvergne rédigées le 8 février 1427 par Louis de Monbalat, bailli des montagnes, et Tachon de Bar écuyer, élus sur le fait des aides au diocèse de Saint-Flour (B. N., *Franç.* 23897, copie contemporaine).

B. Assiette de la Haute-Auvergne; les frais montent à 1,287 l., 16 s. 8 d. t. (*Ib.*, *ib.*, *id.* imprimée en partie dans le *Cabinet historique*, p. 164).

C. Quittance de Tachon de Bar à J. Maynard, receveur de la Haute-Auvergne, de 60 liv. ; 2 mai 1427 (*Ib.*, *Pièces orig.*, 184, dossier *Bar*, s^r de Fourvial en Auvergne, p. n° 3).

D. — de Simon Le Tur, président en Parlement, au même, de 20 liv. ; 17 juillet 1427 (*Ib. Cab. des titres*, dossier *Le Tur*).

2. « Quittance de mons^r de Clermont par assignacion faicte à mons^r

XIV. — 1428, NOVEMBRE, RIOM.

Les Etats accordent au roi une aide de 30,000 liv. pour le secours d'Orléans assiégée par les Anglais [1].

XV. — 1429, AVRIL, RIOM.

Les Etats accordent au roi une aide de 13,000 écus pour ravitailler la ville d'Orléans [2].

XVI. — 1430, 27 MAI, ISSOIRE.

Les Etats, assemblés sur la convocation du comte de Clermont, organisent différents corps de troupes pour la défense de la province et des pays voisins et alliés contre les routiers [3].

XVII. — 1430, JUIN, ISSOIRE.

Les Etats accordent au roi une aide de 20,000 liv. pour poursuivre la guerre contre les Anglais, et spécialement à l'occasion du passage qu'il voulait faire au-delà de la Seine; ils imposent, en outre, diverses sommes sur eux pour frais et récompenses [4].

---

le connestable de France de aide mis sus au lieu de v s. t. ou dessoubz pour chescun estaigier par sepmaine, au moys de may l'an mil cccc vint sept. » (Arch. de Clermont, *Reg. des délib.*, fol. 48ᵇ).

1. Compte d'Etienne Courtet, receveur de la Haute-Auvergne (A. N., *Titres de la maison de Bourbon*, P 1356², cote 303).
2. Compte du receveur de la Haute-Auvergne, *ibid.*
3. Voyez le procès-verbal de la session, *Pièces just.*, xv.
4. A. Assiette de la Haute-Auvergne : frais et dons, 1,499 l. 16 s. 2 d. t. (B. N., *Franç.* 28897. — *Pièces just.*, xvi.)
B. Quittance de l'évêque de Saint-Flour de 30 liv., pour avoir été à l'assemblée d'Issoire, à Pierre Mandonier, receveur de la Haute-Auvergne ; 24 septembre 1430. (B. N., *Franç.* 20883, fol. 90.)

XVIII. — 1431, MAI, MONTFERRAND.

Les Etats assemblés pour l'octroi d'une somme de 45,000 liv. à laquelle le roi avait taxé le pays pour sa part de l'aide de 200,000 liv., consentie par les Etats de Poitiers au mois d'avril, ne lui accordent que 30,000 liv. ; ils imposent, en outre, sur eux diverses sommes pour frais et récompenses. — Commissaires : Guillaume Le Tur, président en Parlement, et Girard Blanchet, maître des requêtes de l'hôtel [1].

XIX. — 1432, JANVIER, MONTFERRAND.

Les Etats, au lieu de 25,000 liv. demandées par le roi, ne lui accordent que 15,000 liv., plus 300 liv. pour les commis-

C. — de Louis du Breuil, chevalier, conseiller et chambellan du roi et bailli des montagnes, de 200 liv. ; 18 novembre 1430. (B. N., *Pièces orig.* 506, dossier *Breuil*, n° 8. Voyez *Pièces just.*, XVII.)

D. — de Giraud Poler, lieutenant du bailli des montagnes d'Auvergne pour le roi, de 30 liv. au même, par don des Etats ; 1er décembre 1430. (B. N., *Clair.*, 188, p. 7101.)

E. — de Draguinet, sr de Lastic, au même, de 30 liv., même motif ; 1er août 1431 (B. N. *Franç.* 20899, p. 52.)

1. A. Assiette de la Haute-Auvergne : frais, 1,608 l. 8 s. 2 d. t. (B. N., *Franç.* 23897. — Copie du temps.)

B. Quittance d'Antoine de Cugnac, chevalier, à Jean Maynard, receveur de la Haute-Auvergne, de 77 l. 10 s. t., tant pour avoir fait l'assiette dudit pays que pour avoir assisté à l'octroi ; 23 juillet 1431. (B. N. *Clair.*, 136, p. 4211. — *Pièces just.*, XVIII.)

C. Lettres du roi données à Chinon, le 26 décembre 1431, sur le fait de l'aide suivante. (Voyez plus loin.)

D. Quittance de Guillaume, vicomte de Narbonne, à Jean Maynard, de 40 liv., pour avoir fait l'assiette de la Haute-Auvergne ; 11 avril 1432. (B. N., *Cab. des Titres*, dossier *Narbonne*.)

E. — de Rigon de Beauclerc, bailli des montagnes pour le duc de Bourbon, au même, de plusieurs sommes, dont 20 liv. sur la présente aide ; 11 mai 1432. (B. N., *Pièces orig.*, 238, dossier *Beauclerc*, n° 3.)

F. — de l'évêque de Saint-Flour (Jacques Loup), au même, de 40 liv ; 28 juillet 1432. (B. N., *Franç.* 20883.)

saires. En outre les Etats de la Basse-Auvergne ordonnent la levée de 400 liv., pour payer deux voyages faits par le sénéchal d'Auvergne auprès de Rodrigue de Villandrando, et de 12,000 liv. à distribuer par mandement des seigneurs pour l'entretien de gens d'armes et autres affaires du pays ; les Etats de la Haute-Auvergne imposent de leur côté pour les frais et autres dépenses 1,739 l. 13 s. 6 d. outre le principal. — Commissaires : Girard Blanchet, maître des requêtes de l'hôtel du roi, et Jacques de Canlers, secrétaire du roi [1].

1. A. Lettres de commission du roi chargeant les commissaires susdits de requérir l'octroi de 25,000 liv. ; Chinon, 26 décembre 1431. (B. N. *Pièces orig.*, 364, dossier *Blanchet*, n° 32. — *Pièces just.*, XIX.)

B. Instructions des gens d'église et nobles de la Basse-Auvergne, rédigées à Clermont le 12 février 1432 (*Ib., Franç.* 25944, p. n° 69).

C. Instructions pour la Haute-Auvergne faites par Louis du Breuil, s^r d'Anrouse, bailli du roi, Louis de Monballat et Tachon de Bar. (*Ib., Franç.*, 23897, copie contemporaine.)

D. Assiette de la Haute-Auvergne faite par les mêmes. (*Ib., Franç.* 23897, copie contemporaine.)

E. Quittance de Pierre de Chalus, abbé d'Ebreuil, à P. Mandonier, de 40 liv. ; 29 février 1432. (*Ib., Franç.* 20904, p. 46.)

F. — de Louis de Beaufort, marquis de Canilhac, au même, de 50 liv. ; 20 mars 1432. (*Ib., Pièces orig.*, 210, dossier *Beaufort*, n° 10.)

G. — de Gonnin Rolland, écuyer, un des commissaires à imposer les tailles au Bas-Pays, au même, de 50 liv. ; 21 mars 1432. (*Ib., Cab. des titres*, dossier *Rolland*.)

H. — de Poncet de Rochefort, écuyer, au même, de 25 liv. ; 14 mai 1432. (*Ib., Clair*, 193, p. 7649.)

I. — de Rigon de Beaucler, bailli des montagnes pour le duc de Bourbon, de plusieurs sommes à J. Maynard, dont 40 liv. sur la présente aide ; 14 mai 1432. (B. N., *Pièces orig.*, 238, dossier *Beaucler*, n° 3.)

J. — de Léonet d'Azenières, à P. Mandonier, de 20 liv. ; 31 mai 1432. (*Ib., Pièces orig.*, 149, dossier *Azenières*, n° 6.)

K. — d'Antoine de Salhens, bailli d'Alègre, au même, de 60 liv. ; 1er juin 1432. (A. N., KK 648, n° 94.)

L. — de Louis de Banson, abbé de Mozat, au même, de 20 liv. ; 15 juin 1432. (B. N., *Franç.* 20908, p. 175.)

M. — de Girard Blanchet, commissaire du roi, au même, de 250 liv. ; 19 juin 1432. (*Ib., Pièces orig.*, 364, dossier *Blanchet*, n° 32.)

N. — de Louis du Breuil, s^r d'Aurouse, à J. Maynard, receveur de la Haute-Auvergne, de 25 liv. ; 14 septembre 1432. (*Ib., Pièces orig.*, 506, dossier *Breuil*, n° 9.)

XX. — 1432, SEPTEMBRE,.....

Les Etats accordent au roi une aide de 20,000 francs ; ils imposent en outre sur eux pour frais et récompenses et pour les affaires du pays. — Commissaires : Girard Blanchet..... [1].

XXI. — 1433, NOVEMBRE,...

Les Etats, outre 7,000 liv. pour leur part de l'aide de

O. — de Tachon de Bar, élu sur le fait des aides au diocèse de Saint-Flour, à J. Maynard, de 60 liv. ; 14 septembre 1432. (*Ib., Pièces orig.*, 184, dossier *Bar*, sʳ de Fourvial en Auvergne, p. nᵒ 4.)
P. — de l'évêque de Clermont à P. Mandonier, de 250 liv. ; 7 novembre 1432. (*Ib., Franç.*, 25967, nᵒ 432.)
Q. — d'Etienne Champagnac, écuyer, à J. Maynard, de 10 liv. ; 12 novembre 1432. (*Ib., Pièces orig.*, dossier *Champagnac*, nᵒ 2.)
R. — de Girard Blanchet, au même, de 75 liv. ; 14 mars 1433. (*Ib., ib.*, 364, dossier *Blanchet*, nᵒ 23.)
S. Décharge délivrée au receveur de la Basse-Auvergne par l'évêque de Clermont, les sʳˢ de La Tour et de Langeac, de la somme de 12,000 liv. imposée sur le pays et distribuée par leur ordre ; 13 juillet 1435. (*Ib., Clair.*, 219, à la date. *Pièces just.*, XXIII.)

1. A. Quittance de Robert Dauphin, évêque de Chartres et administrateur perpétuel de l'abbaye d'Issoire, à Pierre Mandonier, receveur de la Basse-Auvergne, de 50 liv. ; 23 décembre 1432. (B. N., *Franç.*, 20882, fol. 57.)
B. — de Léonet d'Azenières, au même, de 12 liv. ; 9 janvier 1433. (B. N., *Pièces orig.*, 159, dossier *Azenières*, nᵒ 4.)
C. — d'Antoine de Cugnac, chevalier, chambellan du roi, de 100 liv., au même ; 20 janvier 1433. (B. N., *Clair.*, 156, p. 4211.)
D. — de Jean de Murat, capitaine de Rochefort, au même, de 20 liv. ; 21 mars 1433. (B. N., *Cab. des Titres*, dossier *Murat*.)
E. — de Jean, sʳ de Montboissier, au même, de 30 liv. ; 30 avril 1433. (B. N., *Clair.*, 181, p. 6473.)
F. — d'Antoine de Sailhens, écuyer, bailli d'Alègre, au même, de 10 liv. ; 22 mai 1433. (B. N., *Cab. des Titres*, dossier *Saillens*.)
G. — de Girard Blanchet, un des commissaires, au même, de 400 liv. ; 25 juin 1433. (B. N., *Pièces orig.*, 364, dossier *Blanchet*, nᵒ 37.)

CATALOGUE DES SESSIONS : AUVERGNE

40,000 liv. octroyée au roi par les Etats de Tours au mois d'octobre, imposent sur eux diverses sommes tant pour frais et récompenses que pour payer les gens d'armes [1].

XXII. — 1434, janvier, clermont.

Les Etats accordent au roi une aide de 20,000 liv., au lieu du

1. A. Quittance de Guillaume de Chauvigny, sr de Blot, à Pierre Mandonier, receveur de la Basse-Auvergne, de 240 liv. ; 1er décembre 1433. (B. N., *Franç.*, 15057, n° 2,191.)
B. — du même au même, de 200 liv. ; 1er décembre 1433. (B. N., *Pièces orig.* 721, dossier *Chauvigny*, n° 6.)
C. — de Gonin Roland, un des commissaires à faire l'assiette du bas pays, au même, de 50 liv. ; 5 décembre 1433. (B. N., *Cab. des Titres*, dossier *Roland*.)
D. — d'Antoine de Tournoelle, chevalier, sr de Chateauneuf, au même, de 40 liv. ; 11 janvier 1434. (*Ib.*, *Cab. des Titres*, dossier *Tournoelle*.)
E. — de Léonet d'Azenières, bailli du dauphin d'Auvergne, au même, de 30 liv. ; 12 janvier 1433. (B. N., *Franç.*, 26057, n° 2216.)
F. — d'Armand, sr de la Roe, au même, de 500 liv. ; même date. (B. N., *Cab. des Titres*, dossier *Roe*.)
G. — de Godefroy de Montmorin, abbé de Menat, au même, de 25 liv. ; 26 janvier 1434 (B. N., *Franç.*, 20908, p. 33.)
H. — de Jacques de Guannes (?), au même, de 40 sous tournois ; même date. (B. N., *Pièces orig.*, 839, dossier 18849, pièce 5.)
I. — de Robert Dauphin, évêque de Chartres, seigneur de Mercœur, au même, de 100 liv. ; 31 janvier 1434. B. N., *Franç.*, 20882, fol. 59.)
J. — de Pierre de Cros, au même, de 10 liv. pour réparations au pont de Saint-Sauve ; 1er mars 1434. (B. N., *Cab. des Titres*, dossier *Cros*.)
K. — de Robert Coustave, fils de Guiot Coustave, écuyer, gouverneur de Clermont, au même, de 20 liv. ; 30 avril 1434. (B. N., *Cab. des Titres*, dossier n° 18849, pièce 6.)
L. Certificat délivré au même par l'évêque de Clermont, Bertrand, sr de La Tour, et Jean, sr de Langeac, sénéchal d'Auvergne, constatant qu'il a distribué et payé par leur ordonnance la somme de 8,000 liv. imposée outre le principal et les autres frais par les Etats de la Basse-Auvergne ; et lui en donnant quittance générale et décharge ; 26 août 1434. (B. N., *Clair.*, 219, à la date.)
M. — Quittance de Louis de Chalencon, au même, de 50 liv. ; 14 janvier 1435. (B. N., *Fr.*, 26059, n° 2132.)

fouage « de 5 sous tournois pour feu sur chascun estaigier et au dessoubz » octroyé au roi par les Etats de Languedoil assemblés à Tours aux mois de septembre et octobre précédents : plus frais et récompenses [1].

XXIII. — 1434, JUILLET, AIGUEPERSE.

Les Etats accordent au roi une aide dont le montant est inconnu, plus une autre aide pour le duc de Bourbonnais et d'Auvergne [2].

XXIV. — 1435, JUILLET, ...

Les Etats accordent au roi une aide de 34,000 fr. [3]

XXV. — 1436, FÉVRIER, POITIERS.

Les Etats accordent au roi 32,000 francs pour leur part de l'aide de 200,000 francs à lui présentement octroyée par les Etats de Languedoil, plus 6,000 francs au duc de Bourbon, lesdites sommes devant être levées seulement au mois de juillet ; en outre, à cette dernière époque, ils imposent sur eux diverses sommes pour les frais et les affaires du pays [4].

---

1. A. Quittance de Robert Dauphin, évêque de Chartres, administrateur de l'abbaye d'Issoire, à Pierre Mandonier, receveur du bas-pays, de 100 liv. ; 31 janvier 1434. (B. N., *Franç.* 20882, fol. 59.)
B. — de Jean de Norry, archevêque de Vienne, au même, de 225 liv. ; 20 juillet 1434. (B. N., *Franç.* 20889, fol. 37.)
2. Quitt. de Louis de Chalancon à Pierre Mandonier, de 80 liv. ; 14 janvier 1435. (B. N., *Franç.* 26059, p. 2432.)
3. Voyez les Instructions sur le fait de l'aide de 8,000 liv. (1436, décembre, Clermont.)
4. A. Commission du roi pour imposer la part de la Basse-Auvergne (24,000 francs) : Bourges, 23 avril 1456. (B. N., *Franç.* 25710, n° 95.)
B. Quittance de Robert Dauphin, évêque d'Alby, s[r] de Mercœur, à P. Mandonier, de 100 liv. ; 10 juillet 1436. (B. N., *Franç.* 20879, n° 7.)

XXV *bis*. — 1436, décembre, clermont.

Les Etats de la Basse-Auvergne, réunis en présence du roi, lui accordent un subside de 8,000 francs en considération de ce que les aides, dont les Etats de Poitiers avaient octroyé le rétablissement, au mois de février précédent, n'avaient pas encore eu plein cours dans le pays; plus 4,000 francs au duc de Bourbon « pour lui aydier à paier et contenter Rodigo de Villandando, capitaine de gens d'armes et sa compaignie estans en Albigois, affin que à leur retour ilz ne passent par ledit pays d'Auvergne »; 2,000 francs à la duchesse de Bourbon, comme don de joyeux avènement, et 400 francs à Jean Rabateau, pre-

C. — de Christophe d'Harcourt au même, de 500 liv.; 14 juillet 1436. (B. N., *Clair.* 167, p. 5187.)

D. — de Guillaume Le Mareschal, procureur d'Auvergne, au même, de 40 liv., 20 juillet 1436. (B. N., *Cab. des Titres*, dossier *Mareschal*.)

E. — d'Armand, sr de la Roe, au même, de 60 liv.; 30 juillet 1436. (B. N., *Cab. des Titres*, dossier *Roe*.)

F. — de Jacques de Montmorin, bailli de Saint-Pierre-le-Moutier, au même, de 60 liv.; 21 août 1436. (B. N., *Cab. des Titres*, dossier *Montmorin*.)

G. — de Léonet d'Azenières au même, de 25 liv.; 23 août 1436. (B. N., *Pièces orig.*, 149, dossier *Azenières*, n° 7.)

H. — de Bertrand, comte de Boulogne et d'Auvergne, au même, de 200 liv.; 1er septembre 1436. (B. N., *Clair.* 203, p. 8629.)

I. — de Jean de Chauvigny, sr de Blot, au même, de 60 liv.; 20 septembre 1436. (B. N., *Franç.* 26061 p., n° 2936.)

J. — de Guiot Coustave, écuyer, de 60 liv.; même date. (B. N., *ib.*, *ib.*, n° 2935.)

K. — de Guillaume de Tinière, sr d'Apchon et de Merdogne, au même, de 80 liv.; 1er octobre 1436. (B. N., *Cab. des Titres*, dossier *Tinière*.)

L. — de Jacques de Chastillon, sr de Dampierre et de Revel, au même, de 450 liv.; 10 octobre 1436. (B. N., *Clair.* 151, p. 3649.)

M. — du même au même, de 150 liv.; même date. (*Ib.*, *ib.*, *ib.*, p. 3629.)

N. — de Jean de Langeac, sénéchal d'Auvergne, au même, de 100 liv.; 12 octobre 1436. (B. N., *Franç.* 26061 p., n° 2962.)

O. — de Louis de Beaufort, marquis de Canilhac, au même, de 100 liv.; 26 octobre 1436. (B. N., *Ib.*, *ib.*, n° 2967.)

sident en Parlement, commissaire envoyé par le roi sur le fait des aides[1].

XXVI. — 1437, JUILLET, ISSOIRE.

Les Etats accordent au roi 28,000 francs pour leur part d'une aide de 200,000 francs par lui imposée au mois de juin, comme l'année précédente, sur les pays de Languedoil[2].

1. A. Quittance collective de Guillaume Foulques, Guillaume Robastre, Louis de La Tour et Evrard de Mayennes à P. Mandonier, de 40 liv. ; 9 décembre 1436. (B. N., *Clair.* 203, p. 8611.)

B. Instructions des gens d'église et nobles ; décembre 1436. (B. N., *Franç.* 26032, n° 3055.)

C. Quittance d'Agnès de Bourgogne, duchesse de Bourbon, de 2,000 liv. ; 21 février 1437. (B. N., *Franç.* 20389, n° 89.)

D. — de l'évêque de Clermont, de 250 liv. ; 20 mars 1437. (B. N., *Franç.* 25967, n° 433.)

E. — Quittance de Jean, s^r de Borresol, un des élus à Clermont, de 20 liv. ; 28 avril 1437. (B. N., *Pièces orig.*, 421, dossier *Borresol*, n° 2.)

F. — de Louis de Rochefort, écuyer, de 60 s. t. ; 10 août 1437. (B. N., *Clair.* 193, p. 7649.)

G. — de Jean Rabateau, président en Parlement, de 400 liv. ; 13 avril 1438. (B. N., *Cab. des Titres*, dossier *Rabateau*.)

2. A. Quittance de Jacques de Montmorin, à Pierre Mandonier, de 150 liv. ; 1er octobre 1437. (B. N., *Franç.* 26063, n° 3291.)

B. — de Jacques de Chastillon, de 95 liv., au même ; 12 novembre 1437. (B. N., *ibid., ibid.*, n° 3336.)

C. — de Louis de Bourbon, de 150 liv. ; 20 novembre 1437. (B. N., *Franç.* 20292, 40.)

D. — de Jean, s^r de Langeac, sénéchal d'Auvergne, de 15 liv. ; 24 novembre 1437. (B. N., *Cab. des Titres*, dossier *Langeac*.)

E. — de Guillaume, vicomte de Narbonne, s^r d'Apchon et de Mardogne, au même, de 40 liv. ; 8 décembre 1437. (B. N., *Cab. des Titres*, dossier *Narbonne*.)

F. — d'Antoine de Tournoelle, s^r de Châteauneuf, de 20 liv. ; 26 décembre 1437. (B. N., *Cab. des Titres*, dossier *Tournoelle*.)

G. — de Guiot du Riuf, abbé d'Arthonne, de 35 liv. ; 10 janvier 1438. B. N., *Franç.* 20899, p. 74.)

H. Certificat de Louis de Bourbon, dauphin d'Auvergne, Bertrand,

XXVII. — 1438, juillet, issoire.

Les Etats accordent au roi 24,000 liv. pour leur part d'une aide de 200,000 liv., imposée par lui en Languedoil, « tant pour lui aydier à supporter et soustenir les frais et despenses qui lui a convenu faire l'année precedent pour le recouvrement des villes, places, chasteaulx et forteresses de Monstereau ou foult d'Yonne, Nemoux, Chastel Landon et Charny et d'iceulx avoir dechacié et debouté par siege et autrement les Anglois ses anciens ennemis qui les lui occupoient, comme pour proceder au surplus et soy remettre suz à la plus grosse puissance qu'il pourra pour debouter et dechacer sesdiz ennemis, aussi pour entretenir ses frontières à l'encontre de sesdiz ennemis et ses autres affaires touchans le fait de sa guerre et pour la despense de son hostel et des hostelz de la royne et de messeigneurs et dames ses enfans »; plus à la duchesse de Bourbon 1,000 liv. En outre, les Etats de la Basse-Auvergne imposent sur eux 9,000 liv. pour le paiement des gens d'armes organisés pour la défense du pays, et 19,886 livres 13 s. 6 d. t. pour rembourser le receveur, P. Mandonier, de pareille somme payée par leur ordre à des capitaines de gens de guerre « pour qu'ilz vuidassent le pays et fussent plus abstrains au service du roy[1]. »

s[r] de La Tour, Jacques, s[r] de Châtillon et de Revel, Louis de Beaufort, vicomte de La Mote et de Canillac constatant que la somme de 600 liv. votée par les Etats de la Basse-Auvergne pour rendre l'Allier navigable a été distribuée aux ambassadeurs qui avaient été conclure une alliance avec le Velay et le Gévaudan contre Rodrigue de Villandrando; 20 février 1438. (B. N., *Franç.* 20892, voy. *Pièces just.*, xxix.)

I. Quittance de Christophe d'Harcourt, de 300 liv.; 28 février 1438 (B. N., *Clair.* 167, p. 5189.)

J. — du fils de Pierre de Cros, au nom de feu son père, de 65 liv.; 10 novembre 1447. (B. N., *Cab. des Titres*, dossier *Cros*.)

1. A. *Instructions* des gens d'église et nobles pour le bas pays redigées à Clermont en septembre 1438. (B. N., *Franç.* 22296, n° 1.)

B. Assiette du bas pays faite le 25 septembre 1438. (B. N., *ib.*, 23898.)

C. Quittance de Robert Dauphin, évêque d'Alby, s[r] de Mercœur, à P. Mandonier, de 100 liv.; 21 novembre 1438. (B. N., *Franç.* 20879, p. 8)

XXVIII. — 1439, MARS, RIOM.

Les Etats, assemblés en présence du roi, lui accordent 36,000 francs pour leur part d'une aide de 300,000 francs imposée par lui en Languedoil pardeça la Seine tant pour la solde de ses troupes, le fait de l'ambassade d'Angleterre, etc., que pour l'entretien de l'hôtel de la reine et des enfants de France [1].

D. — de Louis de Beaufort, s^r de Canillac, à P. Mandonier, de 300 liv.; 14 décembre 1438. (B. N., *ib.*, 26065, n° 3651.)

E. — de Jean Becuit, de Clermont, au même, de 40 sous tournois; 18 décembre 1438. (B. N., *Pièces orig.*, dossier n° 18849, pièce 7.)

F. — de la duchesse de Bourbon au même, de 750 liv., pour les trois quarts de 1,000 liv.; 27 décembre 1438. (B. N., *ib.*, 20389, n° 90.)

G. — de Louis de Banson, abbé de Mozat, au même, de 25 liv.; 31 décembre 1438. (B. N., *ib.*, 20908, p. 176.)

H. — de Guillaume de Chalançon comme héritier de son père, Louis, au même, de 80 liv.; 20 décembre 1439. (B. N., *Clair.* 149, p. 3495.)

1. A. Quittance de Louis de Chalançon, s^r de Beaumont et de Rendas, à Pierre Mandonier, de 100 liv.; 4 mai 1439. (B. N., *Clair.* 119, p. 3493.)

B. — de l'évêque de Maillezais (Thibaut de Lucé) au même, de 200 liv.; 10 juin 1439. (B. N., *Franç.* 20885, f° 23.)

C. — de Robert Dauphin, évêque d'Alby, s^r de Mercœur, au même, de 150 liv.; 24 juin 1439. (B. N., *Franç.* 20379, p. 9.)

D. — du dauphin (Louis XI) au même, de 1,000 liv.; 30 juin 1439. (Copié dans Legrand VI, fol. 65, B. N., *Franç.* 6970.)

E. — de Bertrand de La Tour, s^r de Montgascon, au même, de 200 liv.; 19 juillet 1439. (A. N., KK 648, n° 9.)

F. — de Gui, bâtard de Bourbon, au même, de 300 liv.; 20 juillet 1439. (B. N., *Franç.* 20389, n° 73.)

G. — de Bertrand, comte de Boulogne et d'Auvergne, au même, de 300 liv.; 21 juillet 1439. (B. N., *Franç.* 26066, n° 3827.)

H. — de Gilbert de La Fayette, maréchal de France, au même, de 100 liv.; 24 juillet 1439. (B. N., *Cab. des Titres*, dossier *Fayette*.)

I. — de Louis de Beaufort, marquis de Canillac, au même, de 100 liv.; 28 juillet 1439. (B. N., *Pièces orig.*, 240, dossier *Beaufort*, n° 19.)

J. — de Leonet d'Azenières au même, de 30 liv.; 5 décembre 1439. (B. N., *Pièces orig.*, 149, dossier *Azenières*, n° 5.)

K. — d'Antoine de Tournoelle, s^r de Châteauneuf, au même, de 25 liv.; 16 décembre 1439. (B. N., *Cab. des Titres*, dossier *Tournoelle*.)

XXIX. — 1439, décembre, clermont.

Les Etats accordent au roi une aide de 16,000 francs pour leur part des 100,000 francs à lui octroyés au mois de novembre par les Etats de Languedoïl réunis à Orléans[1].

XXX. — 1440, mai, clermont.

Les Etats, assemblés auprès du roi pendant la révolte de la Praguerie, l'assurent de leur entier dévouement et lui accordent une aide de 20,000 liv. « pour entretenir le fait de sa guerre et la conduite de ses grans affaires »[2], à condition que cette aide ne sera pas levée immédiatement.

XXXI. — 1440, aout, montferrand.

Les Etats accordent au roi une aide de 40,000 liv. (y com-

1. A. Quittance de Jean, s^r de Chazeron et de Vollore, à Pierre Maudonier, de 30 liv. ; 16 février 1440. (B. N., *Clair.* 150, p. 3541.)
B. — d'Antoine de Vissac, écuyer, s^r d'Arlenc, au même, de 15 liv. ; 20 février 1440. (B. N., *Cab. des Titres*, dossier *Vissac.*)
C. — de Jacques de Chastillon au même, de 75 liv. ; 24 février 1440. (B. N., *Franç.* 26065, n° 3714.)
D. — de Louis de Bourbon au même, de 150 liv. ; 26 février 1440. (B. N., *Franç.* 20892, n° 57.)
E. — de Godefroy de Montmorin, abbé de Menat, au même, de 10 liv. ; même date. (B. N., *Franç.* 20908, p. 35.)
F. — d'Antoine de Sailhens, bailli d'Alègre, au même, de 4 liv. ; 6 mars 1440. (B. N., *Cab. des Titres*, dossier *Saillens.*)
G. — de Jean de Chauvigny au même, de 40 liv. ; 20 mars 1440. (B. N., *Franç.* 26066, n° 3987.)
H. — de Pierre Voulpilheyre, écuyer, au même, de 40 liv., pour avoir fait l'assiette du plat pays ; même date. (B. N., *Cab. des Titres*, dossier *Volpillère.*)
I. — du fils de Pierre de Cros, au nom de son père, au même, de 40 liv. ; 10 novembre 1447. (B. N., *Cab. des Titres*, dossier *Cros.*)
2. Voy. sur cette assemblée, Martial d'Auvergne, *Vigiles de Charles VII*, t. I, p. 176, et, en outre, toutes les pièces citées sous le n° suivant.

pris les 20,000 liv. déjà octroyées en mai) « pour deschargier et faire vuidier les gens d'armes et de trait estans oudit païs d'Auvergne et és autres estans en l'obeissance du roi nostre dit seigneur, et iceulx envoyer ou païs de Normandie à l'encontre des Anglois ses anciens ennemis, mesmement secourir les villes de Harfleu et de Moustiervillier assegiez par lesdiz Anglois » ; plus 1,500 liv. pour le Dauphin. (Louis XI). — Commissaires : Auvergnat Chaperon, chevalier, et Guillaume Cousinot, maître des requêtes de l'hôtel du roi [1].

---

1. A. Instructions des gens d'église et nobles de la Basse-Auvergne rédigées à La Sauvetat au mois de septembre 1440. (B. N., *Franç.* 22296, no 2.)

B. Quitt. de Guillaume de Brezons, écuier, bailli de Gévaudan, et un des commissaires à imposer la part de la Haute-Auvergne, de 250 liv. à M. Roux, dont 100 liv. par don du roi et 150 liv. par don des Etats; 24 octobre 1440. (B. N., *Pièces orig.*, 510, dossier *Brezons*, n° 3.)

C. — de Guillaume de Tinière, chevalier, sr de Merdogne, à P. Mandonier, de 40 liv. ; 10 novembre 1440. (B. N., *Cab. des Titres*, dossier *Tinière*.)

D. — du dauphin (Louis XI) au même, de 1,125 liv. ; 20 novembre 1440. (Copie dans Legrand, VI, fol. 65 ; B. N., *Franç.* 6970.)

E. — d'Auvergnat Chaperon, au même, de 100 liv. ; 20 novembre 1440. (B. N., *Pièces orig.*, 675, dossier *Chaperon*, n° 10.)

F. — de Jean de Langeac, sénéchal d'Auvergne, au même, de 100 liv. ; 20 novembre 1440. (B. N., *Clair.* 171, p. 5495.)

G. — du même au même, de 120 liv. ; même date. (B. N., *Franç.* 26067, n° 4165.)

H. — du même au même, de 50 liv. pour avoir fait l'assiette de l'aide ; même date. (B. N., *ib., ib.*, n° 4166.)

I. — de Guillaume Cousinot au même, de 250 liv. ; 26 novembre 1440. (B. N., *Cab. des Titres*, dossier *Cousinot*.)

J. — de Prigent de Coetivy, amiral de France, au même, de 300 liv. ; 26 novembre 1440. (B. N., *ib.*, dossier *Coetivy*.)

K. — de Louis de Beaufort, sr de Canillac, au même, de 750 liv. ; 26 nov. 1440. (B. N., *Pièces orig.*, 240, dossier *Beaufort*, n° 11.)

L. — de Jacques de Chastillon, sr de Dampierre et de Rovel, au même, de 100 liv. ; 18 décembre 1440. (B. N., *Clair.* 151, p. 3631.)

M. — du même au même, de 450 liv. ; même date. (B. N., *Ib.*, p. 3653.)

N. — de Pierre Floron, poursuivant d'armes du marquis de Canillac, au même, de 25 liv. ; 1 octobre 1441. (B. N., *Pièces orig.*, 240, dossier *Beaufort*, n° 23.)

O. — de Robert Dauphin, évêque d'Alby, sr de Mercœur, au même,

XXXII. — 1440, NOVEMBRE OU DÉCEMBRE,...

Les Etats accordent au roi une aide de 7,000 liv. « pour et au lieu des cinq sous tournois que ledit seigneur avoit ordonné lever sur chasque queue de vin de ladite année. » Cette somme s'imposa en même temps que l'aide de 30,000 francs accordée au mois de janvier suivant[1].

XXXIII. — 1441, JANVIER, ISSOIRE.

Les Etats accordent au roi une aide de 30,000 liv., pour leur part de 200,000 fr. qu'il avait imposés en Languedoïl au mois de décembre précédent « pour faire cesser les pilleries et pour entretenir les gens d'armes et de trait estans és villes de Louviers et de Conches en la frontiere à l'encontre des Anglois[2]. » — Commissaires : Jean d'Etampes, conseiller et maître de requêtes de l'hôtel du roi,...

---

de 400 liv. pour partie de 750 liv. à lui assignées sur plusieurs aides, dont 550 sur la présente; 27 novembre 1442. (B. N., *Franç.* 20879, p. 11.)

1. Voyez toutes les pièces indiquées à l'article suivant.
2. A. Assiette de la Basse-Auvergne. (B. N., *Franç.* 23898.)
   B. Quittance de Jean d'Etampes, un des commissaires du roi, à P. Mandonier, de 225 liv.; 16 février 1441. (B. N., *Cab. des Tit.*, dossier *Estampes*.)
   C. — de Charles d'Anjou, comte de Mortain, à Pierre Mandonier, de 500 liv.; 12 mars 1441. (B. N., *Franç.* 26068, p. n° 4251.)
   D. — de Louis, s' de Chalancon, au même, de 100 liv.; 12 mars 1441 (B. N., *Clair.* 149, p. 3493.)
   E. — de Guillaume de Reillac, secrétaire du comte de Montpensier, au même, de 20 liv.; 14 mars 1441. (B. N., *Cab. des Tit.*, dossier *Reillac*.)
   F. — de l'évêque de Clermont au même, de 600 liv.; 15 mars 1441. (B. N., *Franç.* 25967, n° 434.)
   G. — de Hugues, abbé d'Aurillac, à Martin Roux, receveur de la Haute-Auvergne, de 20 liv.; 18 mars 1441. (B. N., *Franç.* 20909, p. 64.)
   H. — de Guillaume Cousinot à Pierre Mandonier, de 200 liv.; 20 mars 1441. (B. N., *Cab. des Tit.*, dossier *Cousinot*.)
   I. — de Louis de Bourbon, comte de Montpensier, dauphin d'Auver-

XXXIV. — 1441, JUILLET, MONTFERRAND.

Les Etats accordent au roi une aide de 18,000 liv. pour leur part des 100,000 liv. par lui imposées en Languedoïl deçà la rivière de Loire « pour entretenir les gens d'armes et de trait estans avecques le roy nostre dit seigneur au siege qu'il tient devant la ville de Pontoise, et ceulx aussi estans à Conches et à Louviers en la frontière..... et les paier et contenter afin qu'ilz n'aient cause desemparer »; ils votent, en outre, 1,000 liv. pour le comte d'Eu. — Commissaires : M⁰ Jean Tudert, maître des requêtes de l'hôtel; messire Guillaume Juvenel, chevalier, bailli de Sens, et sire Jean Taumier, général de France [1].

gne, à Pierre Mandonier, de 400 liv.; 20 mars 1441. (B. N., *Franç.* 20392, pièce n° 58.)

J. — de Jean de Langeac, sénéchal d'Auvergne, au même, de 120 liv.; 21 mars 1441. (B. N., *Clair.* 171, p. 5495.)

K. — d'Armand, sʳ de la Roe, au même, de 60 liv.; 32 mars 1441, (B. N., *Cab. des Tit.*, dossier *Roe*.)

L. — de Falque de Saillens, prieur de Sauxillanges, au même, de 15 liv.; 29 avril 1441. (B. N., *Cab. des Tit.*, dossier *Saillens*.)

M. — d'Amaury du Montal à Martin Roux, de 75 liv.; 9 mai 1441. (B. N., *Cab. des Tit.*, dossier *Montal*.)

N. — de Jacques, évêque de Saint-Flour, au même, de 110 liv.; 19 mai 1441 (B. N., *Franç.* 20888, fol. 1, 2ᵉ partie.)

O. — de Pierre de Cros, au nom de feu son père, à Pierre Mandonier, de 300 liv.; 10 novembre 1447. (B. N., *Franç.* 26071, n° 5832)

P. — de Jacques Têtenoire au même, de 20 liv.; 7 décembre 1447. (B. N., *Clair.* 220, p. 41.)

1. A. Assiette de la Basse-Auvergne. (B. N., *Franç.* 23898. — *Pièces just.*, XLII.)

B. Quitt. de Guillaume Juvenel, chevalier, sgr. de Traynel, bailli de Sens, à Pierre Mandonier, de 200 liv.; 10 août 1441. (B. N., *Clair.* 170, p. 5460.)

C. — de Godefroy de Montmorin, abbé de Menat, au même, de 10 liv.; 15 août 1441. (B. N., *Franç.* 20908, p. 34.)

D. — de Bertrand, comte de Boulogne et d'Auvergne, sʳ de La Tour, au même, de 60 liv.; 8 septembre 1441. (B. N., *Clair.* 203, p. 8631.)

E. — de Robert Dauphin, évêque d'Alby, sʳ de Mercœur, au même, de 50 liv.; 24 septembre 1441. (B. N., *Franç.* 20879, p. 10.)

XXXV. — 1441, NOVEMBRE, MONTFERRAND-BILLOM.

Les Etats accordent au roi une aide de 28,000 liv. « pour pourvoir aux frontières du royaume et obvier que les gens d'armes ne viennent oudit pays »; plus 5,000 liv. au duc et à la duchesse de Bourbonnais. — Commissaires : Guillaume Cousinot, maître des requêtes [1],....

F. — du même au même, de 100 liv. ; 1er octobre 1441. (B. N., *ibid.*)
G. — de l'évêque de Saint-Flour à Martin Roux, de 80 liv. ; 17 octobre 1441. (B. N., *Franç.* 20883, fol. 11.)
H. — de Guillaume Le Mareschal, procureur général d'Auvergne, à P. Mandonier, de 20 liv. ; 18 octobre 1441. (B. N., *Cab. des Titres*, dossier *Mareschal.*)
I. — de Louis de Beaufort, marquis de Canillac, au même, de 100 liv. ; 24 octobre 1441. (B. N., *Pièces orig.*, 240, dossier *Beaufort*, n° 26.)
J. — de Guillaume Regnault de Cordebeuf, chevalier, un des élus à Saint-Flour, à M. Roux, de 80 liv. ; 24 octobre 1441. (B. N., *Pièces orig.*, 853, dossier *Cordebeuf*, n° 3.)
K. — de Jeannet de la Rocque, bailli des montagnes pour le duc de Bourbon, à Martin Roux, de 20 liv ; 29 octobre 1441. (B. N., *Cab. des Titres*, dossier *Rocque.*)
L. — de Bertrand, comte de Boulogne, etc., à P. Mandonier, de 600 liv. ; 21 novembre 1441. (B. N., *Clair.* 203, p. 8633.)
M. — d'Armand, sr de la Roe, au même, de 30 liv. ; 24 novembre 1441. (B. N., *Cab. des Titres*, dossier *Roe.*)
N. — de Jean, sr de Langeac, sénéchal d'Auvergne, au même, de 250 liv. ; 31 décembre 1441. (B. N., *Cab. des Titres*, dossier *Langeac.*)
O. — de Charles d'Artois, comte d'Eu, à M. Roux, de 120 liv., sur 250 liv., comme 1/4 de 1,000 liv. ; 3 mars 1442. (B. N., *Franç.* 26069, p. 4492.)
P. — de Jacques de Chastillon, sr de Dampierre, etc., à P. Mandonier, de 50 liv. ; 12 mars 1442. (B. N., *Clair.* 151, p. 3651.)
Q. — du même au même, de 100 liv. ; même date. (B. N., *ibid.*, p. 3652.)
1. A. Doléances des Etats au roi (Voy. *Pièces just.*, XLIII.)
B. Quittance de Guillaume Regnault de Cordebeuf à J. de la Borderie, de 100 liv. ; 3 décembre 1441. (B. N., *Pièces orig.*, 853, n° 4.)
C. — de Claude de Vissac à Pierre Mandonier, de 40 liv. ; 28 décembre 1441. (B. N., *Franç.* 26069, n° 4443.)
D. — de Jean, sr de Langeac, sénéchal d'Auvergne, au même, de

204   DEUXIÈME PARTIE

XXXVI. — 1442, SEPTEMBRE, AIGUEPERSE.

Les États accordent : 20,000 liv. au roi pour l'entretien des frontières de Normandie et l'expédition de Guyenne ; 6,875 liv. (= 5,000 écus) au duc d'Orléans pour l'aider à payer sa rançon aux Anglais ; 2,000 liv. au duc et 500 liv. à la duchesse de Bourbon ; 300 liv. aux commissaires du roi et 300 liv. à ceux du

300 liv., pour complément de 550 liv. ; 8 janvier 1442. (B. N., *Clair.* 171, p. 5494.)

E. — de Guillaume Cousinot au même, de 200 liv. ; 14 janvier 1442, (A. N., KK 648, p. n° 96.)

F. — de Guillaume Cousinot, un des commissaires du roi, à Jean de la Borderie, receveur de la Haute-Auvergne, de 150 liv. ; 22 janvier 1442. (B. N., *Cab. des Titres*, dossier *Cousinot*; cette pièce ainsi qu'une autre (B. N., *Franç.* 26069, n° 4430) place l'assemblée à Billom.)

G. — de Guy, sʳ de Montaigu-sur-Champeils, à P. Mandonier, de 40 liv. ; 27 janvier 1442. (B. N., *Franç.* 26069, n° 4473.)

H. — de Draguinet, sʳ de Lastic, au même, de 60 liv. ; 1ᵉʳ février 1442. (B. N., *Clair.* 171, p. 5535.)

I. — d'Antoine de Tournoelle, sʳ de Châteauneuf, à P. Mandonier, de 30 liv. ; 1ᵉʳ février 1442. (B. N., *Cab. des Titres*, dossier *Tournoelle*.)

J. — de Louis, sʳ de Giac, au même, de 50 liv. ; 4 février 1442. (B. N., *Cab. des Titres*, dossier *Giac*.)

K. — de Jean, sʳ de Langeac, sénéchal d'Auvergne, au même, de 60 liv. ; 8 février 1442. (B. N., *Cab. des Titres*, dossier *Langeac*.)

L. — de Louis de Beaufort, marquis de Canillac, au même, de 400 liv. ; 21 février 1442. (B. N., *Pièces orig.*, 240, dʳ *Beaufort*, n° 12.)

M. — de Jacques de Chastillon, sʳ de Dampierre, au même, de 300 liv. ; 28 février 1442. (B. N., *Clair.* 151, p. 3639.)

N. — de Bertrand, comte de Boulogne et d'Auvergne, au même, de 1,000 liv. ; 20 mars 1442. (B. N., *Clair.* 203, p. 8633.)

O. — de Pierre Voulpilheyre au même, de 60 liv. ; 21 mars 1442. (A. N., KK 648, p. n° 97.)

P. — de Jean Le Viste, lieutenant du sénéchal d'Auvergne, au même, de 10 liv. ; 3 novembre 144 ? (B. N., *Cab. des Titres*, dossier *Le Viste*.)

Q. — de Robert Dauphin, évêque d'Alby, sʳ de Mercœur, au même, de 400 liv., sur 750 liv. à lui assignées sur différentes aides, dont 100 liv. sur la présente ; 27 novembre 1442. (B. N., *Franç.* 20879, p. 11.)

R. — du même au même, de 300 liv., sur 350 liv., *ut supra ;* 10 décembre 1444. (B. N., *Franç.* 20879, p. 12.)

CATALOGUE DES SESSIONS : AUVERGNE 205

duc d'Orléans. En outre, les gens d'église et nobles, en présence du refus des bonnes villes, imposent sur le plat pays seul, la somme de 24,000 liv., montant des rançons que le pays avait payées aux gens de guerre que le roi menait en Guyenne, pour les empêcher de traverser et de piller l'Auvergne. — Commissaires : Antoine Greelle, chevalier, conseiller du roi, et Jean Nerement, secrétaire du roi [1].

XXVII. — 1443, MAI, RIOM.

Les États accordent au roi une aide de 12,500 liv. à fournir

1. A. *Instructions* des gens d'église et nobles de la Basse-Auvergne, rédigées à La Sauvetat, septembre 1442. (B. N., *Franç.* 22296, n° 3.)
B. Quitt. de Jean de Langeac, sénéchal d'Auvergne, à P. Mandonier, de 30 liv. ; 26 septembre 1442. (B. N., *Cab. des Titres*, dossier *Langeac*.)
C. Quitt. de Robert Dauphin, évêque d'Alby, s^r de Mercœur, au même, de 400 liv., pour partie de 750 liv. à lui assignées sur diverses aides, dont 100 liv. sur la présente ; 27 novembre 1442. (B. N., *Franç.* 20879, p. 11.)
D. — de Guillaume de Tinière, chevalier, s^r de Merdogne, au même, de 40 liv. ; 18 janvier 1443. (B. N., *Cab. des Titres*, dossier *Tinière*.)
E. — de Guyot du Rinf, abbé d'Arthonne, au même, de 50 liv. ; 20 janvier 1443. (B. N., *Franç.* 20899, p. 75.)
F. — de Pierre Boniol, official de Clermont, au même, de 50 liv. pour avoir fait l'assiette du plat pays ; 22 janvier 1443. (B. N., *Clair.* 1064, p. 230, copie.)
G. — de Jean de Langeac, sénéchal d'Auvergne, au même, de 60 liv. ; 24 janvier 1443. (B. N., *Franç.* 26070, n° 4724.)
H. — de Draguinet, s^r de Lastic, au même, de 120 liv. ; 10 février 1443. (B. N., *Cab. des Titres*, dossier *Lastic*.)
I. Lettres de Charles VII approuvant, pour cette fois seulement, la conduite des gens d'église et nobles qui avaient imposé la somme de 24,000 liv., outre le principal, sans y être autorisés ; Toulouse, 17 mars 1443. (B. N., *Franç.* 24031, *Pièces just.*, XLVI.)
J. — de Charles VII ordonnant aux receveurs de distribuer les sommes imposées, outre le principal, conformément aux instructions pour cette fois seulement ; même date. (Voyez *Pièces just.*, XLVII.)
K. Quitt de Robert Dauphin, évêque d'Alby, s^r de Mercœur, à P. Mandonier, de 300 liv., sur 350 liv., *ut supra*..... ; 14 décembre 1444. (B. N., *Franç.* 20879, p. 12.)

immédiatement; plus 2,500 liv. pour permettre de faire l'emprunt de l'aide accordée au roi et d'en différer la levée sur le pays. Les Etats de la Basse-Auvergne accordent, en outre, 700 liv. aux commissaires du roi. (G. Juvenel, 400 liv. et J. Cœur, 300 liv.) — Commissaires : Guillaume Juvenel, chevalier, bailli de Sens, et Jacques Cœur, argentier du roi [1].

XXXVIII. — 1443, août, MONTFERRAND.

Les Etats accordent au roi une aide de 48,000 liv. (33,000 liv. et 15,000 liv. précédemment octroyées), pour lui aider à « entretenir les gens d'armes et de trait estans en la frontière à l'encontre des Anglois, et pour faire cesser les pilleries de ce royaume ».

Ils ordonnent, en outre, la levée de : 2,000 liv. pour le duc et 600 liv. pour la duchesse de Bourbon et de 20,000 liv. pour fournir à certaine composition faite par le pays avec maître Jean Rabateau au nom du roi. De plus, les Etats du bas pays accordent aux commissaires du roi 600 liv. (300 liv. à chacun) et ordonnent sur eux la levée de 12,953 l. 7 s. 6 d. t., pour partie de 22,953 l. 7 s. 6 d. t., montant des sommes que le pays avait dû donner aux gens de guerre à leur retour de Tartas pour éviter le pillage, réservant la levée des 10,000 l. t. restantes jusqu'au prochain subside accordé au roi. — Commissaires : Jean d'Etampes, conseiller, et Jacques Cœur, argentier du roi [2].

---

1. Quittance de Guillaume Juvenel à P. Mandonier, des 400 liv. ci-dessus ; 30 mai 1443. (B. N., *Cab. des Titres*, dossier *Jouvenel.*) Voyez en outre, sur cette session, toutes les pièces citées au n° suivant.

2. A. Quittance d'Etienne Ferron, garde de la monnaie de Saint-André-les-Avignon, à P. Mandonier, de 100 l. t. ; 3 septembre 1443. (B. N., *Franç.* 26071, n° 4842.)

B. — de Jean d'Etampes à Martin Roux, de 150 liv. ; 28 septembre 1443. (B. N., *Cab. des Titres*, dossier *Estampes.*)

C. — de Chatard de Combes, écuyer du comte de Montpensier, au même, de 30 liv. ; 14 octobre 1443. (B. N., *Pièces orig.*, 826, dossier *Combes*, en Auvergne, n° 2.)

D. — de François de la Chèze, chevalier, s^r de Val et de Marsac, à

XXXIX. — 1444, AVRIL. THIERS-CLERMONT.

Les Etats assemblés en présence du dauphin, accordent au roi une aide de 40,000 liv. « pour l'entretenement de sa guerre, la conduite de son armée et l'ambaxade d'Angleterre qui pre-

P. Mandonier, de 40 liv.; 17 octobre 1443. (B. N., *Pièces orig.*, 647, dossier *Chaise*, n° 7.)
E. — d'Amaury du Montal, bailli des montagnes pour le roi, à M. Roux, de 30 liv.; 29 octobre 1443. (B. N., *Franç.* 26071, n° 4890.)
F. — de Jean de Chauvigny, s^r de Blot, à P. Mandonier, de 60 liv.; 18 novembre 1443. (B. N., *Pièces orig.*, 724, dossier *Chauvigny*, n° 7.)
G. — de Guy, s^r de Montaigu, écuyer, au même, de 10 liv.; 12 décembre 1443. (B. N., *Cab. des Titres*, dossier *Montagu*.)
H. — de la duchesse de Bourbon au même, de 450 liv.; 15 décembre 1443. (B. N., *Franç.* 20389, n° 91.)
I. Lettres de Charles VII portant commission pour imposer l'aide sur la Basse-Auvergne; Angers, 19 décembre 1443. (B. N., *Franç.* 25711, p. 166.)
J. Quittance de Hugues, abbé de la Chaise-Dieu, à P. Mandonier, de 40 liv.; 31 décembre 1443. (B. N., *Franç.* 20901, p. 70.)
K. Instructions des gens d'église et nobles de la Basse-Auvergne, rédigées à Aigueperse; janvier 1444. (B. N., *Franç.* 22246, n° 4.)
L. Quitt. de Jacques de Chabanes, sénéchal de Bourbonnais, à P. Mandonier, de 400 liv.; 8 janvier 1444. (B. N., *Clair.* 148, p. 3283.)
M. — de Lancelot de Bonneville, capitaine des archers du duc de Bourbon, au même, de 100 liv.; même date. (B. N., *Pièces orig.*, 412, dossier *Bonneville*, p. 3.)
N. — de Prigent de Coetivy, amiral de France, à M. Roux, de 300 liv., pour partie de 500 liv.; 18 janvier 1444. (B. N., *Cab. des Titres*, dossier *Coetivy*.)
O. — de Guillaume de Tinière, chevalier, s^r d'Apchon et de Merdogne, à P. Mandonier, de 100 liv.; 23 janvier 1444. (B. N., *ibid.*, dossier *Tinière*.)
P. — de Jacques de Montmorin, bailli de St-Pierre-le-Moûtier, au même, de 60 liv.; 24 janvier 1444. (B. N., *ib.*, dossier *Montmorin*.)
Q. — de Jacques de Chastillon, s^r de Dampierre et de Revel, au même, de 100 liv.; 15 février 1444. (B. N., *Clair.* 151, p. 3651.)
R. — de Jean Rabateau, président en Parlement, au même, de 500 liv.; 24 février 1444. (B. N., *Cab. des Titres*, dossier *Rabateau*.)

sentement est venue devers le roy pour le traictié de la paix et autres ses affaires »; plus 12,000 liv. au dauphin, 1,000 liv. aux commissaires du roi, 2,000 liv. au duc et 600 liv. à la duchesse de Bourbonnais; ils ordonnent, en outre, la levée, avec le consentement du roi, d'une somme de 6,000 liv., qui sera distribuée par l'ordonnance des seigneurs dudit pays. — Commissaires : Thibaut de Lucé, évêque de Maillezais, Jean de Bar et

S. — de Louis de Beaufort, s^r de Canillac, au même, de 500 liv.; 29 février 1444. (B. N., *Pièces orig.*, 240, dossier *Beaufort*, p. 24.)

T. — de Louis de Bourbon, dauphin d'Auvergne, au même, de 1,000 liv.; 1er mars 1444. (B. N., *Franç.* 20392, p. 59.)

U. — de Claude de Vissac, écuyer, s^r d'Arlanc, au même, de 60 liv.; même date. (B. N., *Cab. des Titres*, dossier *Vissac*.)

V. — de Louis de Banson, abbé de Mozat, au même, de 60 liv.; 7 mars 1444. (B. N., *Franç.* 20908, p. 177.)

X. — de Trolhart de Montvert, chevalier, au même, de 150 liv.; 11 mars 1444. (B. N., *Cab. des Titres*, dossier *Montvert*.)

Y. — de Draguinet, s^r de Lastic, à P. Mandonier, de 200 liv.; 23 mars 1444. (B. N., *Clair.* 171, p. 5535.)

Z. — de Jean Gon, secrétaire du duc de Bourbon, au même, de 20 liv.; 30 mars 1444. (B. N., *Cab. des Titres*, dossier *Gon*.)

AA. — de Jacques de Chastillon au même, de 200 liv.; 15 mai 1444. (B. N., *Franç.* 26072, n° 4993.)

BB. — de l'évêque de Clermont au même, de 200 liv.; 18 mai 1444. (B. N., *Franç.* 20883, fol. 73.)

CC. — de Jean d'Etampes, un des commissaires, à P. Mandonier, de 300 liv.; 14 juin 1444. (B. N., *Cab. des Titres*, dossier *Etampes*; la pièce porte par erreur la date de 1443.)

DD. — de Bertrand, comte de Boulogne et d'Auvergne, au même, de 500 liv., sur 1,000 liv.; 19 juin 1444. (B. N., *Clair.* 203, p. 8633.)

EE. — de Gilbert de La Fayette, maréchal de France, au même, de 500 liv.; 28 juillet 1444. (B. N., *Cab. des Titres*, dossier *Fayette*.)

FF. — de l'évêque de Clermont au même, de 500 liv.; 24 août 1444. (B. N., *Franç.* 25967, p. n° 439.)

GG. — de Robert Dauphin, évêque d'Alby, s^r de Mercœur, au même, de 300 liv., sur 350 liv. à lui assignées sur diverses aides, dont 100 sur la présente; 19 décembre 1444. (B. N., *Franç.* 20879, p. 12.)

HH. — de l'évêque de Clermont au même, de 300 liv.; 8 janvier 1445. (B. N., *Franç.* 20882, fol. 73.)

II. — notariée de Jacques d'Ussel, écuyer, au même, de 450 liv. pour lui aider à payer sa rançon; 27 décembre 1447. (B. N., *Cab. des Titres*, dossier *Ussel*.)

CATALOGUE DES SESSIONS : AUVERGNE

Jean d'Etampes, généraux des finances, et Jacques Cœur, argentier du roi[1].

XL. — 1445, AVRIL, RIOM.

Les États accordent au roi une aide de 52,000 liv. pour leur part de 300,000 liv. imposées par lui en Languedoil au mois de

---

1. A. Lettres de nomination des commissaires ; Angers, 7 février 1444. (B. N., *Fr.* ?)

B. Lettres de commission pour faire l'assiette de la Basse-Auvergne ; Angers, 7 février 1444. (B. N., *Franç.* 24031.)

C. Lettres autorisant la levée, outre le principal et les frais, d'une somme de 6,000 liv.; Tours, 12 mars 1444. (*Pièces justif.*, L.)

D. Quitt. de Thibaut, évêque de Maillezais, et de Jean de Bar, commissaires sur le fait de certain emprunt fait par le roi audit pays, à P. Mandonier, de 500 liv. à eux données par les Etats de la Basse-Auvergne pour services rendus en faisant ledit emprunt; 1er mai 1444. (B. N., *Franç.* 20885, fol. 25.)

E. Instructions pour la Haute-Auvergne : St.-Flour, 4 mai 1444. (Voyez *Pièces justif.*, LI.)

F. Quitt. de l'évêque de Clermont à P. Mandonier, de 100 liv. ; 18 mai 1444. (B. N., *Franç.* 25967, n° 438.)

G. — de Pierre Voulpilheyre, écuyer, maître d'hôtel du comte de Montpensier, au même, de 20 liv. ; 26 mai 1444. (B. N., *Cab. des Titres*, dossier *Volpillère.*)

H. — de Thibaut de Lucé et de Jean de Bar à M. Roux, de 250 liv., pour le quart de 1,000 liv. ; 27 mai 1444. (B. N., *Pièces orig.*, 183, dossier *Bar*, n° 12.)

I. Assignation à diverses personnes faite par le duc de Bourbonnais et d'Auvergne, d'une somme de 500 liv. dont la distribution avait été laissée à sa disposition par les gens d'église et nobles du bas pays ; 20 juin 1444. (B. N., *Franç.* 20389, p. n° 78.)

J. Quittance d'Etienne Champagnac, lieutenant du bailli de St-Flour pour le roi, à M. Roux, de 100 s. t. ; 6 juillet 1444. (B. N., *Pièces orig.*, 661, dossier *Champagnac.*)

K. — du dauphin (Louis XI) à M. Roux de 3,000 liv. pour le quart de 12,000 liv. ; 8 juillet 1444. (B. N., *Franç.* 26072, n° 4993. — Cette quittance indique la somme de 12,000 liv. comme ayant été accordée au dauphin à la session d'août 1443 : c'est évidemment une erreur.)

L. — de Guiot du Riuf, abbé d'Arthonne, à P. Mandonier, de 50 liv.; 14 juillet 1444. (B. N., *Clair.* 137, fol. 1907.)

janvier précédent « pour l'entretenement et souldoyement des gens de guerre, affin de les tenir hors du royaume et és frontières, et pour ses autres affaires », à condition qu'on ne lèvera immédiatement que la somme de 26,000 liv. Ils accordent, en outre, pour être levées immédiatement : 1,375 liv. (= 1,000 écus) au dauphin ; 2,000 liv. au duc de Bourbon ; 1,000 liv. au comte de Clermont, son fils ; 1,150 liv. aux commissaires du roi et du dauphin et aux secrétaires du roi de leur suite ; enfin 975 liv. (= 1,300 moutons) au bâtard d'Armagnac pour vider le pays

M. — d'Amaury du Montal à M. Roux, de 20 liv. ; 23 juillet 1444. (B. N., *Cab. des Titres*, dossier *Montal*.)

N. — d'Antoine de Chabannes, comte de Dammartin, à P. Mandonier, de 416 l. 13 s. 4. d. t. ; 14 août 1444. (B. N., *Clair.* 147, p. 3705.)

O. — de Jacques de Chabannes, sénéchal de Bourbonnais, au même, de 200 liv. ; 16 août 1444. (B. N., *ib.*, 147, p. 3757.)

P. — d'Éléonor de Bourbon, comtesse de la Marche, à M. Roux, de 100 liv. ; 19 août 1444. (B. N., *Franç.* 20392.)

Q. — de Jacques d'Ussel, écuyer, au même, de 150 liv. pour lui aider à payer sa rançon aux Anglais ; 14 septembre 1444. (B. N., *Cab. des Titres*, dossier *Ussel*.)

R. — du dauphin (Louis XI) à P. Mandonier, de 9,000 liv. ; 18 septembre 1444. (Copie dans Legrand VI, fol. 223. (B. N., *Franç.* 6970.)

S. — de Louis de Beaufort, marquis de Canillac, au même, de 50 liv. ; 9 octobre 1444. (B. N., *Pièces orig.*, 240, dossier *Beaufort*, n 32.)

T. — de Jeannot de la Rocque, dit Archambaut, écuyer, balli des montagnes pour le duc de Bourbonnais, à M. Roux, de 200 liv. ; 23 octobre 1444. (B. N., *Cab. des Titres*, dossier *Rocque*.)

U. — de Robert Dauphin, évêque d'Alby, s^r de Mercœur, à P. Mandonier, de 300 liv. sur 350 liv. à lui assignées sur diverses aides dont 50 liv. sur la présente ; 19 décembre 1444. (B. N., *Franç.* 20879, p. 12.)

V. — de Draguinet de Lastic, à P. Mandonier, de 25 liv. ; 12 janvier 1445. (B. N., *Franç.* 26073, n° 5137.)

X. — de Gui de Montaigu, écuyer, au même, de 20 liv. ; 14 janvier 1445. (Voy. *Pièces just.*, LIV.)

Y. — de Jean, s^r de Langeac, sénéchal d'Auvergne, au même, de 50 liv. sur 150 liv. ; 21 janvier 1445. (B. N., *ib.*, *ib.*, n° 5146.)

Z. — de Guillaume, vicomte de Polignac, s^r de Chalancon, au même, de 100 liv. ; 31 janvier 1445. (B. N., *Clair.* 140, p. 3495.)

AA. — d'Antoine de Sailhens au même, de 100 sous tournois ; 16 juillet 1445. (B. N., *Cab. des Titres*, dossier *Sailhens*.)

BB. — de la duchesse de Bourbon au même, de 450 liv. ; 8 mars 1446. (B. N., *Franç.* 20389, n° 92.)

avec ses gens de guerre. — Commissaires : Thibaut de Lucé, évêque de Maillezais; Jean de Bar, écuyer, général des finances, et Jacques Cœur, argentier du roi [1].

1. A. Lettres de Charles VII, chargeant les commissaires ci-dessus d'aller requérir l'octroi de 52,000 liv. et d'y faire imposer ladite aide, plus 6,000 liv. pour tous frais en sus d'autres sommes qu'il a permis aux États d'y imposer pour les Instructions ; Nancy, 9 janvier 1445. (A. N., K 68, n° 9.)

B. Instructions des gens d'églises et nobles de la Basse-Auvergne ; Riom, avril 1445. (B. N., *Franç.* 22296. — *Pièces just.*, LVIII.)

C. Quittance de l'évêque de St-Flour à Martin Roux, de 100 liv. ; 12 juin 1445. (B. N., *Franç.* 20883, n° 44. — *Ibid.*, LIX.)

D. — de Raoul, s^r de Gaucourt, au même, de 180 liv., à lui données pour l'aider à payer la rançon de ses enfants ; 21 juin 1445. (B. N., *Cab. des Titres*, dossier *Gaucourt*.)

E. — du duc de Bourbon, au nom de son fils le comte de Clermont, à M. Roux, de 250 liv. ; 12 juillet 1445. (B. N., *Franç.* 20389, n° 79.)

F. — du même à P. Mandonier, au nom que dessus, de 750 liv. ; 14 juillet 1445. (B. N., *ib.*, *ib.*, n° 80.)

G. — de Louis de Bourbon, comte de Montpensier, dauphin d'Auvergne, au même, de 260 liv. ; 4 août 1445. (B. N., *Franç.* 20392, p. n° 46.)

H. — de Gabrielle, comtesse de Montpensier, au même, de 200 liv. ; 21 août 1445. (B. N., *ib.*, *ib.*, n° 49.)

I. — de la duchesse de Bourbon à M. Roux, de 140 liv. ; 1er septembre 1445 (B. N., *ib.*, 20389, n° 93.)

J. — de Jacques de Chabannes, sénéchal de Bourbonnais, à P. Mandonier, de 300 liv. ; 8 septembre 1445. (B. N., *Clair.* 147, p. 3755.)

K. — de Jean, s^r de Langeac, sénéchal d'Auvergne, au même, de 50 liv. ; même date. (B. N., *Franç.* 26071, n° 5308.)

L. — de Claude de Vissac, écuyer, s^r d'Arlanc, au même, de 30 liv. ; 16 septembre 1445. (B. N., *Cab. des Titres*, dossier *Vissac*.)

M. — de Hugues Chaumeilh, baile de Murat, à M. Roux, de 20 liv. ; 28 septembre 1445. (B. N., *Pièces orig.*, 715, dossier *Chaumeilh*, n° 2.)

N. — de Barthélemi de La Farge, prieur de La Voûte, à P. Mandonier, de 30 liv. ; 12 octobre 1445. (B. N., *Franç.* 20917, p. 181.)

O. — de la duchesse de Bourbon à P. Mandonier, de 400 liv. ; 13 novembre 1445. (B. N., *Franç.* 20389, n° 95.)

P. — de Jacques de Chastillon, s^r de Dampierre et de Revel, au même, de 180 liv. ; 26 novembre 1445. (B. N., *Clair.* 151, p. 3633.)

Q. — de Lancelot de Bonneville, capitaine des archers du duc de Bourbon, au même, de 80 liv. ; 18 décembre 1445. (B. N., *Pièces orig.*, 412, dossier *Bonneville*, n° 1.)

XL bis. — 1445, AOUT, RIOM ET SAINT-FLOUR.

Les Etats de la Haute et de la Basse-Auvergne, réunis isolément, ordonnent la levée du second terme de l'aide accordée au roi au mois d'avril précédent; ils imposent, en outre, sur eux diverses sommes, spécialement à cause des gens de guerre logés récemment dans le pays par ordre du roi[1].

XLI. — 1445, DÉCEMBRE,...

Les Etats, taxés par le roi à 40,000 francs pour leur part d'une aide de 226,000 francs imposée en Languedoil, et obligés à l'entretien et paiement de 160 lances fournies, envoient des ambassadeurs à Charles VII à Chinon pour obtenir une diminution : les ambassadeurs réussissent, en effet, à faire réduire

R. — d'Amaury du Montal, bailli des montagnes, à M. Roux, de 110 liv., dont 50 sur le premier terme ; même date. (B. N , *Cab. des Titres*, dossier *Montal. — Pièces just.*, LXI.)

S. — de Pierre Gascourt, greffier des élus, à P. Maudonier, de 30 liv. ; 20 janvier 1446. (A. N., KK 648, p. n° 98.)

T. — de Pion de Bar, écuyer, valet de chambre du roi, à M. Roux, de 100 liv. ; 2 juin 1446. (B. N., *Pièces orig.*, 184, dossier *Bar* en Limousin, p. n° 5.)

1. A. Instructions des gens d'église et nobles de la Basse-Auvergne, faisant suite à celles du mois d'avril. (B. N., *Franç.* 22296 ; — les frais se montent à 2,809 liv. — *Pièces justif.*, LVIII, n° 76 et suiv.)

B. Assiette du second terme sur le plat pays; 25 août 1445. (B. N., *Franç.* 23898 ; — le montant est de 17,607 l. 6 s. 4 d., maille tournois.)

C. Quittance de Pons de Lastic, élu de Saint-Flour, à M. Roux, de 30 liv. ; 24 novembre 1445. (B. N., *Clair.* 171, p. 5537. — *Pièces justif.*, LX.)

D. — d'Amaury du Montal, bailli des montagnes, au même, de 110 liv., dont 60 liv. sur le présent terme ; 18 décembre 1445. (B. N., *Cab. des Titres*, dossier *Montal. — Pièces justif.*, LXI.)

E. — de Jean, s[r] de Langeac, sénéchal d'Auvergne, à P. Maudonier, de 180 liv. ; 1er janvier 1446. (B. N., *Franç.* 26074, p. n° 5376.)

l'aide demandée de 4,000 liv. et, au nom des Etats, accordent au roi 36,000 francs [1].

XLII. — 1446, février, aigueperse.

Les Etats confirment l'octroi fait au roi, par leurs ambassadeurs, d'une aide de 36,000 francs ; ils imposent, en outre, sur eux : 1,000 liv. pour le comte de Clermont, 900 liv. pour les commissaires du roi (maréchal de La Fayette, 400 liv., et Jean de Bar, 500 liv.), 500 liv. pour la duchesse de Bourbon, et une somme de 11,504 liv. tant pour payer le voyage des ambassadeurs à Chinon, que pour récompenser de nombreuses personnes de services rendus au pays. Ils votent, en outre, l'entretien des gens de guerre. — Commissaires : Gilbert de La Fayette, maréchal de France, et Jean de Bar, général de France [2].

1. Voyez les pièces citées sous le numéro suivant et spécialement les pièces A et B.
2. A. Commission pour imposer sur le plat pays du bas pays d'Auvergne, sa part de l'aide de 36,000 liv. et du paiement des gens de guerre; Chinon, 5 janvier 1446. (B. N., *Franç.* 24031 ; *vidimus* du 28 mars 1448 sous le sceau de la chancellerie d'Aigueperse. — *Pièces justif.*, LXII.)
B. Quittance de Jean de Bar, écuyer, général de France, un des commissaires, de 375 liv., à P. Mandonier; 27 février 1446. (B. N., *Pièces orig.*, 134, dossier *Bar*, sr de Fourvial en Auvergne, n° 5.)
C. Instructions pour la Basse-Auvergne. (B. N., *Franç.* 22296.)
D. Quittance de Gilbert de La Fayette, à P. Mandonier, de 300 liv. ; 14 mars 1446. (B. N., *Cab. des Titres*, dossier *Fayette*.)
E. — de l'évêque de Clermont au même, de 200 liv. ; 31 mars 1446. (*Ib.*, *Fr.*, 20882, fol. 77.
F. — de frère Gonot du Riuf, commandeur d'Erboys et des Bordes, à M. Roux, du quart de 80 liv. pour un voyage fait auprès du roi afin de faire cesser la réformation générale ; 24 juillet 1446. (B. N., *Cab. des Titres*, dossier *Ruif*.)
G. — collective de Girard Le Boursier, maître d'hôtel, et Pierre de Morvillier, conseiller du roi en Parlement, à P. Mandonier, de 80 liv. ; 10 août 1446. (B. N., *Pièces orig.*, 474, dossier *Boursier*, n° 29.)
G *bis*. — de Jean, sr de Langeac, sénéchal d'Auvergne, au même, de 200 liv. ; 11 août 1446. (Voy. *Pièces just.*, LXIV.)

XLIII. — 1446, AOUT-SEPTEMBRE, ISSOIRE ET GANNAT.

Les Etats accordent au roi une aide dont le montant est inconnu pour faire cesser « la réformation qu'il avoit ordonné es-

H. — de Hugues Chalmeilh, baile de Murat, à M. Roux, de 40 liv.; 16 août 1446. (B. N., *Pièces orig.*, 649, dossier *Chalmeilh*, n° 2.)

I. — de la duchesse de Bourbon au même, de 125 liv. comme quart de 500 liv.; 18 août 1446. (B. N., *Franç.* 20389, n° 96.)

J. — de Gilbert de La Fayette au même, de 100 liv.; même date. (B. N., *Cab. des Titres*, dossier *Fayette*.)

K. — de Jean Le Viste, lieutenant du sénéchal d'Auvergne, à P. Mandonier, de 60 liv.; même date. (B. N., *ib.*, dossier *Viste*.)

L. — de Louis de Beaufort, marquis de Canilhac, à M. Roux, de 50 liv.; 1er septembre 1446. (B. N., *Pièces orig.*, 240, dossier *Beaufort*, n° 29.)

M. — de Girard Le Boursier à P. Mandonier, de 80 liv.; 2 septembre 1446. (B. N., *ib.*, 474, dossier *Le Boursier*, n° 28.)

N. — d'Amaury du Montal à M. Roux, de 100 liv.; 8 septembre 1446. (B. N., *Cab. des Titres*, dossier *Montal*.)

O. — de Lancelot de Bonneville à P. Mandonier, de 50 liv.; 14 septembre 1446. (B. N., *Pièces orig.*, 412, dossier *Bonneville*, n° 5.)

P. — de la duchesse de Bourbon au même, de 375 liv.; 18 septembre 1446. (B. N., *Franç.* 20389, n° 97.)

Q. — du duc de Bourbon, au nom de son fils, au même, de 750 liv.; même date. (B. N., *ib.*, *ib.*, n° 85.)

R. — de Charles de Castillon, commissaire du roi sur le sel, à P. Mandonier, de 200 liv.; 18 septembre 1446. (B. N., *Pièces orig.*, 617, dossier *de Castillon*, n° 6.)

S. — du duc de Bourbon, au nom de son fils, à M. Roux, de 250 liv.; 26 septembre 1446. (B. N., *ib.*, *ib.*, n° 80.)

T. — collective de Barthélemy de La Farge, prieur de La Voûte, Draguinot, sr de Lastic, et H. Chaumeilh, baile de Murat, à M. Roux, de 225 liv.; 25 octobre 1446. (B. N., *Franç.* 26075, n° 5585.)

U. — de Louis de Beaufort, marquis de Canilhac, à P. Mandonier, de 250 liv.; 8 novembre 1446. (B. N., *Pièces orig.*, 240, dossier *Beaufort*, n° 31.)

V. — de Louis de Bourbon, comte de Montpensier, dauphin d'Auvergne, au même, de 100 liv.; 14 novembre 1446. (B. N., *Franç.* 20392, n° 47.)

X. — de Jacques de Montmorin, bailli de Saint-Pierre-le-Moutier, au

tre faicte en iceulx pays l'année derrenierement passée »; ils imposent, en outre, sur eux diverses sommes et récompenses².

XLIV. — 1447, janvier, aigueperse.

Les Etats accordent une aide de 35,500 liv. pour leur part de 200,000 liv. imposées par le roi sur certains pays de Languedoïl; plus le paiement des 160 lances logées dans la province².

même, de 40 liv.; 8 décembre 1446. (B. N., *Cab. des Titres*, dossier *Montmorin*.)

Y. — de Jean, sʳ de Chaseron et de Vollore, au même, de 630 liv.; 4 janvier 1447. (B. N., *Clair.* 150, p. 3541.)

Z. — de Guillaume, s de Chalancon et de Rochebaron, au même, de 100 liv.; 7 janvier 1447. (B. N., *ib.*, 149, p. 3495.)

AA. — de Barthélemy de La Farge, prieur de La Voûte, au même, de 100 liv.; 14 février 1447. (B. N., *Franç.* 20917, p. 185.)

BB. — d'Antoine de Tournoelle, sʳ de Chateauneuf, au même, de 25 liv.; 29 février 1447 (*sic*). (B. N., *Cab. des Titres*, dossier *Tournoelle*.)

CC. — de Jacques Juvenel, archevêque de Reims, au même, de 300 liv.; 7 mai 1447 (B. N., *Franç.* 20887, fol. 67.)

DD. — de Jean, sʳ de Chaseron et de Vollore, au même, de 245 liv.; 14 septembre 1447. (B. N., *Clair.* 151, p. 3695.)

EE. — de Draguinet, sʳ de Lastic, au même, de 100 liv.; 26 juillet 1449. (B. N., *Clair.* 171, p. 5535.)

1. A. Attestation des seigneurs du pays que le receveur a payé 622 liv. sur la somme de 2,000 liv. qui leur avait été assignée, outre le principal, du consentement du roi; 28 octobre 1446. (B. N., *Franç.* 22296, n° 10. — *Pièces justif.*, lxv.)

B. Quittance de Pierre Voulpilheyre, écuyer, à James Laubespin, receveur des haut et bas pays, de 20 liv.; 12 novembre 1446. (B. N., *Cab. des Titres*, dossier *Volpillère*.)

C. — de la duchesse de Bourbon au même, de 3,000 liv.; 14 décembre 1446. (B. N., *Franç.* 20389, n° 98.)

D. — de Gilbert de La Fayette au même, de 350 liv.; 18 décembre 1446. (B. N., *Cab. des Titres*, dossier *Fayette*.)

2. A. Quitt de Jacques de Montmorin à M. Roux, de 140 liv.; 1ᵉʳ juin 1447. (B. N., *Franç.* 26076, n° 5751.)

B. — de Jean, sʳ de Chazeron et de Vollore, à P. Mandonier, de 00 liv.; 16 juin 1447. (B. N., *Pièces orig.*, 729, dossier *Chazeron*, n° 2.)

XLV. — 1448, février, Montferrand.

Les Etats accordent au roi une aide de 35,500 liv. pour leur part de 200,000 liv. imposées par lui en Languedoïl pour le fait de l'assemblée des rois de France et d'Angleterre ; plus 1,500 liv. pour les commissaires, 1,500 liv. pour le duc de Bourbon, 500 liv. au duc d'Angoulême pour lui aider à payer sa rançon, et 1,200 pour diverses affaires communes aux haut et bas pays ; plus le paiement des gens de guerre. — Commissaires : le sire de la Varenne (Pierre de Brezé) ; Jean de Bar, général des finances ; Jacques de Chabannes, sénéchal de Bourbonnais [1].

C. — d'Ydier Vousy, conseiller en Parlement, au même, de 137 liv. 10 s. t. ; 16 juin 1447. (B. N., *Cab. des Titres*, dossier *Vousy*.)

D. — de Pierre de Brezé au même, de 600 liv. ; 10 novembre 1447. (B. N., *Pièces orig.*, 509, dossier *Brezé*, n° 8.)

E. — de Jean, s^r de Chazeron, à M. Roux, de 100 liv ; 14 septembre 1447. (B. N., *Clair.* 151, p. 3695.)

F. — de Guillaume de Reillac à P. Mandonier, de 83 liv. ; 22 octobre 1447. (B. N., *Cab. des Titres*, dossier *Reillac*.)

G. — de Jean, s^r de Langeac, au même, de 25 liv. ; 2 novembre 1447. (B. N., *ib.*, dossier *Langeac*.)

H. — de Jean, s^r de Chazeron, au même, de 140 liv. ; 3 novembre 1447. (B. N., *Clair.* 150, p. 3541.)

I. — de Louis de Bourbon à M. Roux, de 250 liv. ; 17 juillet 1452. (B. N., *Franç.* 20392, n° 48.)

1. A. Lettres de nomination des commissaires : Bourges, 27 octobre 1447. (B. N., *Franç.* 25711, p. 192.)

B. Instructions des gens d'église et nobles pour le haut pays signées et scellées à Saint-Flour le 24 février 1448. (B. N., *Clair.* 119, f° ultimo.)

C. Assiette de la Haute-Auvergne pour le 1er terme montant à 6,058 liv. 15 s. 9 d. t. ; Saint-Flour, 24 février 1448. (B. N., *Franç.* 23897, à la date. — *Pièces just.*, LXVII.)

D. Quittance de Pierre de Brezé à M. Roux, de 125 liv. ; 1er juin 1448. (B. N., *Pièces orig.*, 509, dossier *Brezé*, n° 9.)

E. — de Jacques de Chabannes au même, de 125 liv. ; 6 juin 1448. (B. N., *Clair.* 148, p. 3253.)

F. — des consuls d'Aurillac au même, de 14 liv. ; 15 juin 1448. (B. N., *Franç.* 20583, p. 8.)

XLVI. — 1449, FÉVRIER, MONTFERRAND.

Les Etats accordent au roi, comme l'année précédente, une aide de 35,500 liv., pour fournir à ses affaires; plus le paiement des gens de guerre (59,520 liv.). — Commissaires : Jean de Bar, écuyer, général des finances; Jacques de Chabannes, chevalier, sénéchal de Bourbonnais [1].

G. — de l'évêque de Clermont à P. Mandonier, de 400 liv.; 11 juillet 1448. (B. N., *Franç.* 25967, n° 440.)

H. — de l'abbé d'Aurillac à M. Roux, de 6 liv.; 12 août 1448. (B. N., *Franç.* 20909, p. 65.)

I. — d'Amaury du Montal au même, de 15 liv.; 17 août 1448. (B. N., *Cab. des Titres*, dossier *Montal*.)

J. — du duc de Bourbon au même, de 375 liv; 1er septembre 1448. (B. N., *Franç.* 20389, n° 88.)

K. — de Louis de Beaufort, marquis de Canillac, à P. Mandonier, de 200 liv.; 22 septembre 1448. (B. N., *Pièces orig.*, 240, dossier *Beaufort*, n° 30.)

L. — de Hugues Chaumeilh, baile de Murat, à M. Roux, de 30 liv.; 4 décembre 1448. (B. N., *ib.*, 649, dossier *Chaumeilh*, n° 3.)

M. — de Pierre Voulpilheyre, écuyer, à P. Mandonier, de 50 liv.; même date. (B. N., *Cab. des Titres*, dossier *Volpillère*.)

N. — de Jean, sr de Chazeron, au même, de 100 liv.; 16 avril 1449. (B. N., *ib.*, 729, dossier *Chazeron*, n° 3.)

O. — de l'évêque de Saint-Flour à M. Roux, de 150 liv., dont 100 sur la présente taille; 18 septembre 1449. (B. N., *Franç.* 20883, p. n° 45.)

I. A. Lettres de nomination des commissaires; Montargis, 6 novembre 1448. (B. N., *Franç.* 25711, p. 205.)

B. Assiette de la Haute-Auvergne montant, pour principal et frais, à 10,553 l. 9 s. t.; Saint-Flour, 20 mars 1449. (B. N., *Franç.* 23897, à la date.)

C. Certificat constatant qu'une somme de 25 liv. a été allouée à M. Roux pour un voyage fait dans l'intérêt du pays; 24 juin 1449. (Voy. *Pièces just.*, LXX.)

D. Quittance de Draguinet de Lastic à P. Mandonier, de 37 l. 10 s. t., sur 50 liv. à lui ordonnées par les Etats d'Auvergne; 26 juillet 1449. (B. N., *Clair.* 171, p. 5535.)

E. — du même à M. Roux, de 12 liv. 10 s. t., *ut supra*; 21 août 1449. (B. N., *Franç.* 26079, n° 6141.)

F. — de Louis de La Rochette, maître d'hôtel du roi, au même, de

XLVII. — 1450, janvier,...

Les Etats accordent au roi une aide de 35,500 liv. pour leur part de 240,000 liv. imposées par lui en Languedoïl, plus le paiement de 160 lances fournies [1].

XLVIII. — 1451, janvier,...

Les Etats accordent au roi une aide de 18,700 liv. pour leur part de l'aide générale de 120,000 liv. [2].

XLVIII bis. — 1454, mars, clermont.

Les Etats de la Basse-Auvergne imposent une somme de..... pour envoyer des députés au roi lui demander le remplacement des aides par un équivalent.
(Arch. de Clermont, reg. non coté, non paginé.)

XLVIII ter. — 1454, juin-août-septembre, riom-clermont-issoire.

Les Etats de la Basse-Auvergne tiennent plusieurs assemblées pour le fait du changement des aides en équivalent.
(Arch. de Clermont, reg. non coté, non paginé.)

---

25 liv., sur 100 liv., *ut supra*; 4 septembre 1449. (B. N., *Cab. des Titres*, dossier *Rochette*.)

G. — de l'évêque de Saint-Flour au même, de 150 liv., dont 50 liv. sur la présente taille; 18 septembre 1449. (B. N., *Franç.* 20883, n° 45. — *Pièces just.*, LXXI.)

1. Production des Etats de la Basse-Auvergne contre les élus de Clermont, devant la cour des aides, et arrêt du 1er août 1450. (Voy. *Pièces just.*, LXXII.)

2. *Instructions* pour la Basse-Auvergne (citées par Verdier-Latour, p. 66).

XLIX. — 1454, JUILLET, AIGUEPERSE-RIOM.

Les Etats accordent au comte de Clermont, fils du duc de Bourbon, une somme de 6,000 liv. — L'octroi des gens d'église et nobles eut lieu d'abord à Aigueperse, puis celui des bonnes villes à Riom au mois de juillet.
(Arch. de Clermont, reg. non coté, ni paginé.)

XLIX bis. — 1459, 31 DÉCEMBRE, RIOM.

Les Etats de la Basse-Auvergne règlent la distribution d'une somme de 1,361 livres 17 sous 6 deniers tournois que le roi les avait autorisés par lettres patentes à imposer sur la province pour leurs affaires [1].

1. Distribution signée et scellée. (B. N., *Franç.* 22296, à la date. — Voyez-en un extrait, *Pièces just.*, LXXVIII.)

FRANC-ALLEU

I. — 1435, mai.....

Les Etats réunis spontanément refusent de payer leur part d'une aide accordée au roi par les Etats du Haut-Limousin, d'abord parce qu'ils ne sont pas contribuables avec ce pays, ensuite parce qu'ils n'ont pas été appelés pour consentir cet impôt [1].

II. — 1438, mars,...

Les Etats accordent au roi 500 liv. au lieu de 700 liv. qu'il avait ordonné d'y imposer, par lettres du 16 juillet 1437, pour leur part d'une aide générale de 200,000 liv. levée sur les pays de Languedoïl en 1437. Ils imposent, en outre, sur eux 90 liv. pour les frais. — Commissaires : Trelhart de Montvert, chevalier, sr de Magnat ; Jean du Mas, trésorier de Combraille, et Guillaume Le Mareschal, procureur de Riom [2].

III. — 1438, octobre,.....

Les Etats accordent au roi 500 liv. pour leur part de l'aide de 200,000 liv. levée cette présente année en Languedoïl ; ils

---

1. Procès-verbal des faits ci-dessus dressé par un sergent de la sénéchaussée de Limoges et contresigné par les commissaires du roi en Haut-Limousin, 25 mai 1435. (Voyez *Pièces justif.*, XXII.)

2. A. Lettres de nomination du receveur (Pierre de Beaucaire) : Saint-Ahon, 13 juin 1437. (B. N., *Pièces orig.*, 238, dossier *Beaucaire*, n° 2.)

B. Assiette et distribution des frais, signées des commissaires, le 17 mars 1438. (B. N., *Franç.* 23902. — *Pièces just.*, XXX.)

imposent, en outre, 90 liv. pour les frais. — Commissaires : Trolhart de Montvert, Jean du Mas et Guillaume Le Mareschal [1].

IV. — 1442, OCTOBRE,......

Les États accordent au roi une somme de 500 liv. pour leur part de l'aide générale imposée par lui en Languedoïl, à Paris, le 5 octobre 1441; plus 90 liv. pour les frais. — Commissaires : Jean du Mas et Guillaume Le Mareschal [2].

V. — 1443, FÉVRIER,. ...

Les États accordent au roi la somme de 600 liv. à laquelle ils avaient été taxés par lettres du 21 novembre 1442 ; ils imposent en outre, tant pour les frais que pour divers dons, 130 liv. — Commissaires : Trolhart de Montvert et Guillaume Le Mareschal [3].

VI. — 1444, JUILLET, CROCQ.

Les États accordent au roi 500 liv. pour leur part de l'aide générale de 240,000 liv. imposée par lui en Languedoïl au mois de février précédent; ils votent, en outre, des gratifications à diverses personnes. — Commissaires : Jean Barton, chancelier de la Marche, Guillaume Le Mareschal... [4].

---

1. A. Lettres de nomination des commissaires ; Poitiers, 3 mars 1438. (B. N., *Franç.* 25710, n° 114.)
B. Assiette et distribution des frais, du 23 octobre. (*Ib.*, *Franç.* 23902; à la date.)
2. Assiette et distribution des frais : 14 octobre 1442. (B. N., *Franç.* 23902, à la date.)
3. Assiette et distribution des frais : 12 février 1443 (B. N., *Franç.* 23902, à la date. — *Pièces just.*, XLV.)
4. A. Assiette particulière de la châtellenie de Crocq, extraite de l'assiette générale et certifiée par G. Le Mareschal. (B. N., *Franç.* 26072, n° 5054.)
B. Quittance collective de Jean, s[r] de La Roche-Aymon, et de Trolhart

VII. — 1446, NOVEMBRE, BELLEGARDE.

Les États accordent au roi une aide de 600 liv. ; ils imposent, en outre, sur eux diverses sommes, tant pour les frais que pour dons[1].

VII *bis*. — *Bourges, 27 octobre* 1447.

Charles VII nomme Nicole du Breuil, son secrétaire, et Guillaume Le Maréchal pour imposer en Franc-Alleu : 1° le paiement des gens de guerre qui y sont logés ; 2° 500 liv. pour sa part d'une aide générale en Languedoïl de 200,000 liv.

(B. N., *Franç.* 25711, p. n° 194.)

VII *ter*. — *Montargis, 6 novembre* 1448.

Charles VII nomme Nicole du Breuil et Guillaume Le Mareschal commissaires pour imposer en Franc-Alleu : 1° le paiement des gens d'armes pour l'année 1449 ; 2° 500 liv. pour sa part d'une aide générale de 200,000 liv.

(B. N., *Portef. Fontanieu* 121, à la date ; copie.)

de Montvert au receveur Pierre de Beaucaire, de 20 liv. à eux accordées par les États ; 28 octobre 1444. (Analysée dans *Gén. hist. de la maison de la Roche-Aymon*, p. 83.)

1. Quittance de Trolhart de Montvert au receveur, Pierre de Beaucaire, de 12 liv. à lui données par les États ; 18 février 1447. (B. N., *Cab. des Titres*, dossier *Montvert*. — *Pièces just.*, LXVI.)

LIMOUSIN

Nous réunissons ici quelques sessions qui semblent avoir été communes au Haut et au Bas-Limousin.

I. — 1421, juin ? .....

Les Etats accordent au dauphin la somme de..... pour leur part de l'aide à lui accordée au mois de mai précédent par les Etats de Languedoïl assemblés à Clermont-Ferrand; ils imposent, en outre, diverses sommes pour frais et dons [1].

II. — 1422, janvier? .....

Les Etats accordent une aide au dauphin [2].

---

1. A. Quittance de Pierre d'Auvergne, greffier de la sénéchaussée de Limousin, à J. Barton, receveur général de l'aide en Limousin, Marche et Combraille, de 20 liv.; 26 septembre 1421. (B. N., Franç. 26011, n° 5067.)
B. — de Raymond de la Chapolie, chevalier, sr de Cornil, au même, de 100 liv. [par don des Etats] pour avoir fait l'assiette; 2 ..... 1421. (B. N., Pièces orig., 675, dossier Chapolie, n° 6. — La pièce a été rongée à l'extrémité droite, ce qui a enlevé, entre autres choses, la mention des « gens des Trois Estaz » et la date du mois.)
2. Quittance de Bernard Brunet, notaire, à Pierre Morinaud, « receveur général de l'aide naguères et dernièrement octroyé à monsr le regent daulphin par les gens des Trois Estas du païs et seneschaussée de Limosin », de 256 liv., pour un voyage de seize jours; 20 avril 1422. (B. N., Cab. des Titres, dossier Brunet.)

III. — 1423, SEPTEMBRE,....

Les Etats accordent au roi une aide de 17,000 liv. pour leur part des 200,000 liv. à lui octroyées par les Etats de Languedoïl réunis à Selles en Berry, au mois d'août précédent. — Commissaires : Pierre de Montbrun, abbé de Saint-Augustin.... [1].

III bis. — 1438, 28 *novembre, Eymoutiers.*

Assemblée des Etats du Haut et du Bas-Limousin convoquée par Charles VII, au sujet de Domme. — Nous ne savons pas si elle se tint [2].

---

1. A. Certificat délivré par P. de Montbrun à Nicolas Henry, receveur de l'aide, constatant que les terres du seigneur d'Albret n'ont pas payé leur quote-part ; 20 mars 1425. (B. N., *Fr.* 26047, n° 400. — La pièce dit simplement que l'aide a été octroyée en 1423 ; mais nous savons d'ailleurs (B. N., *Franç.* 25710, p. 124) que N. Henry ne fut receveur en Limousin que de l'aide de Bourges en janvier (37,000 liv) et de l'aide de Selles en août ; la pièce se rapporte donc sûrement à cette dernière.)

B. C'est très-probablement à cette session que se rapporte aussi une assiette sur le Haut-Limousin, montant à 9,924 liv. 10 s. t., sans préambule et sans date, signée : L'ABBÉ DE SAINT-AUGUSTIN, GUILLAUME SAIGNET, N. DE LA BARRE. (B. N., *Franç.* 23902.)

2. Voyez *Pièces justif.*, XXXIV.

BAS-LIMOUSIN

I. — 1419, SEPTEMBRE, TULLE.

Les Etats consentent à la levée d'une somme de 24,000 liv. sur toute la sénéchaussée de Limousin, pour aller mettre le siège devant la forteresse d'Auberoche, en Périgord, occupée par les Anglais [1].

II. — 1423, FÉVRIER,......

Les Etats, comme ceux du Haut-Limousin, ne veulent consentir qu'à l'assiette du premier terme (soit 6,318 l. 4 s. t.) de l'aide de 37,000 liv., pour la part du Limousin de l'aide d'un million accordée au roi, au mois de janvier, par les Etats de Languedoïl réunis à Bourges; ils remettent l'assiette des deux derniers termes après une révision des feux. — Commissaires : Jean, vicomte de Comborn; Louis d'Escorailles, sénéchal de Limousin; Nicole de La Barre, m^e des requêtes de l'hôtel [2].

III. — 1423, JUILLET?,....

Les Etats réunis pour assister à l'assiette des deux derniers termes de l'aide de Bourges exigent que les commissaires leur rabattent immédiatement, sur le montant de l'assiette, la somme de 4,000 liv. pour moitié de 8,000 liv. remises par le roi à tout le pays de Limousin. — Commissaires : les mêmes [3].

---

1. Voyez le procès-verbal de cette session, *Pièces just.*, I.
2. Assiette du premier terme, non datée, signée COMBORT, LOYS, N. DE LA BARRE. (B. N., *Franç.* 23903. — Voy. *Pièces just.*, V.)
3. A. Assiette sans date de mois. (B. N., *Franç.* 23903) de 8,317 liv., au

III bis. — *Bourges, 14 janvier* 1434.

Charles VII nomme le sénéchal de Limousin, Jean Barton, chancelier de la Marche, et Etienne Froment, secrétaire du roi, commissaires à imposer en Bas-Limousin la somme de 6,000 liv. pour la part revenant à ce pays : 1º de l'aide des barrages accordée au roi par les Etats de Languedoïl en 1432 et remplacée par un impôt direct; 2º de l'aide de 40,000 liv. accordée par les Etats de Languedoïl à Tours en sept.-oct. 1433 ; 3º de la capitation de 5 s. t. et au-dessous accordée à la même session et présentement remplacée par un impôt direct[1].

28 janvier 1434. — Décharge sur Jean Beaupoil, receveur de ladite somme, de 100 liv.[2]

IV. — 1435, AOUT, USERCHE.

Les Etats accordent au roi une aide de 5,000 liv., et ils imposent par dessus le principal de nombreuses sommes tant pour les frais que pour les affaires du pays ; en outre, ils obtiennent du roi qu'une grande partie du principal soit remise entre les mains de commissaires nommés par eux pour être employée au rachat de la place de Domme, en Périgord, occupée par les Anglais. — Commissaires du roi : Jean de Cluys, évêque de Tulle; Thibaut de Vitry, conseiller en Parlement; Jean Barton, chancelier de la Marche[3].

lieu de 12,317 liv. pour les causes dessus dites. — Voyez *Pièces just.*)
B. Certificat de Louis d'Escorailles, sénéchal de Limousin, constatant que le receveur (Nicolas Henry, vicomte de Conches) n'a rien levé de la somme de 8,000 liv. remise aux habitants de tout le Limousin par lettres du roi du 25 juin précédent ; 20 septembre 1423. (B. N., *Coll. Villevieille*, F⁰. 26274, dos. *Escoraille.*)

1. Arch. N., K 63, nº 20.
2. B. N., *Pièces orig.*, 249, dossier *Beaupoil*, nº 2.
3. A. Quittance de Renier de Bouligny, conseiller du roi, au receveur, Jean Beaupoil, de 30 liv. à lui données par les Etats ; 20 novembre 1435. (B. N., *Pièces orig.*, 450, dossier *Bouligny*, nº 21.)

V. — 1436, OCTOBRE, TULLE.

Les Etats accordent au roi une somme inconnue pour leur part des 200,000 francs à lui octroyés par les Etats de Langue-

B. — de Jean Barton, un des commissaires, de 100 liv. à lui taxées par les généraux des finances pour ledit fait; 25 décembre 1435 (B. N., *Franç.* 22120, p. 31.)

C. Décharge sur le receveur de 100 liv. pour Jean Le Picart (sur le principal); 6 janvier 1436. (B. N., *Franç.* 26060, n° 2709.)

D. Lettres patentes de Charles VII, obtenues par les Etats, ordonnant la remise entre les mains de Pierre de Royère et de Martin de Sorrias, délégués des Etats, d'une somme de 3,650 liv. prise sur le principal, pour être employée par eux à la délivrance de Domme; Tours, 8 janvier 1436. (Arch. N., K 64, n° 7. — *Pièces justif.*, XXV.)

E. Quittance de Thibaut de Vitry, un des commissaires, de 50 liv.; 17 janvier 1436. (B. N., *Franç.* 22120 p. 55.)

F. — de Nicolas de Maumont, sr dudit lieu, de 40 liv. à lui données par les Etats pour avoir tenu garnison à Meymac et à Ussel contre Rodrigue de Villandrando; 20 février 1436. (B. N., *ib.*, p. 46.)

G. — de Louis d'Escoraille, sr dudit lieu, de 40 liv.; même motif; 23 février 1436. (B. N, *ib.*, p. 44.)

H. — de Jean, évêque de Tulle, de 80 liv. pour avoir été commissaire; Tulle, 3 mars 1436. (B. N., *ib.*, p. 51.)

I. — de Pierre de Beaufort, vicomte de Turenne, de 3,000 liv. par don des Etats, outre le principal, pour avoir fait vider de la place de Saint-Exupery les gens de guerre de Jean de la Roche, sénéchal de Poitou; Tulle, 4 mars 1436. (B. N., *ib.*, p. 32.)

J. — de Jean d'Asnières, de 20 liv., par don des Etats; 29 avril 1436. (B. N., *Pièces orig.*, 110, dossier *Asnières*, n° 11.)

K. — de Jean de Lopbertes, sr de Las Coulz, de 20 liv.; même motif que F; 6 mai 1436. (B. N., *Franç.* 22120, p. 45.)

L. — de Frenot de Rochefort, sr de Saint-Angel, de 50 liv.; même motif; 21 mai 1436. (B. N., *Cab. des Titres*, dossier *Rochefort*.)

M. — de Garin de Champiers, sr du Boscheron, de 260 liv.; 3 juin 1436. (B. N., *ib.*, dossier *Champiers*.)

N. — d'Isabeau de Vendat, comtesse de Ventadour, de 30 liv., par don des Etats; 4 juin 1436. (B. N., *Franç.* 22120 p. 53.)

O. — de Charles, comte de Ventadour, de 390 liv.; même motif; 10 juin 1436. (B. N., *ib.*, p. 54.)

P. — de Pierre de Royère et de Martin de Sorrias à J. Beaupoil de

doïl à Poitiers en février précédent ; ils imposent, en outre, pour les frais et affaires du pays [1].

VI. — 1436, DÉCEMBRE, TULLE.

Les États accordent au roi une aide dont le montant est inconnu, et imposent, en outre, sur eux pour les frais et les affaires du pays [2].

VI bis. — *Saint-Ahon*, 13 *juin* 1437.

Charles VII nomme l'évêque de Poitiers, le chancelier de la Marche, le sire de Saint-Marc et Tandonnet de Fumel commissaires pour imposer en Bas-Limousin 10,000 liv. pour la part de ce pays de l'aide de 200,000 liv. présentement levée en Languedoïl [3].

VII. — 1438, JUIN, BOURGES.

Les députés des États accordent au roi 8,000 liv. pour leur

---

partie de la somme à eux assignée par ordre du roi et des États ; 21 décembre 1436. (B. N., *ib.*, p. 47.)

1. A. Quittance de l'évêque de Limoges (Pierre de Montbrun) au receveur, J. Beaupoil, de 70 liv. à lui données par les États ; 12 janvier 1437. (B. N., *Franç.* 25968, n° 591.)

B. — de l'évêque de Poitiers (Hugues de Comberel), de 100 liv., *ut supra* ; Tulle, 12 mai 1437. (B. N., *ib.*, 25969, n° 971.)

C. — de Louis d'Escorailles, de 80 liv , *ut supra* ; 18 mars 1438. (B. N., *ib.*, 26,064, n° 3429.)

2. Quittance de Jean de Roffinhac, chevalier, s^r de Richemont, au receveur, J. Beaupoil, de 50 liv. par don des États ; 12 janvier 1437. (B. N., *Fr.* 26,062 n° 3,069.) — Cette pièce étant la seule relative à cette session, on pourrait croire que *décembre* est une erreur pour *octobre* et que la pièce se réfère à la session précédente ; mais le motif du don est un voyage fait à Clermont auprès du roi qui s'y trouvait précisément en décembre 1436 : cela met cette session hors de doute.

3. A. N., K 64, n° 14. — *Vidimus* de 1438 sous le sceau royal des bailliages de Brive et d'Uzerche.

part de l'aide de 200,000 liv. imposée par lui en Languedoïl au mois de mars précédent ; plus 2,042 liv. pour rembourser le sénéchal de Limousin de sommes prêtées pour faire vider le château de Courbefy. Les Etats imposent, en outre, pour frais et récompenses, 639 liv. — Commissaires : Jacques de Comborn, prévôt de Clermont, et Jean Barton, chancelier de la Marche [1].

VIII. — 1439, février, Uzerche.

Les Etats accordent au roi une aide de 2,246 livres 1 sou 6 den. t., afin qu'il puisse mettre en sa main le château de Domme en Périgord et autres ; ils imposent, en outre, sur eux 560 liv. pour les frais et les affaires du pays. — Commissaires : Thibaut de Lucé, évêque de Maillezais ; Gautier de Péruce, sr de Saint-Marc, et Jean Barton, chancelier de la Marche [2].

1. A. Assiette, suivie de la distribution des frais, sans date de jour (B. N., *Fr.* 23903. — *Pièces justif.*, xxxii.)
   B. Certificat du vicomte de Limoges constatant que ses sujets n'ont rien payé de leur quote-part, par privilège royal : 18 décembre 1438. (B. N., *Fr.* 20407, p. 16.)
   C. Quittance de Jean, évêque de Tulle, de 100 liv. sur le principal, par don du roi du 4 novembre 1438 : 24 février 1439. (B. N., *Fr.* 20889, fol. 25.)
   D. — de Jean Le Picart, conseiller du roi, de 40 liv., *ut supra*. (B. N., *Cab. des Titres*, dossier *Picart*.)
   E. — de Gautier de Brusac, sénéchal de Limousin, des 2,042 liv. ci-dessus ; 23 avril 1439. (B. N., *Pièces orig.*, 542, dossier *Brusac* no 7.)

2. A. Lettres du roi donnant plein pouvoir aux trois commissaires dessus dits pour mettre en sa main les châteaux ci-dessus et imposer en Limousin, de concert avec les Etats, telle aide qu'ils jugeront à propos ; Blois, 21 novembre 1438. (B. N., *Franç.* 20417. — *Pièces just.*, xxxiv.)
   B. Assiette et distribution des frais, sans date de jour. (B. N., *Franç.* 23903. — *Pièces just.*, xxxv.)
   C. Lettres de nomination du receveur J. Beaupoil par l'évêque de Maillezais et G. de Péruce ; 6 février 1439. (B. N., *Franç.* 20403, p. 21.)
   D. Quittance de l'évêque de Maillezais, de 150 liv., à lui données par les Etats pour avoir été commissaire ; 7 février 1439. (B. N., *Franç.* 20885, fo 23.)

IX. — 1439, MARS, LIMOGES.

Les Etats assemblés en présence du roi, en même temps que ceux du Haut-Limousin, lui accordent une aide de 9,000 liv. pour leur part de l'aide de 300,000 liv. présentement imposée par lui en Languedoil. Ils ordonnent, en outre, la levée de diverses sommes, tant pour les frais que pour les affaires du pays [1].

X. — 1439, OCTOBRE OU NOVEMBRE, TULLE?

Les Etats accordent au roi une aide de 5,000 liv. pour recon-

E. — de Gautier de Péruce, de 50 liv.; même motif; 9 février 1439. (B. N., *Clair.* 158, p. 4109.)

F. Certificat contresigné par Gautier de Péruce et J. Barton, constatant que le receveur n'a pu lever les sommes auxquelles étaient taxées la vicomté de Turenne et la châtellenie de Rochefort, la première se disant exempte de tout subside, la seconde contribuant avec la Marche; 30 juillet 1439. (B. N., *Clair.* 220, p. 15.)

G. Lettre du vicomte de Turenne constatant que sa vicomté n'a rien payé de cette aide, bien que taxée par les commissaires : 3 juillet 1443. (B. N., *Pièces orig.*, 210, dossier *Beaufort*, n° 42. — *Pièces just.*, XLVIII.)

I. A. Quittance de Jean de Dijon, secrétaire du roi, de 25 liv., à lui données par les Etats; 27 mai 1439. (B. N., *Cab. des Titres*, dossier *Dijon*.)

B. — de Dreux Budé, secrétaire du roi, de 25 liv; même motif. (B. N., *Pièces orig.*, 547, dossier *Budé*, n° 22.)

C. — de Jean Rabateau, président en Parlement, de 25 liv.; 13 juin 1439. (B. N., *Cab. des Titres*, dossier *Rabateau*.)

D. — de Jacques de Chabannes, sénéchal de Toulouse, de 200 liv; 16 juillet 1439. (B. N., *Clair.* 148, p. 3365, original, et *Clair.* 1071, p. 188, copie.)

E. — de Charles, duc de Bourbonnais et d'Auvergne, de 1,000 liv. 25 juillet 1439. (B. N., *Franç.* 20889, n° 77.)

F. — de Jean Vigier, capitaine de Servière, de 25 liv.; 28 juillet 1439. (B. N., *Clair.* 188, p. 7101.)

G. — de Charles, comte de Ventadour, de 200 liv.; 17 août 1439. (B. N., *Cab. des Titres*, dossier *Ventadour*.)

H. — de l'archevêque de Toulouse, de 100 liv.; 27 novembre 1439. (B. N., *Franç.* 20889, f° 77.)

quérir le château de Thenon, en Périgord, récemment pris par les Anglais, et pour résister au comte de Huntington, nouvellement débarqué en Guyenne ; ils imposent, en outre, diverses sommes pour les frais. — Commissaires du roi : Jean de Cluys, évêque de Tulle ; Guichard de Comborn, abbé d'Userche, et Etienne Froment [1].

1. A. Lettres de Charles VII chargeant le comte de Ventadour, les vicomtes de Turenne et de Limoges et Etienne Froment de distribuer, l'aide qui sera levée en Limousin jusqu'à concurrence de 10,000 liv. pour la reprise de Thenon ; Orléans, 9 octobre 1439. (B. N., Franç. 20107, p. 5.)

B. Lettres de Charles VII chargeant l'évêque de Tulle, l'abbé d'Userche et Etienne Froment d'imposer sur le Bas-Limousin une aide de 3,000 liv. pour la reprise de Thénon et, au besoin, une somme supplémentaire jusqu'à concurrence de 2,500 liv., si les Etats y consentent ; même date. (B. N., Franç. 22382, p. 11. Voyez Pièces just., XXXVI.)

C. Quittance du vicomte de Limoges à J. Beaupoil, receveur de l'aide, de 1,863 liv., pour entretien de troupes du 1er octobre au 1er novembre ; 16 décembre 1439. (B. N., Franç. 20107, p. 6.)

D. Certificat de Me Etienne Froment, attestant le même fait ; même date. (B. N., ib., p. 7.)

E. Mandat de paiement de 12 liv., délivré par E. Froment et le vicomte de Limoges, à Pierre Bertrand, pour être allé de Tulle à Sully auprès du sr de la Trémouille, obtenir de lui qu'il laissât lever l'aide sur ses sujets : 18 décembre 1439. (B. N., Pièces orig., 316, dossier Bertrand, n° 6928, pièce 7.)

F. — délivré par le vicomte de Limoges et E. Froment, de 50 liv., à Guillaume de Rochefort, sr de St.-Martial ; 19 décembre 1439. (B. N., Clair. 193, p. 7651.)

G. — de 65 liv. à Frenot de Rochefort, sr de Saint-Angel ; 22 décembre 1439. (B. N., ib., ib., p. 7619.)

H. — de 40 liv. à Guillaume d'Estumes et Hugonot de Maurianges ; 23 décembre 1439. (B. N., Pièces orig., 249, dossier Beaupoil, n° 3.)

I. Quittance de Charles, comte de Ventadour, de 520 liv., à lui ordonnées par les commissaires distributifs ; Ventadour, 29 décembre 1439. (B. N., Cab. des Tit., dossier Ventadour.)

J. — de G. de Rochefort, sr de Saint-Martial, de 50 liv., ut supra ; 28 janvier 1440. (B. N., Clair. 193, p. 7651.)

K. — de Frenot de Rochefort, de 65 liv., ut supra ; 7 février 1440. (B. N., ib., p. 7651.)

L. — de Jean de Cluys, évêque de Tulle, de 100 liv. données par les Etats pour avoir été commissaire du roi ; 1er juin 1440. (B. N., Franç. 20889, f° 25.)

XI. — 1440, JUILLET, TULLE.

Les Etats accordent au roi la somme de 9,000 liv. pour leur part d'une aide de 100,000 liv. imposée par lui en Languedoïl ; ils ordonnent, en outre, la levée de 6,742 l. 10 s. t. tant pour les frais que pour les affaires du pays. — Commissaires : Jean de Cluys, évêque de Tulle ; Jacques de Comborn, prévôt de Clermont ; Guillaume de Vic, conseiller en Parlement, et Jean Barton, chancelier de la Marche[1].

M. — des syndics de Tulle, de 45 liv., *ut supra* I, pour 15 arbalétriers tenus en garnison à Villac pendant un mois ; 19 juin 1440. (B. N., *Clair*. 188, sub *Polignac*.)

I. A. Lettres du roi nommant les commissaires ; Clermont-Ferrand, 2 juin 1440. (B. N., *Pièces orig.*, 207, dossier *Barton*, n° 28. — *Pièces just.*, XXXVII.)

B. Assiette faite par les commissaires, montant à 15,742 liv., 10 s. t. ; sans date de jour. (B. N., *Franç*. 23903, à la date.)

C. Lettres du roi faisant don sur le principal de l'aide à lui octroyée, de 600 liv. au sire de Treignac, de 300 liv. au comte de Ventadour et de 100 liv. à Jean Barton ; Bourges, 6 septembre 1440. (B. N., *Cab. des Titres*, dossier *Ventadour*.)

D. Quittance notariée de Guinot de Saint-Chamans, à J. Beaupoil, de 25 liv., par don des Etats ; 20 septembre 1440. (B. N., *Cab. des Titres*, dossier *Saint-Chamans*.)

E. Quittance de Charles, comte de Ventadour, desdites 300 liv. ; 17 octobre 1440. (B. N., *id.. ib.*)

F. — de Jean de Bretagne, vicomte de Limoges, de 100 liv. à lui données par les Etats ; Ségur, 17 octobre 1440. (B. N., *Franç*. 20107, p. 6.)

G. — de Guillaume de Vic, de 150 liv., à lui données par les Etats pour avoir été commissaire ; 26 octobre 1440. (B. N., *Franç*. 26067, n° 4152.)

H. — de Jean, vicomte de Comborn, sr de Treignac, de 300 liv. ; 17 novembre 1440. (B. N., *Clair*. 154, p. 3971.)

I. — de Pierre de Beaufort, vicomte de Turenne, du 1,100 liv., à lui données par les Etats ; Turenne, 20 décembre 1440. (B. N., *Clair*. 139, p. 2651.)

J. — de Jean Rabateau, président en Parlement, de 200 liv., *ut supra* ; même date. (B. N., *Cab. des Titres*, dossier *Rabateau*.)

K. — de Jean Barton, de 100 liv., par don du roi (*cf. supra* C) ; 20 janvier 1441. (B. N., *Pièces orig.*, 207, dossier *Barton*, n° 31.)

XII. — 1441, FÉVRIER, USSEL.

Les Etats accordent au roi une aide de 6,000 liv. pour l'entretien des frontières de Normandie, à Louviers et à Conches; en outre, ils imposent sur eux pour frais et dons 2,284 l. t. — Commissaires : Guillaume de Bresons, bailli de Gévaudan; Jean Barton, chancelier de la Marche, et Etienne du Ban, secrétaire du roi[1].

XIII. — 1441, SEPTEMBRE-OCTOBRE, TULLE.

Les Etats accordent au roi 3,000 liv. pour l'entretien du siège de Pontoise, et 4,500 liv. pour faire cesser la commission de l'arrière-ban; ils offrent en plus 1,500 liv., soit en tout 9,000 liv., à condition que le pays sera exempt du premier impôt que le roi lèvera en Languedoïl; ils imposent, en outre, sur eux pour frais et dons. — Commissaires : Jean Barton, chance-

---

L. — de Jean du Luez, écuyer, s' de Monsat, de 70 liv., par don des Etats; 2 mars 1441. (B. N., *Cab. des Titres*, dossier *Luc*.)

M. — notariée de Beraud de Saint-Aignan, s' de la Gastine et de Confolens, de 80 liv., par don des Etats; Bort, 1er février 1442. (B. N., *Cab. des Titres*, dossier *Saint-Aignan*.)

N. Lettres du vicomte de Turenne déjà citées. (Voyez *Pièces just.*, XLVIII.)

I. A. Lettres de Charles VII ordonnant de payer la somme de 2,284 liv., outre le principal, conformément à la distribution faite par les Etats; Laon, 27 avril 1442. (A. N., K 67, n° 2. — *Pièces just.*, XL.)

B. Quittance de Jean de Dijon, secrétaire du roi, de 25 liv., par don des Etats; 14 juin 1441. (B. N., *Cab. des Titres*, dossier *Dijon*.)

C. — de Bernard d'Armagnac, comte de la Marche, gouverneur de Limousin, de 1,000 liv., même motif; 25 juillet 1441. (B. N., *Pièces orig.*, 93, dossier *Armagnac*, n° 117.)

D. — de Dreux Budé, secrétaire du roi, de 50 liv.; 23 décembre 1441. B. N., *ib.*, 547, dossier *Budé*, n° 22.)

E. Lettres du vicomte de Turenne, déjà citées, du 3 juillet 1443. (Voyez *Pièces just.*, XLVIII.)

lier de la Marche ; Pierre Raoul, lieutenant du sénéchal de Limousin[1].

XIV. — 1442, MAI . . . . .

Les Etats offrent au roi une somme de 2,000 liv., pour que les gens de guerre qui l'accompagnent au siège de Tartas, ne passent pas par le Bas-Limousin ; ils imposent, en outre, pour les frais et divers dons[2].

XV. — 1442, SEPTEMBRE, LA GUERNE.

Les Etats accordent au roi une aide de 8,000 liv., tant pour

1. A. Lettres du roi ratifiant l'octroi des Etats et nommant les commissaires pour imposer ladite somme de 2,000 liv. ; Paris, 5 octobre 1441 (B. N., Franç. 25711, p. n° 145. — *Pièces justif.*, XLII.)
B. Quittance du Dauphin (Louis XI) au receveur, J. Beaupoil, de 500 liv., à lui données par les Etats ; 21 janvier 1442. (B. N., Franç. 6970. (Legrand, t. VI), f° 151, copie.)
C. — de Bernard d'Armagnac, gouverneur de Limousin, de 500 liv., *ut supra* ; 25 février 1442. (B. N., *Pièces orig.*, 93, dossier *Armagnac*, n° 120.)
D. Certificat du même, constatant qu'il n'a pas voulu laisser lever dans sa châtellenie de Rochefort la somme à laquelle elle était taxée, parce qu'elle contribue avec la Marche : 1er mai 1442. (B. N., *ib.*, *ib.*, p. n° 122.)
E. Quittance de l'évêque de Maguelonne (Robert de Rouvre) de 40 liv., par don des Etats ; Limoges, 16 mai 1442. (B. N., Franç. 20885, f° 3.)
F. — de Jean Barton, comme commissaire, de 300 liv. ; 1er juillet 1442 (B. N., *Pièces orig.*, 207, dossier *Barton*, n° 38.)
G. — de Charles, comte de Ventadour, de 100 liv., par don des Etats ; Ventadour, 20 août 1442. (B. N., *Cab. des Titres*, dossier *Ventadour*.)
H. — de Guichard de Comborn, abbé d'Userche, de 60 liv. ; 15 octobre 1442. (B. N., Franç. 20913, n° 134.)
I. Lettres du vicomte de Turenne, déjà citées. (Voyez *Pièces just.*, XLVIII.)
J. Quittance de Simon Charles, président de la chambre des comptes, de 50 liv., par don des Etats ; 17 septembre 1444. (B. N., *Pièces orig.*, 680, dossier *Charles*, à Paris, n° 3.)

2. Lettres du roi chargeant le sénéchal de Limousin (Louis de Beaumont) d'imposer ladite somme de 2,000 liv. et frais ; Limoges, 7 mai 1442 (B. N., Franç. 25711, p. n° 151.)

l'entretien des frontières de Normandie, que pour l'expédition de Guyenne ; ils imposent, en outre, sur eux une somme de 4,004 liv., pour les frais et les affaires du pays. — Commissaires : Jean de Cluys, évêque de Tulle, et Jean Barton, chancelier de la Marche [1].

XVI. — 1443, AVRIL, TULLE.

Les Etats assemblés en présence du roi lui accordent une aide de 10,000 liv. ; ils imposent, en outre, pour frais et dons 2,000 liv. — Commissaires : Jean de Cluys, évêque de Tulle ; Louis de Gimel, écuyer ; Gautier de Péruce, s' des Cars, et Jean Barton, chancelier de la Marche [2].

1. A. Quittance du dauphin (Louis XI), au receveur, J. Beaupoil, de 500 liv., par don des Etats ; 3 décembre 1442. (B. N., *Franç.* 6970 (Legrand, t. VI), f° 173, copie.)

B. Lettres du roi confirmant la distribution des frais ; Montauban, janvier 1443. (B. N., *Franç.* 25711, p. n° 156.)

C. Quittance de Pregent de Coetivy, amiral de France, de 200 liv. ; 31 janvier 1443. (B. N., *Cab. des Titres*, dossier *Coetivy*.)

D. — de Macé Bardoys, secrétaire du roi, de 5 liv., même date. (B. N., *Pièces orig.*, 649, dossier *Chaligaut*, n° 2.)

E. — de Charles, comte de Ventadour, de 150 liv. ; 2 février 1443. (B. N., *Cab. des Titres*, dossier *Ventadour*.)

F. — de Raoul, s' de Gaucourt, de 500 liv. ; 14 février 1443. (B. N., *ib.*, dossier *Gaucourt*.)

G. — de l'archevêque de Vienne (Geoffroy Vassal) de 60 liv. ; 21 février 1443. (B. N., *Franç.* 20883, n° 29.)

H. — de Guichard de Comborn, abbé d'Userche, de 30 liv. ; 4 mars 1443. (B N., *Franç.* 20915, f° 135.)

I. — de Jean La Porte, écuyer, de 10 liv. ; 5 avril 1443. (A. N., KK 648, n° 89.)

J. — d'Alain Beaupoil, écuyer, de 12 liv. ; 16 avril 1443. (A. N., *ib.*, n° 90.)

K. — du vicomte de Turenne (Pierre de Beaufort) de 100 liv. ; 20 avril 1443. (B. N., *Pièces orig.*, 240, dossier *Beaufort*, n° 21.)

L. Lettres du vicomte de Turenne, déjà citées ; 3 juillet 1443. (Voyez *Pièces just.*, XLVIII.)

2. A. Lettres du roi nommant les commissaires ; Tulle, 23 avril 1443. (B. N., *Franç.* 21427, n° 7.)

B. Assiette de ladite somme de 12,000 liv., signée seulement par l'évêque

XVII. — 1444, MARS ? .....

Les Etats accordent au roi une somme inconnue pour leur part de l'aide générale de 240,000 liv., levée en Languedoïl; ils imposent, en outre, sur eux pour frais et récompenses. — Commissaires : Pierre de Tuillières, conseiller en Parlement.....[1].

XVIII. — 1444, JUIN, TOURS.

Les députés des Etats accordent au roi une aide de 4,000 liv. pour le rembourser de pareille somme par lui à eux prêtée et distribuée aux gens de guerre revenant de Guyenne pour les empêcher de ravager le pays. Ils imposent, en outre, sur eux, 2,682 l. 10 s. t. pour les frais et les affaires de la province[2].

de Tulle et Louis de Gimel ; 26 juin 1443. (B. N., *Franç.* 23903, à la date.)
C. Lettres du vicomte de Turenne, déjà citées, 3 juillet 1443. (Voyez *Pièces just.*, XLVIII.)

1. A. Quittance de Pierre de Tuillières, de 150 liv., sur les frais, pour avoir été commissaire ; 17 juin 1444. (B. N., *Cab. des Titres*, dossier *Tuillières*.)

B. Certificat du comte de la Marche, que sa châtellenie de Rochefort n'a rien payé de l'aide, parce qu'elle contribue avec la Marche ; 20 juillet 1444. (B. N., *Pièces orig.*, 93, dossier *Armagnac*, n° 125.)

C. Quittance de Raoul, sr de Gaucourt, de 250 liv., sur les frais, comme il est contenu aux lettres distributives du roi données aux Montilz-lez-Tours, le 15 avril ; 8 septembre 1444. (B. N., *Cab. des Titres*, dossier *Gaucourt*.)

2. A. Lettres du roi chargeant l'évêque de Tulle d'imposer ladite somme de 6,682 l. 10 s. t. ; Montils-lez-Tours, 23 juin 1444. (B. N., *Portef. Fontan*, 119-120, à la date ; copie. — *Pièces just.*, LII.)

B. Rôle distributif des frais, signé de la main du roi ; Montilz-lez-Tours, même date. (B. N., *Franç.* 21495, p. n° 19. — *Ib.*, LIII.)

C. Procès devant la Cour des aides au sujet de cet impôt ; 21 février 1445 et jours suiv. (A. N., Z¹ A 14 et 15. — *Pièces just.*, LV.)

D. Quittance de Jean Barton, chancelier de la Marche, au receveur, J. Beaupoil, de 40 liv., par don des Etats ; 22 février 1445. (B. N., *Pièces orig.*, 207, dossier *Barton*, n° 41.)

XIX. — 1445, février ou mars, ...

Les Etats accordent au roi 13,000 liv. (?) pour leur part de l'aide de 300,000 francs, par lui imposée en Languedoïl pour cette présente année ; ils imposent, en outre, diverses sommes pour frais et dons (1,400 liv. (?). — Commissaires : l'évêque de Tulle (Jean de Cluys) ; Jean Barton, chancelier de la Marche ; Nicole du Breuil, secrétaire, et Pion de Bar, valet de chambre du roi[1].

XX. — 1447, janvier, ...,

Les Etats accordent au roi 7,500 liv., pour leur part de l'aide de 200,000 liv. imposée par lui sur le Languedoïl; ils ordonnent,

E. — de Jean, vicomte de Comborn et seigneur de Treignac, de 400 liv., *ut supra*; 25 mai 1445. (B. N., *Clair.* 154, p. 3971.)

F. — de Bertrand de Beauvau, seigneur de Precigny, de 137 l. 10 s. t. *ut supra*; Châlons, 6 juin 1445. (B. N., *Pièces orig.*, dossier *Beauvau*, n° 11.)

G. — de Charles, comte de Ventadour, de 400 liv., *ut supra*; Egletons, 6 novembre 1448. (B. N., *Cab. des Titres*, dossier *Ventadour*.)

1. A. Lettres du roi nommant les commissaires dessus dits pour imposer en Bas-Limousin 13,000 liv., avec 1,400 liv., pour tous frais ; Nancy, 9 janvier 1445. (B. N., *Franç.* 21427, n° 8.)

B. — du roi nommant le receveur de l'aide (J. Beaupoil) : même date. (B. N., *Pièces orig.*, 249, dossier *Beaupoil*, n° 4.)

C. Certificat du vicomte de Limoges constatant que ses sujets n'ont rien payé de leur quote-part (800 liv.), par privilège du roi; 10 avril 1445. (B. N., *Port. Fontan.*, 119-120, à la date. — Copie.)

D. Quittance de Macé Bardoys, clerc, de 15 liv., par don des Etats, ainsi qu'il est contenu dans un rôle de la distribution des frais, signé du roi le 12 octobre 1445 : 7 décembre 1445. (B. N., *Pièces orig.*, 506, dossier *Breuil*, n° 11.)

E. — de l'évêque de Maillezais (Thibaut de Lucé), de 82 l. 10 s. t. *ut supra*; 9 décembre 1445. (B. N., *Franç.* 20885, f° 27.)

F. — de l'archevêque-comte de Lyon (Geoffroy Vassal), de 137 l. 10 s. t., *ut supra*; 14 décembre 1445. (B. N., *Franç.* 20884, f° 3.)

G. — de Jean de la Loere, secrétaire du roi, de 10 liv., *ut supra*; 21 février 1446. (B. N., *Cab. des Titres*, dossier *Loere*.)

en outre, la levée de 675 liv., outre le principal, pour frais et dons. — Commissaires : Jean Bureau, trésorier de France, et Jean de Saincoins, receveur général du roi[1].

XXI. — 1448, janvier,......

Les Etats accordent au roi : 1° le paiement de 43 lances fournies, logées dans le pays, soit 15,996 liv.; 2° une aide de 7,500 liv. pour leur part des 200,000 liv. imposées par lui en Languedoïl. En outre, ils font lever, tant pour les frais que pour dons divers : 1,704 liv. par dessus le paiement des gens de guerre et 1,400 liv. par dessus le principal de l'aide de 7,500 liv. — Commissaires : Jean Bureau, trésorier de France; Jean du Mesnil-Simon, sénéchal de Limousin, et Georges, seigneur de Clère, conseiller du roi[2].

1. A. Lettres de nomination des commissaires, les chargeant d'imposer 7,500 liv. et 675 liv., plus le paiement des gens de guerre; Maillé-en-Touraine, 26 novembre 1446. (B. N., K 68, n° 22; original et B. N., *Portef. Font.*, 119-20, à la date, copie.)

B. Assiette signée des commissaires, montant à 8,175 liv.; 17 janvier 1447. (B. N., *Franç.* 23903, à la date.)

2. A. Lettre du roi nommant les commissaires à l'effet ci-dessus; Bourges, 27 octobre 1447. (B. N., *Franç.* 21427, n° 9, orig.; et *Fr.* 24031, *vidimus* contemporain.)

B. Rôle distributif du principal de l'aide de 7,500 liv., signé du roi; 4 janvier 1448. (B. N., *Franç.* 20137, fol. 9.)

C. Assiette du paiement des gens de guerre, principal et frais, montant à 17,700 liv.; 15 janvier 1448. (B. N., *Franç.* 23903, à la date.)

D. Rôle distributif des 1,400 liv. imposées outre le principal de l'aide de 7,500 liv., signé du roi; Montils-lez-Tours, 17 avril 1448. (B. N., *ib., ib.*, fol. 10. — *Pièces justif.*, LXVIII.)

E. Quittance de l'évêque de Maillezais (T. de Lucé), au receveur J. Beaupoil), de l'aide de 7,500 liv., de 100 liv. par don des Etats outre le principal; 22 avril 1448. (B. N., *Pièces orig.*, 132, dossier *Aude*, n° 142.)

F. — d'Etienne Chevalier au même, de 50 liv., *ut supra;* même date. (B. N., *ib.*, 741, dossier *Chevalier*, n° 19.)

G. — de Georges, s' de Clère, un des commissaires, au même, de 100 liv., *ut supra;* Tulle, 22 juin 1448. (B. N., *ib.*, 781, dossier *Clère*, n° 20.)

H. — de l'évêque de Poitiers, président de la chambres des comptes

XXII. — 1449, janvier,.....

Les Etats accordent au roi : 1° le paiement des gens de guerre logés dans le pays; 2° une aide de 7,500 liv. pour leur part de 200,000 liv. imposées en Languedoïl; ils imposent, en outre, diverses sommes pour frais et dons par dessus le principal de ces deux aides[1].

XXIII. — 1450, janvier[?],.....

Les Etats accordent au roi : 1° le paiement des gens de guerre; 2° la somme de..... pour leur part de l'aide de 240,000 liv. imposée en Languedoïl. Il ordonnent en plus la levée outre le principal de ces deux aides de 2,900 liv. pour frais et récompenses. — Commissaires : Jean Bureau, trésorier de France; Jean du Mesnil-Simon, sénéchal de Limousin; Jean de Cluys, évêque de Tulle; Jean Barton, chancelier de la Marche[2].

(Jacques Juvenel), au même, de 100 liv., *ut supra*; 17 septembre 1449. (B. N., *Franç.* 20887, fol. 9.)

1. A. Rôle distributif du principal de l'aide de 7,500 liv., signé par le roi; 26 mars 1449. (B. N., *Franç.* 20437, fol. 9.)

B. Quittance de Guillaume Juvenel, chancelier de France, à J. Beaupoil, receveur de l'aide de 7,500 liv., de 100 liv. par don des Etats outre le principal; 21 juin 1449. (B. N., *Cab. des Titres*, dossier *Jouvenel*.)

C. — de Philippe de Culant, maréchal de France, au même, receveur du paiement des gens de guerre, de son droit de capitaine pour sept mois (janvier-juillet 1449) de 43 lances, à raison de 40 s. t. par mois par lance, soit 602 liv.; 20 août 1449. (B. N., *ib.*, dossier *Culant*.)

D. — de Bertrand de Beauvau, sr de Précigny, à J. Beaupoil de 100 liv., *ut supra* B; 19 avril 1450. (B. N., *Franç.* 26079, p. n° 6191.)

2. A. Lettres du roi confirmant la distribution des 2,900 liv. outre le principal; Alençon, 14 avril 1450. (B. N., *Franç.* 20594, p. 37.)

B. — Quittance de Gautier de Péruce, sr des Cars, au receveur, Guillaume Goignon, de 50 liv. par don des Etats; Ségur, 18 juin 1450. (B. N., *Clair.* 187, p. 7059.)

C. — de l'évêque de Tulle (Jean de Cluys), au même, de 150 liv., *ut supra*; 24 septembre 1450. (B. N., *Franç.* 20889, fol. 25.)

D. — d'Aimé de la Tour, comte de Ventadour, de 50 liv.; 4 octobre 1450. (B. N., *Clair.* 205, p. 8635.)

HAUT-LIMOUSIN

I. — 1420? MARS, LIMOGES.

Les Etats sont assemblés devant le seigneur de Mareuil, sénéchal de Limousin, pour aviser aux moyens de déloger un capitaine anglais, nommé Beauchamp, du monastère du Châlard-Peyroulier où il s'était fortifié [1].

II. — 1422, JUILLET,.....

Les Etats accordent au Dauphin une aide, dont le montant est inconnu, « tant pour mettre sus et faire forgier bonne monnoie que pour le soustenement de la guerre »; ils imposent, en outre, sur eux, diverses sommes pour les frais et les affaires du pays [2].

III. — 1423, FÉVRIER, LIMOGES.

Les Etats, assemblés pour assister à l'assiette de leur part les 37,000 liv. fixées pour le contingent du haut et du bas Li-

---

1. *Annales manuscr. de Limoges, dites ms. de 1638*, p. p. E. Ruben, F. Achard, P. Ducourtieux, 1873, page 291.
2. A. Quittance de Guillaume de L'Ermite, prévôt de Saint-Junien, au receveur, Jean Barton, de 100 écus d'or à lui donnés par les Etats pour le défrayer des dépenses faites pour obtenir que les habitants du Dorat contribuassent avec le Haut-Limousin et non avec le Poitou; 15 décembre 1422. (B. N., *Cab. des Titres*, dossier *Lermite*.)
B. — de Pierre de Montbrun, abbé de Saint-Augustin de Limoges, de 50 écus d'or; 25 décembre 1422. (B. N., *Franç.* 20899, p. 78.)
C. — de Jourdain Fournier, chevalier, sʳ de la Villate, de 50 écus d'or; 25 décembre 1425. (B. N., *Clair.* 102, p. 4679.)

mousin, sur l'aide d'un million accordée au roi, à Bourges, au mois de janvier, ne consentent qu'à l'assiette du premier terme (6,356 liv.), remettant l'assiette des deux autres après une révision des feux. — Commissaires : Louis d'Escorailles, sénéchal de Limousin ; Nicole de La Barre, conseiller et maître des requêtes de l'hôtel du roi; Audoin, seigneur des Cars; Martial Boyol, licencié en lois, et Guillaume Dinematin, bourgeois de Limoges [1].

IV. — 1423, juin ?, Limoges.

La révision des feux réclamée à la précédente session n'ayant pu avoir lieu, les Etats sont de nouveau convoqués comme il avait été expressément stipulé ; grâce à quelques « corrections et reparations » dans la répartition, ils consentent à l'assiette des deux derniers termes de l'aide accordée au roi à Bourges. En outre, ils imposent sur eux, pour payer les frais et pour les affaires du pays, une somme de 1,473 liv. à percevoir par moitié avec chacun des deux derniers termes [2].

V. — 1423, décembre,......

Les Etats accordent au roi une taille de 10,000 liv. au lieu des aides dont les Etats de Languedoïl avaient autorisé le rétablissement: ils imposent, en outre, sur eux pour les frais et pour les affaires du pays.— Commissaires : Nicole de La Barre,

---

1. Assiette du premier terme. (B. N., *Franç.* 23902. — Voyez *Pièces justif.*, II.)

2. A. Assiette des deux derniers termes. (B. N., *Franç.* 23902. — Voy. *Pièces justif.*, II.)
B. — de la somme de 1,473 liv., outre le principal. (B. N., *ibid.* — Voyez *Pièces justif.*, III.)
C. Quittance d'Aubert Foucaud, chevalier, s[r] de Saint-Germain-Beaupré, au receveur, Nicolas Henri, vicomte de Conches, de 60 liv., tant pour avoir été à Bourges qu'à diverses assemblées à Limoges ; 20 février 1424. (B. N., *Cab. des Titres*, dossier *Foucaud*. — Voyez *Pièces justif*, VIII.)

maître des requêtes de l'hôtel; Jean de Naillac, sénéchal de Limousin; . . . .[1].

VI. — 1424, avril?,......

Les Etats accordent au roi une somme inconnue pour leur part de l'aide d'un million octroyée par les Etats de Languedoïl réunis à Selles en Berry au mois de mars précédent [2].

1. A. Quittance de Nicole de La Barre au receveur, Jean Vousy, de 120 liv., par don du roi (?) pour avoir été commissaire; 22 avril 1424. (B. N., *Pièces orig.*, 201, dossier *La Barre*, n° 7.)
B. — de Ramnoux de Péruce, évêque de Limoges, au même, de 50 liv.; 19 octobre 1424. (B. N., *Franç*. 20884. — Cette pièce est peut-être relative à la session suivante.)
C. — de Nicole de La Barre au même, de 60 liv., par don des Etats outre le principal; 8 février 1425. (*Ubi supra* A, n° 8.)
D. — de Jean de Naillac, sr de Châteaubrun, sénéchal de Limousin, un des commissaires, de 100 liv. sur les frais imposés par ordre des Etats; 15 février 1425. (B. N., *Cab. des Titres*, dossier *Naillac*.)
Nota. — Sans parler de la pièce B, dont la connexité avec les autres est douteuse, A, C et D portent simplement cette indication : « J. Vousy, receveur en Limousin de l'aide de X^m l. t. derr. octroyé au roy par les gens des Trois Estaz du haut païs de Limosin. » Nous savons d'ailleurs que J. Vousy fut receveur en Limousin de la portion de l'aide accordée au roi par les Etats de Selles en Berry en mars 1424; on pourrait croire que cette somme de 10,000 liv. représente la part du Haut-Limousin de cette aide; mais cela n'est pas vraisemblable, parce que : 1° cette aide était d'un million, comme celle de Bourges en janvier 1423; or, de l'aide de Bourges, la part du Haut-Limousin fut de 18,736 liv.; il n'est pas vraisemblable qu'il y ait eu un pareil manque de proportion d'une année à l'autre; 2° les commission de l'aide de Selles furent expédiées le 16 mars 1424; la quitt. A de N. de la Barre indique qu'il a vaqué un mois entier au fait de l'assiette, et elle est du 22 avril 1424; il n'y a pas le délai que comportaient les habitudes de l'époque dans ces affaires. Il est donc à peu près sûr qu'il s'agit de l'aide que Charles VII fit demander dans toutes les provinces de Languedoïl, en décembre 1423, au lieu des aides. (Cf. *Auvergne*.)
2. A Lettres de Charles VII faisant don à la ville de Saint-Junien de la moitié (115 liv.) de sa part de l'aide; Bourges, 6 juin 1424. (B. N., *Franç*. 22420, p. 48.)
B. Certificat de Jean de Bretagne, vicomte de Limoges, constatant

VII. — 1424, décembre,......

Les Etats accordent une aide au roi, probablement pour leur part du subside à lui octroyé par les Etats de Languedoïl au mois de novembre précédent [1].

VIII. — 1425, novembre?,......

Les Etats accordent au roi une aide de 13,000 liv. pour leur part des 450,000 liv. à lui octroyées à Poitiers au mois d'octobre par les Etats de Languedoïl; ils imposent, en outre, sur eux, pour les frais et les affaires du pays. — Commissaires : Jean Barton, chancelier de la Marche; Guillaume de L'Ermite, abbé du Dorat . . . . [2].

que ses hommes n'ont payé que 650 liv. au lieu de 1,159 liv. à quoi on les avait taxés, par compromis spécial fait avec le receveur général du roi, G. Charrier; Nontron, 18 janvier 1425. (B. N., *Franç.* 20405, p. 17.)

C. Lettres du roi ordonnant en conséquence de rabattre au receveur de Limousin, Jean Vousy, la somme de 500 liv.; Amboise, 25 avril 1432. (B. N., *ib.*, *ib.*, p. 2.)

1. Reg. de Tarneau, notaire à Pierre-Buffière, *ap.* Duroux, *Essai hist. sur la sénatorerie de Limoges*, p. 200 : « Nota hic quod anno quo computabatur mille cccc xxiv et circa festum nativitatis Domini, cum esset concessa quedam tallia in patria Lemovicensi per gentes Trium Statuum ejusdem patrie domino nostro regi Francie, etc. »

2. A. Quittance de Jean, s[r] de Royère, au receveur, Jean Père, de 100 liv. à lui données par les Etats pour services rendus au pays ; 2 mars 1426. (B. N., *Cab. des Titres*, dossier *Royère*.)

B. Certificat de Jean de Bretagne, vicomte de Limoges, au receveur, constatant qu'il ne lui a rien laissé lever sur les 3,200 francs aux quels sa vicomté avait été imposée, mais qu'il veut les percevoir en son nom pour lui permettre de résister aux Anglais; Nontron, 3 mars 1426. (B. N., *Franç.* 26018, n° 552.)

C. Quittance de Jacques Brachet, écuyer, s[r] de Magnac, de 100 liv.; 30 mars 1426. (B. N., *Pièces orig.*, 189, dossier *Brachet*, n° 3.)

D. — de Guillaume de L'Ermite, abbé du Dorat, un des commissaires de 300 liv.; 8 avril 1426. (B. N., *Franç.* 20903, p. 106.)

E. — de Guillaume d'Albret, s[r] d'Orval, lieutenant général du roi en

VIII bis.

Etats convoqués à la Souterraine pour le 1er avril 1427. — On ne sait s'ils se tinrent réellement. — (Duroux, *Essai sur la sénat. de Limoges*, p. 204, d'après le reg. de Tarneau, auj. à la Bibl. de Limoges.)

IX. — 1428, NOVEMBRE, SAINT-LÉONARD (?).

Les Etats, outre leur part de l'aide de 500,000 liv. octroyée au roi, à Chinon, par les Etats de Languedoïl et de Languedoc, imposent sur eux pour les frais et les affaires du pays. — Commissaires : Pierre de Montbrun, évêque de Limoges. . . . . . .'.

Limousin et Périgord, de 1,000 liv. ; 30 avril 1426. (B. N., *Pièces orig.*, 24, dossier *Albret*, à la date.)

F. — d'Aubert Foucaud, chevalier, sr de Saint-Germain-Beaupré, de 200 liv. pour aider à payer la rançon de son fils Jean fait prisonnier à Laval par le sire de Talbot : même date. (B. N., *Cab. des Titres*, dossier *Foucaud*.)

G. — de Jean Barton, un des commissaires, de 200 liv., tant pour sa commission que pour avoir été en ambassade auprès du roi à Mehun-sur-Yèvre ; 2 mai 1426. (B. N., *Pièces orig.*, 207, dossier *Barton*, n° 7. — *Pièces justif.*, XII.)

H. — de Ramnoux de Péruce, évêque de Limoges, de 200 liv. pour avoir été en ambassade à Mehun ; 15 mai 1426. (B. N., *Franç.* 20884, p. 85. — *Pièces just.*, XIII.)

I. — de Jean de Rochechouart, sr de Mortemar, chevalier, conseiller et chambellan du roi, de 200 liv., pour l'aider à payer sa rançon aux Anglais dont il avait été fait prisonnier à Verneuil ; 16 mai 1426. (B. N., *Clair.*, 193, p. 7561.)

J. — de Jean de Naillac, sénéchal de Limousin, de 200 liv. pour services rendus au pays ; 24 mai 1426. (B. N., *Cab. des Titres*, dossier *Naillac*.)

K. — de Jean de L'Ermite, sr de Soulier, de 20 liv. pour avoir été à l'octroi de l'aide ; 30 mai 1428. (B. B., *ib.*, dossier *Lermite*.)

I. Quittance de l'évêque de Limoges au receveur, Jean Legrand, de 310 liv., pour avoir été commissaire : Saint-Léonard, le 27 novembre 1428. (B. N., *Franç.* 20884, p. 87.)

X. — 1431, avril ou mai,.....

Les Etats accordent au roi une somme inconnue pour leur part de l'aide de 200,000 liv. à lui octroyée par les Etats de Languedoïl, assemblés à Poitiers; ils imposent, en outre, pour les frais et les affaires du pays. — Commissaires : Jean Barton, chancelier de la Marche, ... [1].

XI. — 1434, novembre,.....

Les Etats accordent au roi 3,000 liv., pour leur part de l'aide à lui octroyée par les Etats de Languedoïl réunis à Tours, au mois d'août précédent; ils imposent, en outre, sur eux diverses sommes pour les frais et les affaires du pays, entre autres 2,000 liv. pour Charles d'Anjou, lieutenant du roi en Limousin. — Commissaires : Jean Barton, chancelier de la Marche; Charles Double, conseiller du roi;. ......[2].

XII. — 1435, septembre, la souterraine.

Les Etats accordent au roi une aide de 5,000 liv., « pour le soustènement de ses guerres et autres ses afferes », mais ils obtiennent que cette somme soit employée tout entière pour dé-

---

1. Voyez les reg. de la Cour des Aides, Arch. N., Z¹ A, 8, fol. 96ᵛ.
2. A. Défense par Jean de Bretagne, vicomte de Limoges, au receveur Pierre de Beaucaire, d'exécuter les hommes de sa vicomté de Limoges pour la somme de 1,787 liv. à laquelle ils avaient été taxés ; 3 mai 1435. (B. N., *Franç.* 20407, p. nº 3.)
B. Procès-verbal, visé par deux des commissaires, constatant que le receveur n'a pu percevoir la somme de 580 liv. à laquelle était taxé le Franc-Alleu, les habitants de ce pays déclarant n'être pas contribuables avec le Haut-Limousin; 20 mai 1435. (B. N., *Clair.* 200, p. 8319. — *Pièces just.*, xxii.)
C. Quittance de Charles d'Anjou, comte de Mortain, de 1,200 liv. sur 2,000; 18 juin 1435. (B. N., *Franç.* 20385, nº 2.)

livrer les places de Domme et de Mareuil, et faire déguerpir la garnison de Courbefy ; en outre, ils imposent sur eux 4,800 liv. pour les frais et les affaires du pays. — Commissaires (par lettres du 17 août 1435) : Thibaut de Vitry, conseiller du roi en Parlement ; Jean Barton, chancelier de la Marche, conseiller du roi ; Amaury d'Estissac, écuyer d'écurie du roi, et Tandonnet de Fumel, id.[1].

XIII. — 1436, juin ?.....

Les Etats accordent au roi une somme inconnue pour leur

1. A. Assiette, suivie de la distribution des frais, toutes deux signées des commissaires : 26 octobre 1435. (B. N., Franç. 23902, à la date ; voyez *Pièces just.*, XXIV.)
B. Quittance de Thibaut de Vitry, un des commissaires, au receveur, Pierre de Beaucaire, de 150 liv. ; 28 octobre 1435. (B. N., *Cab. des Titres*, dossier *Vitry*.)
C. — de Jean Le Breton, conseiller du roi, de 50 liv. ; .... 1435. (A. N., KK 648, n° 88.)
D. — de Charles d'Anjou, comte de Mortain, gouverneur du Limousin, de 2,000 liv. ; Tours, 20 décembre 1435. (B. N., *Franç.* 20385, p. n° 3.)
E. — de Charles Double, conseiller du roi, commissaire révoqué, de 80 liv. ; 8 février 1436. (B. N., *Cab. des Titres*, dossier *Double*.)
F. — de Pierre Garnier, secrétaire du roi, commissaire révoqué, de 50 liv. ; même date. (B. N., *Ib.*, dossier *Garnier*.)
G. Certificat du vicomte de Limoges, attestant qu'il a levé lui-même sur ses terres leur part de l'aide, pour se dédommager des dépenses faites par lui aux sièges d'Aucor et de Mareuil, occupés par les Anglais ; 15 mars 1436. (Voy. *Pièces just.*, XXVI.)
H. Quittance de Jean Barton, chancelier de la Marche, un des commissaires, de 200 liv. ; 18 mars 1436. (B. N., *Pièces orig.*, 207, dossier *Barton*, n° 13.)
I. — de Tandonnet de Fumel, un des commissaires, de 200 liv. ; même date. (B. N., *Cab. des Titres*, dossier *Fumel*. — *Pièces just.*, XXVII.)
J. — de Pierre de Montbrun, évêque de Limoges, de 400 liv. ; 1er mai 1436. (B. N., *Franç.* 20881, f° 89.)
K. — de Louis Foucaud, prieur de Bénévent, de 100 liv. ; 24 mai 1436. (B. N., *Franç.* 20914, p. 91.)
L. — de Gautier de Péruce, sr de Saint-Marc, de 100 liv. ; même date. (B. N., *Clair.* 187, p. 7055.

part de l'aide de 200,000 fr. à lui octroyée par les Etats de Languedoïl réunis à Poitiers au mois de février précédent. — Commissaires : Thibaut de Vitry, conseiller du roi......¹.

XIV. — 1437, AOUT, LE DORAT.

Les Etats accordent au roi une aide de 10,000 liv., pour leur part de 200,000 liv., par lui imposées en Languedoïl au mois de juin; ils imposent, en outre, sur eux la somme de 2,490 liv. pour les frais et les affaires du pays. — Commissaires : Hugues de Comberel, évêque de Poitiers ; Jean Barton, chancelier de la Marche; Gautier de Péruce, sʳ de Saint-Marc, et Tandonnet de Fumel, écuyer d'écurie du roi².

---

1. Quittance de Thibaut de Vitry, de 50 liv., à lui taxées par les généraux des finances pour avoir été commissaire, au receveur P. de Beaucaire ; 29 août 1436. (B. N., *Cab. des Titres*, dossier *Vitry*.)

2. A. Lettres de nomination des commissaires : Saint-Aon, 13 juin 1437. (B. N., *Franç.* 21427, n° 1.)
B. Assiette suivie de la distribution des frais, signées des commissaires : 12 août 1437. (B. N., *Franç.* 23902, à la date ; — *Pièces just.*, XXVIII.)
C. Quittance de l'évêque de Poitiers, un des commissaires, au receveur, Pierre de Beaucaire, de 200 liv. ; 13 décembre 1437. (B. N., *Franç.* 20886.)
D. Certificat d'Albert Josse, procureur du sire d'Albret, constatant que les sujets de ce dernier, dans le Haut-Limousin, ont été tenus quittes de la somme de 984 liv., à laquelle ils avaient été taxés, en vertu de privilèges royaux du 26 janvier 1434 ; 15 décembre 1437. (A. N., *Cartons des Rois*, K 64, n° 19.)
E. — constatant que les habitants de la châtellenie de Salagnac (près le Grand-Bourg, Creuse), appartenant à Poton de Saintrailles, ont été tenus quittes de leur part de l'aide par privilèges royaux, du 1ᵉʳ juin 1437 ; 15 janvier 1438. (B. N., *Cab. des Titres*, dossier *Poton*.)
F. Quittance de Poton, sʳ de Saintrailles, sénéchal de Limousin, de 500 liv. ; 20 janvier 1438. (B. N., *ib., ib.*)
G. — de Tandonnet de Fumel, un des commissaires, de 100 liv.; même date. (B. N., *ib.*, dossier *Fumel*.)
H. — de l'évêque de Limoges, Pierre de Montbrun, de 50 liv ; 21 janvier 1438. (B. N., *Franç.* 25968, n° 592.)
I. — de Geoffroi, sʳ de Mareuil, de 500 liv., à lui données par les Etats.

XV. — 1438, juin.....

Les Etats, taxés à 12,000 liv. pour leur part d'une aide de 200,000 liv. imposée par le roi en Languedoïl au mois de mars précédent, de même que l'année passée, envoient une ambassade auprès de Charles VII, à Bourges, pour lui exposer la misère des habitants, le privilège qu'ils ont de ne payer aucune aide sans l'avoir consentie, et lui offrir 9,000 liv. seulement pour leur quote-part, somme dont le roi se contente[1].

XVI. — 1438, septembre, limoges.

Les Etats confirment l'octroi de 9,000 liv. fait au roi à Bourges par leurs députés ; en outre, ils imposent sur eux : 3,150 l. t. pour la « vuidange » du château de Courbefy, occupé par les routiers, et les rançons payées à différents capitaines, afin d'éviter le pillage du pays; plus 1,250 liv. pour les frais et les autres affaires de la province. — Commissaires : Guillaume de Vic, conseiller en Parlement, et Jean Barton, chancelier de la Marche[2].

pour l'aider à reconquérir son château de Mareuil sur les Anglais : 6 février 1438. (B. N., *Cab. des Titres*, dossier *Mareuil*.)

J. Certificat du vicomte de Limoges, constatant que ses sujets n'ont rien payé de leur quote-part (3,463 liv.) par privilège du roi ; 19 mai 1438. (A. N., K 64, n° 21.)

1. V. les pièces A et B de l'article suivant.

2. A. Lettres de nomination des commissaires pour imposer la somme de 9,000 liv. ; Bourges, 23 juin 1438. (B. N., *Franç.* 25710, pièce 116. — *Pièces just.*, xxxi.)

B. Assiette et distribution des frais, signées des commissaires ; 12 septembre 1438. (B. N., *Franç.* 23902, à la date. — *Pièces just.*, xxxiii.)

C. Quittance de Guillaume de Vic, un des commissaires, de 150 liv. ; 6 février 1439. (B. N., *Cab. des Titres*, dossier *Vic*.)

D. — de l'évêque de Limoges, de 300 liv., sur le principal, par don du roi du 17 juillet 1438 ; 14 février 1439. (B. N., *Franç.* 20881, f° 87.)

E. — de Jean Barton, un des commissaires, de 200 liv. ; 8 mars 1439. (B. N., *Pièces orig.*, 207, dossier *Barton*, n° 25.)

XVII. — 1439, MARS, LIMOGES.

Les Etats réunis en présence du roi lui accordent une somme inconnue pour leur part d'une aide de 300,000 liv. par lui imposée présentement dans ses pays de Languedoil par deçà la Seine[1].

XVIII. — 1439, OCTOBRE, OU NOVEMBRE,....

Les Etats accordent une somme inconnue pour aider à reconquérir la place de Thenon, dont les Anglais venaient de s'emparer en Périgord, et pour résister au comte de Hontington récemment descendu en Guyenne ; ils imposent, en outre, sur eux pour les frais, 610 liv. — Commissaires : Gautier de Péruce, sr des Cars ; Jean Barton, chancelier de la Marche ; Etienne Froment, secrétaire du roi[2].

F. — de Louis de Pierre-Buffière, sr de Châteauneuf, de 70 liv. ; 14 mars 1439. (B. N., *Clair.* 220, à la date.)
G. Certificat de Jean de Bretagne, vicomte de Limoges, constatant que ses hommes ont été tenus quittes de leur quote-part (3,776 liv.), en vertu de privilèges royaux du 10 mars 1436 ; 20 mars 1439. (B. N., *Franç.* 20407, p. 4.)
H. Quittance de Mondot de Brusac, neveu du sénéchal de Limousin, de 200 liv. ; 26 avril 1439. (B. N., *Pièces orig.*, 542, dossier *Brusac*, nº 8.)
I. — de Jean Barton, chancelier de la Marche, de 60 liv., sur le principal, par don du roi du 17 juillet 1433 ; 4 mai 1440. (B. N., *Pièces orig.*, 207, dossier *Barton*, nº 26.)

1. Relation d'un moine de Saint-Martial, ap. *Chron. de saint Martial de Limoges*, p. p. Duplès-Agier, Paris, 1874, p. 212. Voyez aussi : B. N., *Portefeuille Fontanieu*, 117, pièce du 28 mars 1439, relative à la Marche.
2. A. Lettres du roi nommant Etienne Froment, conjointement avec les vicomtes de Limoges et de Turenne et le comte de Ventadour, pour distribuer le principal de l'aide qui sera accordée par les Etats du haut et du bas Limousin : Orléans, 9 octobre 1439. (B. N., *Franç.* 20405, p. 5.)
B. Lettres du roi ratifiant la distribution de la somme de 610 liv., im-

XIX. — 1440, AOUT.....

Les Etats accordent au roi une aide de 9,000 liv. pour leur part des 200,000 liv., imposées par lui dans ses pays de Languedoïl au mois de juillet précédent ; ils imposent, en outre, sur eux une somme de 4,030 liv. pour les frais et les affaires du pays. — Commissaires : Jacques de Comborn, prévôt de Clermont ; Guillaume de Vic, conseiller en Parlement, et Jean Barton, chancelier de la Marche [1].

posée, outre le principal, pour les frais : Angers, 26 janvier 1440. (B. N., Franç. 20594, p. 29.)

C. Quittance de l'évêque de Limoges, de 80 liv. ; 14 février 1440. (B. N., Franç. 25968, p. 593.)

D. — de Gautier de Péruce, s' des Cars, un des commissaires, au receveur, P. de Beaucaire, de 80 liv. ; 18 février 1440. (B. N., Clair 187, p. 7053.)

E. — de Tandonnet de Fumel, de 25 liv ; 24 février 1440. (B. N., Cab. des Titres, dossier Fumel.)

F. — de Louis de Pierre-Bufflère, s' de Châteauneuf, de 15 liv. ; 26 février 1440. (B. N., Clair. 220, p. 21.)

1. A. Lettres du roi confirmant la distribution faite par les Etats des 4,030 liv. de frais ; Bourges, 6 septembre 1440. (B. N., Franç. 20594, p. 30.)

B. Quittance collective de Bertrand de Saint-Avit, sénéchal, Guillaume Piédieu, garde, et Jacques de La Ville, trésorier de la Marche, au receveur Pierre de Beaucaire, de 100 liv., à eux données par les Etats ; 18 novembre 1440. (B. N., Cab. des Titres, dossier Saint-Avit.)

C. — de Poton, s' de Saintrailles, de 100 liv. ; 23 novembre 1440. (B. N., Ib., d' Poton.)

D. — de Jean Barton, chancelier de la Marche, un des commissaires, de 200 liv. ; 22 décembre 1440. (B. N., Pièces orig., 207, dossier Barton, n° 30.)

E. — de Bernard d'Armagnac, comte de la Marche, gouverneur de Limousin, de 1,500 liv. ; 14 janvier 1441. (B. N., Pièces orig., 93, dossier Armagnac, n° 115.)

F. — de Philippe de Culant, s' de Jalognes, sénéchal de Limousin, de 400 liv. ; 20 février 1441. (B. N., Cab. des Titres, dossier Culant.)

G. — de Gautier de Péruce, chevalier, s' des Cars, de 50 liv. ; 18 mars 1441. (B. N., Clair. 187, p. 7053.)

XX. — 1441, JANVIER, SAINT-LÉONARD.

Les Etats accordent au roi une aide dont le montant est inconnu, pour leur part de 200,000 liv. imposées par lui en Languedoil au mois de décembre précédent pour l'entretien des frontières de Normandie à Conches et à Louviers ; ils imposent, en outre, sur eux la somme de 4,115 liv. pour les frais et les affaires du pays. — Commissaires : Jean Barton, chancelier de la Marche ; Guillaume de Bresons, bailli de Gévaudan, et Etienne du Ban, secrétaire du roi [1].

XXI. — 1441, OCTOBRE, LA SOUTERRAINE.

Les Etats accordent au roi une aide de 9,000 liv., pour les charges qu'il a eu à supporter pour le siège de Pontoise et l'entretien des frontières de Louviers, Conches et Evreux ; en outre, ils imposent sur eux, la somme de 3,129 liv. pour les frais

---

1. A. Lettres de Charles VII ordonnant aux commissaires d'imposer, outre le principal, 500 liv. pour Charles d'Anjou ; Chartres, 22 décembre 1440. (B. N., *Franç.* 25711, n° 135.)
B. Lettres de Charles VII confirmant la distribution des frais ; Laon, 27 avril 1441. (B. N., *Franç.*, 20591, p. 32. — *Pièces just.*, xxxix.)
C. Quittance de Charles d'Anjou, comte de Mortain, de 500 liv. ; 13 mai 1441. (B. N., *Franç.* 20885, n° 13.)
D. — de Bernard d'Armagnac, comte de la Marche, gouverneur du Limousin, de 1,000 liv. ; 13 juillet 1441. (B. N., *Pièces orig.*, 93, p. 116.)
E. — de Pierre de Montbrun, évêque de Limoges, de 100 liv. ; 31 juillet 1441. (B. N., *Franç.* 20884, f° 93.)
F. — de Guillaume Piédieu, garde de la Marche, de 40 liv. ; 14 octobre 1441. (B. N., *Cab. des Titres*, dossier *Piédieu*.)
G. Certificat des consuls de Saint-Léonard, constatant que le receveur les a tenus quittes de leur part de l'aide par privilège du roi ; 14 novembre 1441. (B. N., *Franç.* 26069, n° 4423.)
H. Quittance de Martin, évêque de Clermont, de 200 liv. ; 2 décembre 1441. (B. N., *Franç.* 20882, f° 73.)
I. — Quittance de Guillaume de Saint-George, écuyer, de 30 liv. ; 20 mai 1442. (B. N., *Cab. des Titres*, dossier *Saint-George*.)

et les affaires du pays. — Commissaires : Jean Barton, chancelier de la Marche ; Tandonnet de Fumel, écuyer d'écurie du roi, et Pierre Raoul, lieutenant du sénéchal de Limousin [1].

XXII. — 1442, mai, eymoutiers.

Les Etats offrent au roi la somme de 2,000 liv. pour distribuer aux gens de guerre se rendant en sa compagnie à Tartas en Guyenne, afin d'éviter qu'ils ne passent par le pays et ne s'y livrent au pillage ; en outre, ils imposent sur eux la somme de 1,145 liv., pour les frais et les affaires de la province [2].

1. A. Lettres de nomination du receveur ; Paris, 5 octobre 1441. (B. N., Franç. 25711, n° 143.)

B. Assiette signée des commissaires, sans distribution des frais ; 14 novembre 1441. (B. N., Franç. 23902, à la date.)

C. Lettres du roi confirmant la distribution des frais ; Saumur, 29 décembre 1441. (B. N., Franç., 20594, p. 33.)

D. Quittance du dauphin (Louis XI), au receveur, Pierre de Beaucaire, de 500 liv., 24 janvier 1442. (B. N., Franç. 6970, f° 155, copie.)

E. — de Bernard d'Armagnac, comte de la Marche, gouverneur de Limousin, de 500 liv., 12 mars 1442. (B. N., Pièces orig., 93, dossier Armagnac, n° 121.)

F. — de Pierre de Montbrun, évêque de Limoges, de 140 liv. ; 4 mai 1442. (B. N., Franç. 20884, f° 89.)

G. — de Philippe de Culant, s' de Jalognes, maréchal de France et ex-sénéchal de Limousin, de 100 liv. ; 12 mai 1442. (B. N., Cab. des Titres, dossier Culant.)

H. — de l'évêque de Maguelonne (Robert de Rouvre), de 50 liv. ; 14 mai 1442. (B. N., Franç. 25968, p. n° 691.)

I. — de Gautier de Péruce, s' des Cars, de 20 liv. ; 18 mai 1442. (B. N., Clair. 187, p. 7051.)

J. — de Pierre Raoul, lieutenant du sénéchal de Limousin, un des commissaires, de 100 liv. ; 20 mai 1442. (B. N., Pièces orig., 207, dossier Barton, p. n° 34.)

K. — d'Albert Josse, procureur du roi en Limousin, de 80 liv. ; 31 mai 1442. (B. N., Cab. des Titres, dossier Josse.)

L. — de Tandonnet de Fumel, un des commissaires, de 100 liv ; 14 juin 1442. (B. N., ib., dossier Fumel.)

2. A. Assiette faite par le sénéchal de Limousin ; 26 mai 1442. (B N., Franç. 23902, à la date.)

XXIII. — 1442, SEPTEMBRE, LE DORAT.

Les Etats accordent au roi la somme de 8,000 liv. à laquelle ils avaient été taxés pour leur part d'une aide de 100,000 fr. imposée par lui en Languedoil deçà la Seine et la Loire pour l'entretien des frontières de Normandie et l'expédition de Guyenne ; en outre, ils ordonnent la levée sur eux de 3,672 liv. pour les frais et les affaires du pays. — Commissaires : Jean Barton, chancelier de la Marche ; Guillaume de L'Ermite, abbé du Dorat, et Pierre Raoul, lieutenant du sénéchal [1].

B. Quittance de Guillaume de L'Ermite, abbé du Dorat, au receveur P. de Beaucaire, de 20 liv. ; même date. (B. N., *Clair.* 128.)
C. — de Pierre Raoul, lieutenant du sénéchal, de 25 liv. ; 17 juin 1442. (B. N., *Cab. des Titres*, dossier *Raoul.*)
D. — de Louis de Beaumont, sénéchal de Limousin, de 400 liv. ; 18 juin 1442. (B. N., *Pièces orig.*, dossier *Beaumont*, n° 45.)
E. — de Gautier de Péruce, sr des Cars, de 15 liv. ; 29 juin 1442. (B. N., *Clair.* 187, p. 7051.)
F. — de Charles Chaligaut, secrétaire du roi, de 10 liv. ; 22 mai 1443. (B. N., *Pièces orig.*, 649, dossier *Chaligaut*, n° 3.)
1. A. Assiette sans distribution des frais ; 12 septembre 1442. (B. N., *Franç.* 23902, à la date.)
B. Quittance de Poton, sr de Saintrailles, au receveur, Pierre de Beaucaire, de 350 liv., somme à laquelle avait été taxée sa terre de Salagnac et dont le roi lui a fait don ; 23 avril 1443. (B. N., *Cab. des Titres*, dossier *Poton.*)
C. Lettres du roi confirmant et approuvant la distribution des frais : Limoges, 30 avril 1443. (B. N., *Portef. Fontanieu*, 119-120, à la date ; copie.)
D. Quittance du dauphin (Louis XI), de 500 liv. ; 20 mai 1443. (B. N., *Franç.* 6970, f° 193, copie.)
E. Certificat de Jean de Bretagne, vicomte de Limoges, constatant que ses sujets n'ont rien payé de leur quote-part (2,776 liv.) par privilège du roi ; 21 mai 1443. (B. N., *Port. Fontanieu*, 119-120, à la date ; copie.)
F. Quittance de Raoul, sr de Gaucourt, de 500 liv. ; 22 mai 1443. (B. N., *Cab. des Titres*, dossier *Gaucourt.*)
G. — de l'archevêque de Vienne (Geoffroi Vassal), de 50 liv. ; 29 mai 1443. (B. N., *Franç.* 20889, f° 39.)
H. — de Bertrand de Saint-Avit, écuyer, sénéchal de la Marche, de 100 liv. ; 22 juin 1443. (B. N., *Cab. des Titres*, dossier *Saint-Avit.*)

XXIV. — 1443, AVRIL, LIMOGES.

Les Etats, réunis en présence du roi, lui accordent une aide de 11,672 liv., « tant pour le fait et conduite de sa guerre et de certaine armée qu'il a fait mettre sus oudit païs pour le recouvrance d'aucunes places occupées par les Anglois, que de l'armée que celle année il a entencion faire mettre sus pour le recouvrement d'aucunes places anglesches qui encore d'ancienneté sont ou pays de Quercy et de Pierregort [1]. »

XXV. — 1444, MARS OU AVRIL, ...

Les Etats accordent au roi une somme inconnue pour leur part de l'aide de 240,000 francs imposée par lui en Languedoil deçà et delà la Loire au mois de février précédent ; ils ordonnent, en outre, la levée de diverses sommes pour les frais et les affaires du pays [2].

I. — de Guillaume de L'Ermite, abbé du Dorat, un des commissaires, de 160 liv. ; 4 juillet 1443. (B. N., *Franç.* 20903, p. 107.)

J. — de Pierre Raoul, lieutenant du sénéchal de Limousin, un des commissaires, de 100 liv. ; 4 août 1443. (B. N., *Cab. des Titres*, dossier *Raoul.*)

1. A. Lettres du roi nommant le receveur; Limoges, 30 avril 1443. (B. N., *Franç.* 25711, p. 160.)

B. Taxation au receveur, Pierre de Beaucaire, de 250 liv. pour ses gages ; Poitiers, 25 mai 1443. (A. N., K 67, n° 23 ; copie dans *Fontanieu*, portef. 119-20, à la date.)

C. Quittance de Poton de Saintrailles de la quote-part (400 liv.) de sa terre de Salagnac par don du roi ; 21 novembre 1443. (B. N., *Cab. des Titres*, dossier *Poton*.)

D. Certificat du vicomte de Limoges constatant que ses terres n'ont rien payé sur leur quote-part (2,776 liv.) par privilège du roi ; 28 novembre 1443. (B. N , *Portef. Fontan.*, 119-20, à la date ; copie.)

2. A. Quittance de Raoul, sr de Gaucourt, de 250 liv. à lui données par les Etats, ledit don confirmé par un rôle signé de la main du roi et des lettres patentes du 15 avril ; 12 septembre 1444. (B. N., *Cab. des Titres*, dossier *Gaucourt.*)

XXVI. — 1445, février ou mars ?...

Les Etats accordent au roi la somme de 13,000 liv. pour leur part de 300,000 francs imposés par le roi en Languedoïl au mois de janvier « pour le paiement et entretenement des gens d'armes et de trait hors du royaume et pour garder que la pillerie et lesdictes gens de guerre ne retournent en icellui »; ils ordonnent, en outre, la levée de 1,300 liv. pour les frais et les affaires du pays. — Commissaires : Pierre de Bar, écuyer, valet de chambre du roi........ [1].

XXVII. — 1445, juin ?....

Les Etats réunis au sujet de l'entretien des gens de guerre nouvellement logés par le roi dans le pays, envoient une ambassade au roi à Châlons, et font lever sur eux la somme de

---

B. — de Gautier de Péruce, s.r des Cars, conseiller et chambellan du roi, de 40 liv. ; 14 septembre 1444. (B. N., *Clair*. 187, p. 7053.)

C. — de Pierre de Montbrun, évêque de Limoges, de 50 liv. ; 12 octobre 1444. (B. N., *Franç.* 20884, f° 91.)

D. — de Guillaume de L'Ermite, abbé du Dorat, de 100 liv. ; 14 octobre 1444. (B. N., *Franç.* 20903, p. 108.)

E. — de Pierre de Brusac, écuyer d'écurie du roi, de 100 liv. ; 13 novembre 1444. (B. N., *Pièces orig.*, 542, dossier *Brusac*, n° 10.)

F. — de Guinot du Barry, écuyer, de 10 liv., 16 décembre 1444. (B. N., *Pièces orig.*, 205, dossier *Barry*, s.r de la Renaudie, n° 3.)

G. Certificat du vicomte de Limoges constatant que ses sujets n'ont rien payé de leur quote-part (3,177 liv.) par privilège du roi; 22 décembre 1444. (B. N., *Franç.* 20407, n° 12.)

1. A. Quittance de Pierre de Bar, un des commissaires, de 100 liv., à lui taxées par un rôle et des lettres patentes du roi données à Serry, le 3 juin; 30 décembre 1445. (B. N., *Pièces orig.*, 184, dossier *Bar* en Limousin, p. n° 6.) — Les autres commissaires étaient très-probablement Jean Barton et Nicole du Breuil (*cf.* Bas-Limousin et Marche).

B. Certificat du vicomte de Limoges constatant que ses sujets n'ont rien payé de leur quote-part (3,453 l. 10 s. t.) par privilège du roi; sans date. (B. N., *Portef. Fontan.*, 865, f° 261, copie.)

2,010 liv., tant pour le paiement des gens de guerre (mai-juin) que pour les frais de l'ambassade [1].

XXVIII. — 1445, JUIN OU JUILLET,....

Les Etats ordonnent la levée d'une somme de 2,562 liv., tant pour le paiement des gens de guerre logés dans le pays que pour les frais [2].

XXIX. — 1445, SEPTEMBRE OU OCTOBRE,....

Les Etats ordonnent la levée de la somme de 3,010 liv. 4 s. 5 d. t., tant pour le principal du paiement des gens de guerre pour les mois d'octobre-décembre 1445, que pour les frais d'une ambassade auprès du roi à Chinon et autres affaires du pays [3].

XXX. — 1446, JANVIER,.....

Les Etats accordent au roi le paiement des 43 lances four-

---

1. A. Quittance du maréchal de Jalognes (Philippe de Culant), capitaine de 43 lances, au receveur, P. de Beaucaire, de leur paiement (1,376 liv.) pour les mois de mai-juin ; 18 juin 1445. (B. N., *Clair*. 126, au mot *Culant*.)

B. — de Gautier de Péruce, sr des Cars, un des ambassadeurs à Châlons, de 100 liv. à lui ordonnées par les Etats sur les frais, don confirmé par lettres patentes du roi du 25 juin 1447 ; 18 novembre 1447. (B. N., *Clair*. 187, p. 7057.)

2. Quittance du maréchal de Jalognes au receveur, P. de Beaucaire, de 946 liv., pour le paiement du mois de juillet; 8 juillet 1445. (B. N., *Cab. des Titres*, dossier *Culant*.)

3. A. Lettres de Charles VII ordonnant de payer sur les frais, outre le principal : 100 liv. au maréchal de Jalognes, sur 400 liv. que lui devaient les Etats ; 80 liv. à Pierre de Royère et Jean de Sandelles, ambassadeurs à Chinon, et 250 liv. au receveur P. de Beaucaire ; Bois-sire-Amé, 25 juin 1447. (B. N., *Cab. des Titres*, dossier *Culant*.)

B. Quittance du maréchal de Jalognes (Philippe de Culant) de ladite somme de 100 liv.; 10 décembre 1447, B. N., *ib.*, *ib*.)

nies logées dans le pays à raison de 31 fr. par lance, par mois, pour six mois (= 7,998 liv.); ils imposent, en outre, sur eux, outre le principal, pour frais et dons 1,522 liv., ensemble 9,520 liv. [1].

XXXI. — 1446, juin ou juillet,....

Les Etats accordent au roi le paiement des gens de guerre pour les six derniers mois de l'année, soit 7,998 liv., et imposent, outre le principal, 628 liv., en tout 8,626 liv. [2].

XXXII. — 1447, janvier,....

Les Etats accordent au roi : 1º le paiement des gens de guerre ; 2º une somme de .... pour leur part de l'aide de 200,000 fr. imposée par le roi en Languedoïl ; ils font, en outre, imposer diverses sommes pour frais et dons. — Commissaires : Jean Bureau, trésorier de France, et Jean de Saincoins, receveur général [3].

---

1. A. Quittance du maréchal de Jalognes à P. de Beaucaire, de 1.333 liv. sur le principal pour le paiement des gens de guerre du mois de janvier ; 28 janvier 1446. (Dossier *Culant*.)

B. — du même au même, de 1,333 liv. pour le mois de mars 1446 ; 28 mars 1446. (*Ib*.)

C. — de l'évêque de Limoges au même, de 200 liv. sur les frais, par lettres du roi du 8 février 1446 ; 21 décembre 1447. (B. N., *Franç*. 20884, p. 93.)

D. — de Gautier de Péruce, sr des Cars, au même, de 120 liv., *ut supra* ; 4 janvier 1447. (B. N., *Clair*. 187, p. 7057.)

2. Quittance au receveur de l'aide de 8,626 liv., Pierre de Beaucaire, du paiement pour le mois d'octobre de 16 hommes d'armes et 30 archers logés à Limoges, Eymoutiers et Solignac sous Olivier Guérin (165 liv.) ; 8 novembre 1446. (B. N., *Franç*. 25777, nº 1754.)

3. A. Lettres du roi taxant 200 liv. sur les frais à J. Bureau et J. de Saincoins (chacun 100 liv.) pour avoir été commissaires sur le fait de la portion de l'aide de 200,000 liv. ; Montilz-lez-Tours, 20 février 1447. (Arch. N., K 68, nº 25.)

B. Quittance au receveur, P. de Beaucaire, du paiement de 15 hom-

XXXIII. — 1448, janvier, la souterraine (?).

Les Etats accordent au roi le paiement des gens de guerre pour la présente année 1448, soit 15,996 liv. ; ils imposent, en outre, sur eux pour les frais et divers dons 1,902 liv., en tout 17,898 liv. — Commissaires : Jean Bureau, trésorier de France, Jean du Ménil-Simon, sénéchal de Limousin, et George, s^r de Clère, conseiller du roi [1].

XXXIV. — 1449, janvier,... .

Les Etats accordent au roi l'aide pour le paiement des gens de guerre et imposent, en outre, pour les frais et autres affaires du pays 1,869 liv. — Commissaires : Jean Bureau, trésorier de France, et Jean de Saincoins, receveur général [2].

---

mes d'armes et 28 archers pour le mois de septembre 1447. (B. N., *Franç.* 25777, n° 1798.)

1. A. Assiette de ladite somme de 17,898 liv. faite et signée par les commissaires; La Souterraine, 11 janvier 1448. (B. N., *Franç.* 23902, à la date.)

B. Montre de 11 hommes d'armes et 23 archers auxquels le receveur P. de Beaucaire a avancé leur paiement du mois de mars à cause de leur départ pour le siège du Mans. (B. N., *Franç.* 21495, n° 43.)

C. Quittance du maréchal de Jalognes au receveur de 1,290 liv. pour le paiement du mois de juillet 1448 de 43 lances, non compris son droit de capitaine ; 31 juillet 1448. (B. N., *Cab. des Titres*, dossier *Culant*.)

2. A. Assiette de la somme de 17,865 liv. pour principal et frais, signée des commissaires. (B. N., *Franç.* 23902, à la date.)

B. Quittances particulières de gens de guerre logés à Limoges, Eymoutiers, Solignac, La Souterraine, Magnac-Laval et Châteauponsac sous Olivier de Guérin et Antoine de Guierlay, leurs chefs de chambre, pour les mois de juin-août 1449. (B. N., *Franç.* 21495, p. 51, 53, etc., *Franç.* 25778, p. 1839.)

C. — de Gautier de Péruce, s^r des Cars, à P. de Beaucaire, de 200 liv. sur les frais par don des Etats pour avoir été en ambassade auprès du roi à Tours; 18 septembre 1449. (B. N., *Clair.* 187, p. 7057.)

XXXV. — 1450, janvier?......

Les Etats accordent au roi le paiement de 42 lances fournies logées dans le pays [1].

XXXVI. — 1451, janvier?.....

Les Etats accordent au roi la somme de 8,200 liv.? pour leur part de l'aide de 120,000 francs imposée par lui en Languedoïl au mois de décembre précédent; ils imposent en outre sur eux pour les frais et les affaires du pays. — Commissaires : Jean Bureau, trésorier de France; Jean du Ménil-Simon, sénéchal de Limousin, et Etienne Chevalier, secrétaire du roi [2].

1. A. Lettres de Charles VII ordonnant de payer collectivement au maréchal de Jalognes les gages des gens de guerre des mois d'avril-juin 1450, nonobstant les ordonnances qui veulent que le receveur rapporte les quittances particulières; Essay, 1 mai 1450. (B. N., *Cab. des Titres*, dossier *Culant*.)
B. Quittance du maréchal de Jalognes en conséquence au receveur, Antoine Goignon, de 3,906 liv.; 25 mai 1450. (B. N., *ib.*, *ib.*)
C. Lettres de Charles VII de même teneur que A, pour juillet-septembre; Saint-André-de-Gouffier près Falaise, 11 août 1450. (B. N., *ib.*, *ib.*, — *vidimus*.)
D. Quittance du maréchal de Jalognes, de 3,906 liv. pour octobre-décembre, en vertu d'autres lettres données à Montbason le 3 octobre 1450; 26 décembre 1450. (B. N., *ib.*, *ib.*)
2. A. Lettres de nomination des commissaires les chargeant d'imposer la somme de 8,200 liv. avec les frais raisonnables; Montbason, 3 décembre 1450. (B. N., *Franç.* 21127, n° 2.)
B. Quittance de Jean, s^r de Pierre Buffière, de 120 liv. à lui données par les Etats sur les frais; 12 juin 1451. (B. N., *Cab. des Titres*, dossier *Pierre Buffière*.)
C. — de Gautier de Péruce, s^r des Cars, de 200 liv., *ut supra*; 15 juin 1451. (B. N., *Clair.* 187, p. 7059.)
D. — d'Antoine d'Aubusson, s^r du Monteil-[au-Vicomte], bailli de Touraine, de 100 liv., *ut supra*; 26 septembre 1450. (B. N., *ib.*, 137, p. 2117.)
E. — de Jean du Ménil-Simon, un des commissaires, de 100 liv., *ut supra*; 25 octobre 1451. (B. N., *Cab. des Titres*, dossier *Ménil-Simon*.)

MARCHE

I. — 1420, juillet,.....

Les Etats accordent au dauphin une aide d'un certain nombre de gens d'armes et de trait qui doivent aller à son service en Limousin sous le seigneur de Brion, et ils imposent 3,000 liv. pour leur solde, plus diverses sommes pour frais et récompenses [1].

II. — 1422, janvier,.....

Les Etats accordent au dauphin 10,000 liv. pour leur part d'une aide générale qu'il faisait demander aux différents pays de Languedoïl [2].

II bis. — *Etats généraux de Languedoïl à Bourges en janvier 1423.*

La Marche est taxée à 13,000 liv. pour sa part de l'aide d'un million accordée au roi par les Etats [3].

---

1. Quittance d'Olivier, seigneur de Saint-Georges [1], au receveur, Jacques de la Ville, de 30 liv. à lui données pour services rendus au pays; 28 août 1420. (B. N., *Cab. des Titres*, dossier *Saint-George.*)

2. Quittance de Guérin, seigneur de Brion, à Jacques de la Ville, du montant de l'impôt à lui assigné par le dauphin (Bourges, 12 mai 1422) pour lui avoir amené sur la Loire 60 hommes d'armes; 28 septembre 1422. (B. N., *Pièces orig.*, 520, dossier *Brion.*)

3. Lettres de Charles VII faisant don au comte de la Marche de

---

1. Saint-Georges-la-Pouge, canton de Pontarion (Creuse).

III. — 1424, juillet?, guéret?

Les Etats accordent au roi 9,500 liv. pour leur part de l'aide d'un million à lui octroyée, au mois de mars précédent, par les Etats de Languedoïl réunis à Selles en Berry. — Commissaires : Guérin, sr de Brion, chevalier, conseiller du roi ; Bertrand de Saint-Avit, écuyer, conseiller du roi ; Guillaume Piédieu, garde de la Marche, conseiller du roi [1].

III bis. — 1424, novembre. — *Etats de Languedoïl tenus à Riom.*

Par lettres données dans cette ville le 26 de ce mois, Charles VII nomme le sire de Brion, Bertrand de Saint-Avit, écuyer, J. Barton, chancelier, et Guillaume Piédieu, garde de la Marche, commissaires à imposer dans cette province 9,000 liv. pour sa part de l'aide accordée par les Etats de Languedoïl. — *Par le Roy*, D. Budé. — (Original aux Archives de la Creuse, C 345, p. 1. — Publiées en entier dans l'*Invent. sommaire* sous presse.)

IV. — 1425, novembre, guéret (?).

Les Etats imposés par le roi à 12,000 liv. pour leur part de l'aide de 450,000 liv. à lui accordée par les Etats de Languedoïl assemblés à Poitiers au mois d'octobre, obtiennent la réduction de cette somme à 9,500 liv. ; ils imposent, en outre, sur eux pour frais et récompenses. — Commissaires (pour l'impôt des 9,500 liv.) : Emery de La Marche, chevalier, sénéchal de la

---

ladite somme et des sommes auxquelles seront taxées ses seigneuries de Languedoc pour leur part de l'aide qu'il fait requérir dans ce pays, moyennant 8,000 liv. une fois payées ; 30 mars 1423. (B. N., *Franç.* 20892, à la date.)

1. Investiture de l'office de receveur donnée à Jacques de la Ville par les commissaires ; Guéret, 20 juillet 1424. (B. N., *Pièces orig.*, 520, dossier *Brion*.)

XIX. — 1446, janvier....

Les Etats accordent au roi 5,000 liv. ? pour leur part de l'aide de 226,000 fr., imposée par lui en Languedoïl; plus diverses sommes pour frais et dons. — Commissaires : Charles, sr de Culant, conseiller et chambellan du roi; Jean Tudert, maitre des requêtes de l'hôtel; Bertrand de Saint-Avit, sénéchal ; Jean Barton, chancelier de la Marche, et Pion de Bar, valet de chambre du roi [1].

XIX bis. — *Maillé*, 26 nov. 1446.

Charles VII nomme Jean de Saincoins, Bertrand de Saint-Avit et Guillaume Piédieu, commissaires à imposer dans la Marche : 1° le paiement des gens de guerre; 2° la somme de 5,000 liv. avec 400 fr. de frais, pour sa part d'une aide générale de 200,000 fr. en Languedoïl. (A. N., K 68, n° 23.)

---

ques de la Ville, de 200 liv., par don des Etats ; 31 juillet 1445. (B. N., *Clair.* 147, f° 215.)

C. — de Jean de Brosse, sr de Sainte-Sévère et de Boussac, et vicomte de Bridiers, au même, de 200 liv. pour même cause; 1er août 1445. (B. N, *Pièces orig.*, 528, dossier *Brosse.*)

D. Autre expédition de la distribution des frais faite à Tours, le 24 septembre 1445, signée BAR. (B. N., *Franç.* 25946, n° 467.)

E. Quittance de Pion de Bar, écuyer, un des commissaires, de 100 liv.; 1er décembre 1445. (B. N., *Pièces orig.*, 184, dossier *Bar*, en Limousin, p. n° 4.)

1. A. Lettres de Charles VII, nommant les dessus dits commissaires à imposer l'aide de 5,000 liv. et en même temps le paiement des gens d'armes ; Razillé, 4 décembre 1445. (Cette pièce importante a été publiée par M. Vallet de Viriville dans la *Bibl. de l'Ec. des Chartes* (IIe série, t. III, p. 127 et suiv.], d'après une copie contemporaine du British Museum, *Add. Charters*, 11542 ; nous sommes heureux d'en avoir découvert l'original à la B. N., de Paris, *Franç.* 21427, n° 10.)

B. Lettres de nomination du receveur (Jacques de la Ville); même date. (Vallet de Viriville, *ibid.*)

C. Quittance de Charles, sr de Culant, de 70 liv., sur les frais dudit

XX. — 1449, février. ...

Les États accordent au roi une somme inconnue pour leur part d'une aide imposée par lui en Languedoïl le 6 novembre 1448 [1].

XXI. — 1450, janvier? guéret.

Les États accordent au roi une aide de 5,000 liv. (?) pour leur part de 240,000 liv., par lui imposées en Languedoïl ; ils assistent, en outre, à la répartition du paiement des gens de guerre logés dans le pays, et ils imposent sur eux outre le principal de l'aide de 5,000 liv. comme de celle des gens de guerre. — Commissaires : Jean Bureau, trésorier de France ; Jean Barton, général des aides, et Bertrand de Saint-Avit, sénéchal de la Marche [2].

XXII. — 1451, janvier, chénérailles.

Les États accordent au roi une aide dont le montant est in-

aide pour sa commission (par lettres du roi du 8 avril 1446) ; 12 mai 1446. (B. N., *Cab. des Titres*, dossier *Culant*.)

1. Quittance de Guy, s' de Chauvigny, etc., à Jacques de la Ville, de 300 liv., sur le principal, par don du roi ; 14 novembre 1449. (B. N., *Pièces orig.*, 721, dossier *Chauvigny*.)

— de Jean d'Aubusson, s' de la Borne et du Dognon, de 140 liv., par don des États ; 21 novembre 1449. (B. N., *Clair.* 137, p. 2117.)

2. A. Lettres de nomination des commissaires : Louviers, 23 septembre 1449. (B. N., *Franç.* 21427, n° 11.)

B. Quittance de Bertrand de Saint-Avit à Jacques de la Ville de 100 liv., à lui données par les États pour avoir fait l'assiette de l'aide de 5,000 liv., 18 août 1450. (B. N., *Franç.* 26292, n° 21.)

C. — de Bernard d'Armagnac, au nom de son fils, le comte de Castres, de 300 liv. à lui données par les États ; 20 janvier 1451. (B. N., *Pièces orig.*, 93, dossier *Armagnac*, à la date.)

D. — de Jean Barton, de 40 liv., pour dépense faite dans son hôtel par les commissaires et les gens des États ; 14 mars 1451. (B. N., *Pièces orig.*, 207, dossier *Barton*, n° 37. — *Pièces just.*, LXXIV.)

connu pour leur part de 120,000 liv. imposées par lui en Languedoïl et ils s'imposent, en outre, pour les frais ; en même temps, ils assistent à l'assiette du paiement de 18 hommes d'armes et 36 archers logés pour le roi dans le pays (= 6,696 liv) ; ils ordonnent, en outre, la levée de 240 liv., pour aider au Franc-Alleu à payer les gens d'armes qui y sont logés, et de 842 liv. pour frais et récompenses. — Commissaires : Jean Bureau, trésorier de France, Jean du Mesnil-Simon, s^r de Maupas, sénéchal de Limousin, et Bertrand de Saint-Avit[1].

XXIII. — 1451, OCTOBRE ?...

Les Etats, conjointement avec ceux du haut et du bas Limousin et ceux du Périgord, envoient des ambassadeurs au roi et obtiennent que les aides n'aient pas cours dans le pays moyennant une taille directe ou *équivalent* de 4,500 liv. ; ils imposent, en outre, pour les ambassadeurs et autres frais 1,500 liv. qui

---

1. A. Assiette du paiement des gens d'armes et distribution des frais signée des commissaires, le 19 janvier 1451. (B. N., *Franç.* 21901.)

B. Quittance de Jean du Mesnil-Simon de 100 liv. à lui données pour avoir fait l'assiette du paiement des gens d'armes ; 20 mars 1451. (B. N., *Cab. des Titres*, dossier *Mesnil-Simon*. — *Pièces just.*, LXXV.)

C. — de Jacques d'Armagnac, comte de Castres, fils du comte de la Marche, à Jacques de la Ville, de 300 liv., à lui données par les Etats sur les frais de l'aide du roi ; 3 mai 1451. (B. N., *Pièces orig.*, 93, dossier *Armagnac*, n° 133.)

D. — d'Antoine d'Aubusson, s^r du Monteil, de 100 liv., à lui données comme dessus ; 27 mai 1451. (B. N., *Clair.* 137, p. 2117.)

E. — de Bernard d'Armagnac, comte de la Marche, de 180 liv., sur les frais de l'aide du roi ; 14 juin 1451. (B. N., *Pièces orig.*, 93, dossier *Armagnac*, à la date.)

F. — de Jacques d'Armagnac, comte de Castres, de 100 liv. sur les frais du paiement des gens d'armes ; 7 octobre 1451. (B. N., *ib., ib.*)

G. — de Bertrand de Saint-Avit, de 100 liv. pour avoir fait l'assiette de l'aide du roi ; 18 octobre 1451. (B. N., *Cab. des Titres*, dossier *Saint-Avit*.)

H. — du même, de 100 liv., pour avoir fait l'assiette du paiement des gens d'armes ; 12 novembre 1451. (B. N., *ib., ib.*)

plus tard, avec le consentement des intéressés, sont données par le roi au comte de Castres[1].

1. A. Lettres de don du roi au comte de Castres, desdites 1,500 liv. ; Lusignan, 2 mai 1453. (B. N., *Franç.* 20580, p. 29.)
B. Lettres réitératives dudit don ; 6 mai 1454. (B. N., *Franç.* 20688, p. 22.)
C. Quittance du comte de Castres à Antoine Alard, receveur de l'équivalent, de 1,000 liv. ; 22 mai 1454. (B. N,. *Pièces orig.*, 93, dossier Armagnac, n° 146.)
Nota. — Voyez, sur le montant de la part de la Marche, B. N., *Franç.* 2886 (publié par P. Clément, *J. Cœur et Charles VII*, t. II, p. 419 sv.)

de mai précédent. — Commissaires : Bertrand de Saint-Avit, Jean Barton et Guillaume Piédieu [1].

XVII. — 1444, avril.....

Les Etats accordent au roi une aide de.......... pour leur part de 240,000 francs par lui imposés en Languedoïl; ils imposent, en outre, sur eux pour frais et récompenses, entre autres 500 liv. pour le dauphin (Louis XI). — Commissaires : Jean Barton et Pierre de Tuillières, conseiller en Parlement [2].

XVIII. — 1445, février ou mars, guéret.

Les Etats accordent au roi une aide de 8,000 liv. pour leur part de 300,000 liv. par lui imposées en Languedoïl; ils ordonnent, en outre, la levée sur eux de 2,050 liv. pour les frais et les affaires du pays. — Commissaires : Jean Barton, Nicole du Breuil, secrétaire du roi, et Pion de Bar, valet de chambre du roi [3].

1. A. Lettres de nomination des commissaires; Poitiers, 26 mai 1443. (Copie insérée dans la pièce B ci-dessous.)
B. Nomination par les commissaires du roi de commissaires particuliers (Pierre Autort et Jean Paris) pour faire l'assiette de la châtellenie du Dognon; 21 janvier 1444. (B. N., *Franç.* 26072, n° 4931.)
C. Quittance de Bernard d'Armagnac à Jacques de la Ville, de 2,000 liv. à lui données par les Etats; 12 février 1444. (B. N., *Pièces orig.*, 93, n° 123.)
2. A. Quittance de Guy, s^r de Chauvigny et de Châteauroux, vicomte de Brosse, à Jacques de la Ville, de 200 liv., à lui données par les Etats; Cluys, 3 juin 1444. (B. N., *Pièces orig.*, 724, dossier *Chauvigny*.)
B. Distribution des frais du 27 mars 1445, pour l'année suivante. (Voyez *infra*.)
C. — Certificat délivré par J. Barton, au receveur, constatant qu'il n'a pu lever la totalité de l'impôt; 12 juin 1445. (B. N., *Collection D. Villevieille, Franç.* 26265, au mot *Barton*.)
3. A. Assiette suivie de la distribution des frais signée des trois commissaires, faite à Bourges, le 27 mars 1445. (B. N., *Franç.* 23901. — *Pièces just.*, LVI.)
B. Quittance de Jean d'Aubusson, s^r de la Borne et du Dognon, à Jac-

XIV. — 1441, octobre?.....

Les Etats accordent au roi 3,000 liv. pour leur part de 200,000 liv. imposées par lui en Languedoïl pour le fait de la guerre. — Commissaires : Bertrand de Saint-Avit, Jean Barton, Guillaume Piédieu[1].

XV. — 1442, septembre?.....

Les Etats accordent au roi 4,000 liv. pour leur part d'une aide de 100,000 francs imposée par lui en Languedoïl pour l'entretien des frontières en Normandie durant l'expédition de Guyenne[2].

XVI. — 1443, juin?.....

Les Etats accordent au roi une aide de 4,000 liv. pour leur part de 240,000 francs par lui imposés en Languedoïl au mois

---

sur le principal par don du roi ; 21 mai 1441. (B. N., *Cab. des Titres*, dossier *Saint-Avit*.)

D. — de Barthélemy Bony, châtelain d'Ahun, de 12 liv. à lui données par les Etats ; 21 mai 1441. (B. N., *Pièces orig.*, 415, dossier *Bony*, n° 3.)

E. — de Miles de Campremy, secrétaire du comte de la Marche, de 10 liv. par don des Etats ; 24 mai 1441. (B. N., *Cab. des Titres*, dossier *Campremy*.)

F. — de Jean Barton, de 100 liv. sur le principal par don du roi ; 2 juin 1441. (B. N., *Pièces orig.*, 207, dossier *Barton*, n° 33.)

1. A. Quittance de Bernard d'Armagnac, comte de la Marche, de 2,000 liv. à lui données par les Etats ; 3 février 1442. (B. N., *Pièces orig.*, 93, n° 119. — *Pièces just.*, XLIV.)

B. — collective des commissaires de 240 liv. à eux données par les Etats ; 3 février 1442. (B. N., *Cab. des Titres*, dossier *Saint-Avit*.)

2. Quittance de Bernard d'Armagnac à Jacques de la Ville, de 1,500 liv. à lui données par les Etats ; 15 mars 1443. (B. N., *Pièces orig.*, 93, dossier *Armagnac*, n° 112.)

TROISIÈME PARTIE

NOTICES BIOGRAPHIQUES

SUR LES COMMISSAIRES DU ROI AUPRÈS DES ÉTATS PROVINCIAUX

---

1. — BAN (Etienne du).

Etienne du Ban était notaire et secrétaire du roi. Au commencement de l'année 1441, il fut envoyé par Charles VII comme commissaire dans le Haut et le Bas-Limousin pour requérir des Etats de ces deux pays l'octroi de leur part respective d'une aide de 200,000 fr. imposée en Languedoil. Les Etats du Haut-Limousin, assemblés à Saint-Léonard au mois de janvier, lui firent don de 200 liv. pour avoir été commissaire [1] et ceux du Bas-Limousin, réunis à

---

1. *Pièces just.*, xxxix, n° 14.

Ussel au mois de février, lui accordèrent pour le même motif 150 liv.[1].

En 1458, 1466, 1475, on trouve un Jean du Ban notaire et secrétaire du roi[2] : peut-être est-ce le fils d'Etienne du Ban, sur le compte duquel nous n'avons trouvé aucun autre renseignement.

II. — BAR (Jean de).

Jean de Bar appartenait à une famille noble du Berry. Il était fils aîné d'autre Jean de Bar, seigneur de Baugy. De bonne heure il fut attaché à la personne de Charles VII encore dauphin en qualité de valet de chambre[3]. Puis il exerça des offices de finance ; nous le trouvons en 1435 receveur en Berry de l'aide accordée au roi au lieu des aides pour la guerre[4]. Charles VII le nomma plus tard conseiller général sur le fait des finances, et, à partir de 1444 environ jusqu'à la fin du règne, il demeura en faveur auprès de ce prince. En 1444, il fut commissaire avec l'évêque de Maillezais auprès des Etats d'Auvergne, qui lui votèrent en dédommagement 500 liv. ; il le fut encore au mois d'avril 1445,

1. *Ibid.*, xl, n° 13.
2. Bibl. nat., *P. orig.*, 181, dossier du *Ban.*
3. Don à huit valets de chambres du dauphin, dont Jean de Bar, de 150 liv., pour leurs étrennes ; 3 janvier 1420, B. N., *Fr.* 20587, p. 29.)
4. Arch. nat., Reg. du Parlement, X^r A, 8604, fol. 25.

sur le fait de l'aide de 32,000 liv. demandée par le roi : les Etats lui accordèrent également 500 liv. Au mois de mai 1445, lorsque Charles VII conçut le projet d'organiser la cavalerie et de la répartir entre les différentes provinces, Jean de Bar fut chargé avec Charles de Culant de faire loger 120 lances dans la Basse-Auvergne; il s'acquitta de cette commission à la satisfaction des Etats qui lui firent don de 250 liv. à leur session d'août. Les Etats de la Marche, au mois de mars précédent, lui avaient fait présent de 100 liv. pour divers services qu'il avait rendus à la province [1]. Il fut encore commissaire en Auvergne en 1446, et chargé spécialement avec le maréchal de La Fayette d'exposer aux Etats les trois procédés que le roi laissait à leur choix pour l'entretien des gens de guerre logés dans le pays; de même en 1448 : à chaque fois les Etats lui votèrent une gratification de 500 liv. Il fut encore envoyé auprès d'eux au commencement de 1449, mais nous n'avons aucun détail sur la manière dont il s'acquitta de sa commission [2].

Jean de Bar se distingua surtout au moment de la conquête de la Normandie; il fut fait chevalier au début de la campagne [3], et, le 17 juillet 1449, il fut un

1. Voy. l'assiette du mois de mars 1445 et la distribution des frais, *Pièces just.*, LVI, n° 5.
2. Pour tous les faits relatifs aux missions de Jean de Bar en Auvergne, voy. le *Catalogue* aux dates, et les Instructions de 1444 et de 1445, *Pièces just.*, LI et LVII.
3. Vallet de Viriville, *Hist. de Charles VII*, III, 155.

des sept commissaires auxquels le roi donna plein pouvoir pour traiter avec ceux qui voudraient se mettre en son obéissance [1].

Sa faveur ne diminua pas sous Louis XI. Dès les premiers jours du règne, le prince ayant suspendu tous les élus du royaume, il fut chargé avec Jean Bureau, Pierre Bérart et Etienne Chevalier d'imposer dans la Basse-Auvergne le paiement de 93 lances 3/4 (16 novembre 1461) [2]. Tout en conservant son titre de général de France, il devint bailli de Touraine, capitaine de Tours et d'Amboise. Il mourut en 1469 et fut enterré dans l'église des Jacobins de Bourges où l'on voyait encore son tombeau surmonté de sa statue au siècle dernier [3]. Le sort de ses enfants montre à quelle haute condition il avait atteint lui-même. Son fils Denis fut évêque de Tulle en 1472, puis de Saint-Papoul en 1496. Parmi ses filles, l'une épousa Charles de Gaucourt et l'autre Pierre d'Oriolle, le maire de la Rochelle qui devint chancelier de Louis XI.

III. — BAR (Pion de).

Pierre de Bar, dit plus communément Pion de

---

1. B. N., *Franç.* 20382, p. 9.
2. *Ibid., Pièces orig.,* 183, dossier *Bar,* seigneur de Baugy. n° 3
3. Ces détails et ceux qui suivent sont empruntés à l'art. *Bar* de La Chesnaye des Bois.

Bar, était un frère cadet de Jean de Bar, qui fut la tige de la branche de Villemesnard¹. Il remplaça probablement son frère dans l'office de valet de chambre du roi dont nous le trouvons possesseur dès 1436. Au mois de mai de cette année, il partit de Bourges par ordre du roi pour aller chercher 3,000 liv. assignées sur les monnaies de Languedoc, mais il ne put les recouvrer et dut faire un second voyage, peu de temps après, pour le même objet : le roi lui taxa, à cette occasion, 120 liv. dont il donna quittance partielle le 5 juillet ². Par lettres données à Nancy le 9 janvier 1445, Charles VII le nomma commissaire à la fois dans la Marche, dans le Haut et dans le Bas-Limousin pour imposer sur chacun de ces pays sa part de l'aide générale de 300,000 liv. que le roi levait alors en Languedoïl. En ce qui concerne la Marche, il signa la répartition et la distribution des frais conjointement avec Jean Barton et Nicole du Breuil, le 27 mars, à Bourges : les Etats lui avaient fait don de 100 liv. dont il donna quittance le 1ᵉʳ décembre 1445 ³. Les Etats du Haut-Limousin lui accordèrent également 100 liv. dont il donna quittance le 30 décembre suivant ⁴.

En 1446 il fut encore commissaire dans la Mar-

1. Voy. l'art. *Bar* de La Chesnaye des Bois.
2. B. N., *P. orig.*, 184, dossier *Bar* en Limousin, p. 2 et 3.
3. Voy. la distribution des frais, *Pièces just.*, LVI, n° 6, et la quitt. B. N., *P. orig.*, 184, dossier *Bar* en Limousin, p. 4.
4. B. N., *P. orig.*, 184, dossier *Bar* en Limousin, p. 6.

che par lettres du roi du 4 décembre 1445 ; mais nous n'avons aucun détail sur la manière dont il s'acquitta de cette nouvelle charge¹. Nous le trouvons encore donnant quittance, le 2 juin 1446, d'une somme de 100 liv. que lui avaient votée les Etats de la Haute-Auvergne². Nous le perdons de vue depuis lors.

IV. — BARRE (Nicole de La).

Nicole de La Barre était maître des requêtes de l'hôtel. Blanchard³ déclare ne rien savoir sur sa famille ; nous n'avons guère été plus heureux.

Par lettres des 6 et 14 novembre 1422, le dauphin lui fit don de 400 liv. pour avoir été auprès du seigneur de Laigle réclamer la délivrance de certains marchands bretons que ce dernier détenait prisonniers, et pour autres causes. Le 13 décembre suivant il lui accorda encore 400 liv. t. pour être allé en Poitou traiter avec la comtesse de Buchan, femme du connétable, du délogement des Ecossais qui se trouvaient dans cette province⁴.

Au mois de janvier 1423, il fut un des commissaires chargés par le roi d'imposer sur le Limousin, haut et bas, la somme de 37,000 liv. pour sa part de l'aide d'un million que les Etats de Bourges

---

1. Voyez le *Catalogue*.
2. B. N., *P. orig.*, dossier *Bar* en Limousin, p. 5.
3. *Généal. des maîtres des requêtes.*
4. *Ibid.*

venaient de lui accorder. Pour des raisons que nous exposons ailleurs [1], les commissaires durent faire séparément l'assiette du premier et des deux derniers termes de l'aide : dans la seconde assiette, qui eut lieu quelques mois après la première, Nicole de La Barre se qualifie bailli de Meaux [2]. Il fut encore commissaire dans cette province en septembre 1423 et en décembre de la même année [3]. Depuis cette époque nous le perdons de vue ; nous savons seulement qu'il fut aussi général sur le fait de la justice des aides, qu'il mourut à la journée des Harengs en février 1429, et qu'il fut remplacé dans son office de général par Jean Barton, chancelier de la Marche [4]. Il avait épousé Jeanne de Vaily, fille de Jean de Vaily, président du Parlement de Poitiers [5].

V. — BARTON (Jean).

La famille des Barton est célèbre dans les annales du Limousin et de la Marche, mais depuis le XVe siècle seulement ; les généalogistes n'ont pu

1. Voy. le *Catalogue*.
2. *Pièces just.*, 10.
3. Voy. le *Catalogue* aux dates.
4. Voy Barton (Jean), *infra*, et Arch. Nat., Z 1 A 18, fol. 216-17.
5. Arch. Nat., Reg. de la Cour des Aides, Z 1 A 8, fol. 62ᵛ.

en retrouver la filiation assurée au-delà de cette époque. Tout ce qui a été dit par Nadaud et Legros [1] sur son origine est ou légendaire ou erroné : la vérité est qu'on n'a rien su jusqu'ici sur les ancêtres de Jean Barton. Nous avons été un peu plus heureux dans nos recherches personnelles : nous avons trouvé un Pierre Barton, clerc, chancelier de la Marche, en 1392, et en 1397 clerc juré de cette chancellerie, qui est très probablement le père du personnage dont nous nous occupons [2].

Jean Barton n'était qu'un simple bourgeois de Guéret [3] : il arriva par son habileté et ses talents à jouer un grand rôle de son vivant. Dès le 2 mai 1416, il apparaît avec le titre qu'il a porté toute sa vie de chancelier de la Marche [4]. En 1421, il était receveur général dans le Limousin, la Marche et la Combraille de l'aide accordée au roi au mois de mai par les États de Clermont [5] ; en 1422, receveur en Limousin de l'aide accordée au roi au mois de juillet pour l'amélioration de la monnaie [6]. Le 26

---

1. *Nobil. du Limousin*. — L'article de Jean Barton est un tissu de confusions et de contradictions.

2. Cart. des Ternes (aux Arch. de la Creuse), I, fol. 234, 238, 254.

3. « Sage homme Jehan Berton de Guaret », 31 juillet 1431. (Acte cité par P. Robert, dans Fontenau, xxx, p. 633, à la Bibl. de Poitiers.) — « Johannes Barthonis de Garacto », janvier 1433. (Arch. nat., P 1378 [1], cote 3103.)

4. Arch. Creuse, Cart. des Ternes, II, fol. 100.

5. Voy. le *Catalogue*, Limousin, I.

6. *Ibid*, Haut-Limousin.

novembre 1424, le roi le nomma, avec Guérin de Brion, Bertrand de Saint-Avit et Guillaume Piédieu, commissaire pour imposer dans la Marche une somme de 9,500 liv. pour sa part d'une aide à lui présentement accordée par les Etats de Riom [1]. Depuis lors, et jusqu'en 1430, il fut pour ainsi dire commissaire en titre du roi auprès des Etats de ce pays ; nous nous bornons à renvoyer à notre catalogue de la Marche à ce sujet sans y insister autrement. Il remplit la même charge en novembre 1425 dans le Haut-Limousin : les Etats l'envoyèrent en ambassade auprès du roi à Mehun-sur-Yèvre, avec l'évêque de Limoges et l'abbé du Dorat, pour obtenir une diminution de leur quote-part de l'aide de 450,000 francs accordée au roi à Poitiers, et, tant pour ce voyage que pour sa commission, ils lui firent don de 200 liv. [2]. Depuis lors, et presque à chaque session, il fut commissaire du roi aussi bien auprès des Etats du Bas-Limousin que de ceux du Haut (voy. le *Catalogue*).

D'autre part, son crédit et ses titres ne faisaient qu'augmenter : dès 1424, il s'intitule conseiller et secrétaire du roi de Hongrie, comte de la Marche [3]; le 2 janvier 1433, il se porte caution vis-à-vis du fameux Rodrigue de Villandrando de 200 écus d'or en faveur de Pierre et Jacques de Saint-Sébastien [4];

1. *Ib.*, Marche, à la date.
2. *Ib.*, Haut-Limousin, VIII, G.
3. Arch. Creuse, Cart. des Ternes, *passim*.
4. Arch. nat., P 1378², cote 3103.

le 5 mai de la même année, le parlement de Poitiers le commet à l'administration du temporel de la prévôté de la Souterraine dont le prévôt, frère Mathieu Formier, était emprisonné pour propos séditieux tenus contre le roi ¹. Le 4 mai 1434, il est solennellement reçu à Poitiers comme général conseiller sur le fait de la justice des aides, office dont le roi lui avait fait don après la mort de Nicole de La Barre arrivée en 1429 ². En 1437, nous le voyons agir comme « commissaire et general reformateur ordonné par le roy ou païs de Rouergue sur le fait des frans-fiefz, nouveaux acquestz et admortissemens », avec Pierre de Capdenac, juge-mage de la province, et Bernon de Genestet, capitaine de Najac ³.

Au mois de mars 1439, il eut l'honneur de recevoir Charles VII dans son hôtel, à Guéret : le comte de la Marche n'avait pas trouvé de local plus confortable pour héberger son souverain ⁴. Sans parler des sommes que lui allouaient périodiquement les Etats de la Marche, du haut et du bas Limousin, le roi lui donna fréquemment des gratifications : 60 liv., le 18 juillet 1438 « de sa grace » ; 100 liv., le 6 sep-

1. Reg. du Parl. (Arch. Nat.), *Criminel* 19, à la date.
2. Reg. de la Cour des Aides (Arch. nat.), Z¹ A 8, fol. 122, et aussi Z¹ A 18, fol. 316-17.
3. B. N., *P. orig.*, 207, dossier *Barton*, nᵒˢ 23 et 24.
4. Relat. d'un moine de Saint-Martial, ap. Soc. Antiq. de France, XI, p. 356 et sv. — Réimprimée par Duplès-Agier, *Chron. de Saint Martial de Limoges*, p. 212.

tembre 1440 pour être venu près de lui à Bourges et de là s'en retourner en Bas-Limousin ; 100 liv., le 27 janvier 1441 pour l'avoir accompagné dans son voyage de Champagne [1].

Jean Barton n'exerçait pas seulement l'office de chancelier de la Marche ; nous le trouvons, en 1441, lieutenant général et garde de la justice du pays et comté de la Basse-Marche [2]; en 1448, garde des sceaux ou chancelier du bailliage de Limoges [3]. En même temps, le roi employait ses services en dehors de la Marche et du Limousin. En 1444, il fut commissaire auprès des Etats du Franc-Alleu [4]. En 1446, il remplit la charge autrement importante de commissaire du roi auprès des Etats de Languedoc assemblés à Montpellier au mois d'avril [5]. Il fut encore commissaire auprès d'eux, à Montpellier, en janvier-février 1447 ; le roi lui ordonna de ce chef 200 liv. sur la somme de 6,000 liv. votée par les Etats outre le principal, pour être distribuée à divers conseillers de Charles VII [6]. En même temps il

---

1. Voy. les trois quittances au dossier *Barton*, nos 26, 31 et 33.

2. Bibl. de Poitiers, Fonteneau, XXX, p. 657.

3. Archives communales de Felletin (Creuse), pièce du 17 janvier 1448 (orig.).

4. Quitt. de 25 liv. pour ce, dossier *Barton*, n° 45.

5. B. N., *Fr.* 26075, n° 5454, et D. Vaissète, liv. XXXV, ch. 11.

6. Lettres données à Bois-sire-Amé, le 2 juin 1447. (B. N., *Fr.* 20591, p. 35.)

fut chargé avec Pierre des Crosses de faire l'assiette particulière du diocèse de Mende pour sa part de l'aide de 170,000 liv. votée par les Etats : il se rendit en personne à Marvejols, où les Etats de Gévaudan, assemblés en sa présence, au mois d'avril 1447, lui firent don de 150 liv. pour sa commission [1].

En 1446 il avait été commissaire avec Jean Tudert dans le Rouergue pour y imposer une aide de 2,000 liv. accordée au roi par les Etats de ce pays [2]; en 1449, avec Jean de La Loère, secrétaire du roi, il retourna dans ce pays pour y asseoir le paiement des gens de guerre : les Etats votèrent aux deux commissaires une somme de 350 liv. à partager entre eux [3]. La même année il avait été chargé de prendre en Bas-Limousin la déclaration des nobles et d'y organiser les francs-archers nouvellement créés : les Etats lui firent don de 100 liv. pour s'être acquitté de sa commission [4].

Après la conquête de la Guyenne, Jean Barton, qui avait assisté en personne à la reddition de Bordeaux, fut nommé par Charles VII premier président au parlement de cette ville [5] : il résigna alors en

---

1. Voy. l'assiette signée de Jean Barton. (B. N., *Fr.* 23901, au mot *Mende*.)

2. B. N., *Cab. des Titres*, dossier *Tudert*.

3. Quitt. partielle du 22 mai 1449. (Dossier *Barton*, n° 43.)

4. B. N. *Franç.* 20594, p. 37.

5. Reg. de la Cour des Aides, Arch. Nat., Z¹,A 18, fol. 316-17.

Marche; Bertrand de Saint-Avit, écuyer, conseiller du roi Jacques; Guillaume Piédieu, garde de la Marche, et Jean Barton, chancelier de la Marche [1].

V. — 1428, NOVEMBRE?......

Les Etats accordent au roi 8,000 liv. pour leur part de l'aide à lui octroyée par les Etats généraux de Chinon [2].

VI. — 1431, AVRIL OU MAI,.....

Les Etats accordent au roi 7,000 liv. pour leur part de l'aide de 200,000 liv. à lui octroyée par les Etats de Languedoïl réunis à Poitiers au mois d'avril. — Commissaires : Bertrand de Saint-Avit, écuyer, conseiller du roi ; Guillaume Piédieu, garde de la Marche, conseiller du roi; Jean Barton, chancelier de la Marche, conseiller du roi [3].

VII. — 1433, MAI,.....

Les Etats, au lieu de 5,000 liv. que demandait le roi pour

---

1. A. Quittance de Bertrand d'Armagnac, lieutenant du roi Jacques dans le comté de la Marche, à Jacques de la Ville, de 500 liv. à lui données par les Etats, pour dépenses faites au profit du pays ; 21 avril 1426. (B. N., *Pièces orig.*, 93, dossier *Armagnac*, n° 103.)
B. — de Jean Barton de 70 liv.; 30 avril 1426. (Voyez *Pièces justif.*, XI.)
C. — de Jacques de Bourbon, comte de la Marche, de 530 liv. à lui données pour l'aider à soutenir ses affaires; Roquecourbe, 15 mai 1426. (B. N., *Clair.* 119, à la date.)
D. Certificat des commissaires constatant que le receveur a payé, par ordre des Etats, la somme de 510 liv. à Théode de Valpergue et autres capitaines pour qu'ils ne pillent pas le pays ; 18 mai 1426. (Voyez *Pièces just.*, XIV.)
2. Quittance de Guérin, sr de Brion, de 50 liv. à lui données pour services rendus au pays; 15 mars 1429. (B. N., *Pièces orig.*, 520, dossier *Brion*.)
3. Quittance collective des commissaires à Jacques de la Ville, de

remplacer l'aide dite des *barrages*, n'accordent que 3,500 liv.; ils envoient à la cour exposer l'état malheureux du pays affligé par la famine à cause de la guerre et des gelées de l'hiver précédent, et ils obtiennent la réduction de l'aide demandée à 4,000 liv. — Commissaires : Etienne Froment, secrétaire du roi. . . ¹.

VIII. — 1434, décembre ?,......

Les Etats accordent au roi 2,000 liv. pour leur part d'une aide à lui octroyée par les Etats de Tours au mois d'août précédent. — Commissaires : Bertrand de Saint-Avit, sénéchal de la Marche; Jean Barton, chancelier de la Marche; Guillaume Piédieu, garde de la Marche ².

IX. — 1435, février ?,......

Les Etats accordent au roi une aide au lieu des aides dont

---

40 liv.; Chénerailles, 27 novembre 1431. (A. N., KK 648, p. n° 127, imprimée en partie dans le *Cabinet historique*, 1878, p. 170.)

1. A. Lettres de Charles VII faisant don à E. Froment de 100 liv. pour le défrayer de deux voyages faits de la cour dans la Marche; Amboise, 4 juin 1433. (B. N., *Franç.* 20417. — *Pièces justif.*, xx.)

B. Quittance d'Etienne Froment à Jacques de la Ville de ladite somme; 20 février 1434. (B. N., *Cab. des Titres*, dossier *Froment*.)

C. — de Guillaume de Villemoine, écuyer, capitaine de Jarnage, au même, de 20 liv. à lui données par les Etats pour le défrayer des dépenses qu'il avait faites pour le bien du pays; 22 juillet 1434. (B. N., *ib.*, dossier *Villemoine*.)

2. A. Investiture de l'office de receveur donnée à Jacques de la Ville par les commissaires, en vertu des lettres du roi du 6 septembre 1434, vérifiées par les généraux des finances le 18 septembre suivant; 24 décembre 1434. (B. N., *Pièces orig.*, 207, dossier *Barton*, n° 12.)

B. Quittance de Bernard d'Armagnac, lieutenant du roi Jacques, à Jacques de la Ville, de 1,780 liv. à lui données par les Etats pour dépenses faites au profit du pays; 12 mai 1435. (B. N., *ib.*, 93, dossier *Armagnac*, n° 110. — *Pièces just.*, xxi.)

C. Certificat des commissaires constatant que le receveur n'a pu lever complètement le montant de l'impôt pour divers empêchements particuliers; 9 décembre 1435. (A. N., *Carton des Rois*, K 61, n° 5.)

faveur de son fils Mathurin son office de général
des aides qu'il n'avait d'ailleurs guère exercé assi-
dument. C'est le moment de sa plus grande pros-
périté. Ses différents emplois avaient été pour lui
aussi lucratifs qu'honorifiques : aussi le voyons-
nous, en 1454, acheter du s^r de Maigné les château
et châtellenie de Champagné en Poitou [1]. Bientôt,
et dès le 4 octobre 1456 au moins, il est qualifié de
chevalier, s^r de Lubignac [2] : avait-il été annobli par
Charles VII comme Jacques Cœur, Etienne Cheva-
lier et autres à raison de ses services ? C'est assez
probable, mais nous n'avons trouvé trace nulle part
de cet annoblissement.

La disgrâce atteignit ou du moins menaça de très
près sa fortune au moment où elle était à son comble. La longue part qu'il avait prise à l'administration des impôts royaux dans la Marche le mit en
butte à des accusations plus ou moins fondées [3] :
dès 1455, il fut englobé dans des poursuites pour
exactions commencées contre Jacques de la Ville,
receveur de la province, et les héritiers de Bertrand
de Saint-Avit et de Guillaume Piédieu, qui avec
Jean Barton avaient été commissaires du roi auprès

1. B. N., *Clair.*, 194, p. 7693.
2. Arch. de la Creuse, Cartul. de Blessac, et Cart. des Termes, II, *passim*.
3. Voy. sur cette affaire, pour laquelle malheureusement
nous n'avons que des renseignements épars, B. N., *Fr.*
25712, p. 318 et 334; et Arch. Nat., P 2848, fol. 38-40, 415,
443.

des États de la Marche. Son fils Pierre fut emprisonné à la Conciergerie à Paris et dut donner caution pour se faire élargir. L'instruction du procès dura fort longtemps ; enfin, le 8 août 1458, la Chambre des Comptes rendit un arrêt qui condamnait Jacques de la Ville à une amende de 6,000 liv. envers le roi. Jean Barton avait-il été renvoyé absous, ainsi que les autres accusés? nous l'ignorons absolument. Toujours est-il qu'il conserva sa charge de chancelier de la Marche. La date de sa mort est fixée entre le 21 avril 1460 au plus tôt et le 6 mai 1462 au plus tard [1].

D'après des mémoires de famille, il avait épousé Berthe ou Gilberte de Bonnat, sans doute vers 1415 comme le conjecture M. le vicomte de Maussabré [2]. Il en eut sept fils et deux filles. Citons seulement : Jean, l'aîné, conseiller au Parlement de Paris, abbé du Dorat en 1446, et évêque de Limoges en 1457 ; Pierre, qui acquit la seigneurie de Montbas en Poitou et en fit hommage au roi le 18 octobre 1458 : il succéda à son père comme chancelier de la Marche ; Mathurin, qui jouit, du vivant de son père, de l'office de général des aides et fut en outre garde de la Marche, et enfin une fille, Antoinette, qui épousa Guillaume de Vic [3].

---

1. Il est encore chancelier en 1460, c'est son fils en 1462. (Arch. de la Creuse, fonds Moutier-Roseille, pièces orig.)

2. *Nobil. du Limousin*, art. *Barton*; supplément.

3. *Ib.*, au mot *Barton*.

VI. — BÉRAUD, dauphin d'Auvergne.

Commissaire en 1426 auprès des Etats d'Auvergne, avec Jean Girard, sur le fait de l'aide accordée au roi au lieu du onzième de toutes denrées. Il mourut peu de temps après[1].

VII. — BLANCHET (Girard).

Girard Blanchet appartenait à une famille de Champagne déjà en faveur auprès de Charles V et de Charles VI. Son père Jean, notaire et secrétaire de ces deux rois, avait acquis, en 1365, la seigneurie de la Rivière-de-Corps, près de Troyes; il reçut plusieurs gratifications de Charles VI[2]. Girard Blanchet s'attacha de bonne heure au parti du dauphin Charles et se trouva bientôt en grande faveur auprès de lui : il portait le titre de conseiller et maître des requêtes de l'hôtel dès 1422. Ce prince le chargea avec d'autres d'aller en ambassade auprès du duc de Savoie le prier de s'entremettre de la paix avec le duc de Bourgogne, et à son retour, le 26 novembre 1422, il lui fit don de 200 liv.[3]. En même temps

---

1. Voy. l'*Art de vérifier les dates*, Dauphins d'Auvergne.
2. Voy. Bibl. nat., *P. orig.*, 365, dossier *Blanchet*, passim.
3. Lettres de don citées par Blanchard.

un riche mariage assurait son crédit : il épousait Isabeau de Champeaux, sœur du fameux évêque de Laon, et belle-sœur du trésorier général Macé Héron. Charles VII lui donna à cette occasion 500 écus d'or pour monter son hôtel [1]. L'année suivante, il fut envoyé de Bourges à Angers en compagnie de Tanguy du Châtel pour traiter certaines affaires avec les ambassadeurs du duc de Bretagne ; nouveau don à cette occasion du 12 août 1423 [2].

Au mois de juillet 1425, nous le trouvons commissaire en Lyonnais pour hâter la levée d'une somme de 6,500 liv. à laquelle le pays avait été taxé pour sa part de l'aide de 120,000 fr. que le roi venait d'imposer sur le Languedoïl [3]. En 1426, il fut encore chargé de « mettre sus » dans cette province sa part de l'aide au lieu du *onzième* accordé au roi par les Etats de Poitiers au mois d'octobre 1425 [4]. Les années suivantes il eut à remplir des missions plus lointaines : le 15 mars 1428, il partit d'Amboise pour aller en Languedoc auprès du comte de Foix et de là à la cour du roi d'Aragon comme ambassadeur de Charles VII ; le 4 septembre seulement il était revenu à Chinon, de retour de ce long voyage [5]. Mais,

---

1. Lettres de don : Mehun, 16 août 1422 (dossier *Blanchet*, supra n° 24) ; lettres réitératives : Mehun, 10 décembre 1425 (*ib.*, n° 25), et quittance du 26 mai 1426 (*ib.*, n° 26).
2. Cité par Blanchard, *ut supra*.
3. Ach. de Lyon, AA 20, fol. 16, et BB 1, fol. 235 r°.
4. *Ibid.*, AA 68 et BB 2, fol. 28.
5. Don à cette occasion de 500 liv. ; Chinon, 1ᵉʳ octobre 1428 (dossier *Blanchet*, n° 27).

à peine arrivé, il dut repartir pour aller trouver le comte de Foix en Languedoc : cette nouvelle mission dura six semaines [1]. En 1429, troisième voyage auprès du gouverneur de Languedoc qui cette fois se trouvait à Mazères, dans son comté de Foix : à son retour, Girard Blanchet rejoignit le roi à Sully, au milieu du voyage qu'il faisait à Reims pour aller se faire couronner [2].

Au mois de mai 1431, Girard Blanchet fut nommé commissaire avec Guillaume Le Tur, président en parlement, auprès des Etats d'Auvergne ; mais il ne réussit qu'à demi dans cette mission. Les Etats n'accordèrent que 30,000 fr., au lieu de 45,000 que demandaient les commissaires [3]. Malgré cet échec il fut encore chargé avec Jacques de Canlers, au mois de janvier 1432, de requérir dans le même pays l'octroi d'une aide de 25,000 liv. ; il dut encore se contenter d'une somme inférieure, de 15,000 fr. A cette occasion, les Etats lui accordèrent comme commissaire 200 liv. et, en outre, les gens d'église et nobles de la Basse-Auvergne, en considération des services qu'il leur avait rendus, lui firent don de 100 liv. [4].

En quittant l'Auvergne, il lui fallut vraisemblablement se rendre à Lyon ; en effet, par lettres données à Chinon le 27 janvier, le roi venait de le commettre,

---

1. Don de 200 liv.; Chinon, 26 janvier 1429 (*ib.*, n° 28).
2. Don de 300 liv. ; Loches, 6 octobre 1429 (*ib.*, n° 29).
3-4. Voy. le *Catalogue*, Auvergne, aux dates.

avec maîtres Jean Baubignon, son conseiller, et Jean de Dijon, son secrétaire, à demander aux habitants de cette ville l'octroi de 1,500 réaux pour aider le fameux La Hire à payer sa rançon aux Anglais [1]. Avant de remplir cette mission, il avait reçu une gratification de 200 liv. que le roi lui avait accordée en considération de tous ses services, le 24 janvier [2] : c'est dire qu'il ne voulait pas cesser de l'employer. En effet, dans cette même année 1432, il l'envoya en Dauphiné requérir des Etats de cette province l'octroi d'une aide d'un florin par feu : il s'acquitta avec succès de cette commission et reçut un don de 300 florins [3]. Peu de temps après, au mois de septembre, il fut encore commissaire auprès des Etats d'Auvergne : ceux de la Basse-Auvergne lui votèrent à eulx seuls le don considérable de 400 liv. [4]. Au mois d'août 1433, il rendit à Charles VII un service signalé ; sur la prière du roi, il prêta au trésor la somme de 1,000 réaux qui furent immédiatement donnés au bâtard d'Orléans (le fameux Dunois) envoyé en Champagne pour défendre la province : le 15 avril 1437, Charles VII ordonna la restitution de cette somme à ses héritiers [5]. Gi-

---

1. Arch. Lyon, AA 22, fol. 66.
2. Lettres de don; Chinon, 16 janvier 1432, et quittance du 24 (dossier *Blanchet*, n° 30-1).
3. Lettres de don; Amboise, 27 décembre 1432, et quittance du 12 mars 1433 (*ib.*, n° 34-5).
4. Voy. le *Catalogue*.
5. Lettres de Charles VII données à Montpellier (dossier *Blanchet*, n° 36).

rard Blanchet était, en effet, mort dans cette même année 1433 : sa femme lui survécut, et il laissa un fils, Guillaume Blanchet, âgé seulement de six ans au moment de la mort de son père, qui plus tard fut conseiller en Parlement [1].

VIII. — BOYOL (Martial).

Martial Boyol, licencié en lois, appartenait à une famille de bourgeois de Limoges. En janvier 1423, il fut chargé avec d'autres d'imposer sur le Haut-Limousin la part appartenant à ce pays de l'aide d'un million accordée au roi par les Etats de Bourges [2]. En 1430 et en 1433, nous le trouvons en possession de l'office de garde du sceau royal au bailliage de Limoges [3]. C'est tout ce que nous savons de lui.

IX. — BRESONS (Guillaume de).

Guillaume de Bresons appartenait à une famille de la Haute-Auvergne. Nous le trouvons, dès 1430, qualifié écuyer (*armiger*) dans un procès contre le

---

1. Notes extraites d'un procès de famille (B. N., *P. orig.*, 364, dossier *Blanchet*, à Paris, n° 10).
2. Voy. le *Catalogue*.
3. Bibl. Nat., *Fr.* 22421, p. 65 et 143 (copies).

seigneur de Pierrefort ¹. En 1440, il était écuyer d'écurie du roi et son bailli de Gévaudan; Charles VII le chargea d'imposer dans la Haute-Auvergne sa part de l'aide de 20,000 liv. que les Etats lui avaient accordée au mois de mai de cette année; le 24 octobre suivant, il donna quittance au receveur de ce pays de 250 liv. dont 100 liv. par don du roi et 150 liv. par don des Etats, tant pour avoir assisté à Clermont à l'assemblée de l'octroi que pour s'être acquitté de sa commission ². Aux mois de janvier et de février 1441, il fut commissaire avec Jean Barton et Etienne du Ban auprès des Etats du Haut et du Bas Limousin assemblés à Saint-Léonard et à Ussel; les premiers lui firent don de 200 liv. et les autres de 150 liv. ³. Nous le retrouvons en 1451 chargé avec Pierre des Crosses, conseiller au Parlement de Toulouse, d'imposer en Gévaudan la part revenant à ce pays de l'aide de 120,000 liv. accordée au roi par les Etats de Languedoc réunis à Toulouse au mois de mars ; mais il ne semble avoir été à cette occasion que commissaire honoraire ; l'assiette et la distribution des frais sont signées de P. des Crosses seul ; néanmoins les Etats du Gévaudan, réunis à Marvejols du 4 au 10 mai, lui votèrent 30 liv. ⁴.

1. Reg. du Parlement, X¹, A, fol. 144.
2. B. N., *P. orig.*, 510, dossier *Brezons*, p. 3.
3. Voy. les deux lettres de Charles VII données à Laon, le 27 avril 1441, *Pièces justif.*, XXXIX et XL.
4. B. N., *Fr.* 23901, au mot *Mende*.

En 1456 il était commis par le roi au gouvernement des terres du comte d'Armagnac en deçà de la Garonne ; le 6 avril, il donna quittance partielle de 100 liv. que lui avaient votées les Etats de Rouergue pour avoir été commissaire auprès d'eux en décembre 1455 [1]. Il reçut une pareille allocation en 1460 pour avoir été commissaire dans le même pays sur le fait du paiement des gens de guerre [2]. Là se borne ce que nous savons sur son compte.

X. — BREUIL (Nicole du).

Nicole du Breuil était secrétaire du roi. Nous n'avons pu découvrir d'où il était originaire. Nous le voyons, en 1444, chargé avec Tandonnet de Fumel de « mettre sus en Bas-Limousin le fait de l'arrière-ban » ; mais il ne travailla pas longtemps à cette affaire, les Etats ayant racheté l'arrière-ban [3]. En 1445, il fut nommé commissaire dans la Marche et dans le Limousin pour imposer dans ces pays leur part de l'aide générale de 300,000 liv. ; il signa l'assiette de la Marche avec les deux autres commissaires à Bourges, le 27 mars 1445 : les Etats lui

---

1. *Ib.*, *P. orig.*, 510, dossier *Bresons*, p. 4.
2. *Ib.*, *ib.*, *ib.*, p. 5.
3. Lettres de Charles VII du 5 octobre 1441, *Pièces just.*, XLII, n° 2.

firent don à cette occasion de 100 liv.[1]. Immédiatement après il accompagna en Auvergne les commissaires que le roi y envoyait pour le même objet et il reçut des Etats de cette province une gratification de 20 liv.[2]. Il en reçut encore 50, en 1446, pour services rendus au pays ; il venait d'être nommé commissaire avec le maréchal de La Fayette, Girart le Boursier et Pierre de Morvillier sur le fait de la réformation générale de la province, et il participa, en outre, pour 40 liv., à la somme donnée à ces personnages par les Etats pour obtenir un sursis dans l'exécution de leur commission[3].

Nous le trouvons, en 1449, commissaire avec Guillaume Le Mareschal à imposer en Franc-Alleu le paiement des gens de guerre, plus une aide de 500 liv. (par lettres données à Montargis, le 6 novembre 1448[4]), la même année et en 1450 commissaire avec Jean La Broe sur le fait des francs-fiefs et nouveaux acquêts en Haute-Auvergne[5]. Le 15 octobre 1455, Charles VII le chargea avec Jacques de La Fontaine d'imposer dans la Marche le paiement des gens de guerre pour l'année 1456[6]. Enfin il conserva également la faveur de Louis XI

---

1. Voy. le *Catalogue* pour le Bas-Limousin, et l'assiette de la Marche, *Pièces justif.*, LVI, nos 1 et 6.
2. Voy. les Instructions, *Pièces justif.*, LVIII, no 7.
3. *Instructions* de février 1446. (B. N., *Fr.* 22296, à la date.)
4. Copie dans les *Portef. Font.*, 119-20, à la date. (B. N.)
5. Arch. nat., KK 648, no 99.
6. B. N., *Fr.* 25712, p. no 290.

les Etats de Poitiers venaient d'autoriser le rétablissement provisoire; plus une autre aide pour leur part de 120,000 liv. que les Etats de Languedoïl avaient, en outre, octroyées au roi [1].

IX bis. — *Poitiers, 3 mars 1438.*

Lettres de Charles VII nommant Bertrand de Saint-Avit, Jean Barton et Guillaume Piédieu commissaires à imposer sur la Marche 3,200 liv., pour sa part d'une aide générale de 200,000 liv. en Languedoïl, avec les frais raisonnables et « telle somme que les gens des Trois Estaz consentiront y estre imposée » pour le comte de la Marche. — (B. N., *Franç.* 21420, n° 24.)

X. — 1439, AVRIL ?.....

Les Etats accordent au roi une aide de 4,000 liv. pour leur part de 300,000 liv. par lui imposées en Languedoïl en deçà de la Seine. — Commissaires : Bertrand de Saint-Avit, Jean Barton et Guillaume Piédieu [2].

XI. — 1439, DÉCEMBRE ?.....

Les Etats accordent au roi une aide pour leur part de

---

1. Quittance de Jean, bâtard de la Marche, chevalier, à Jacques de la Ville, de 40 liv. à lui données par les Etats; 28 avril 1436. (B. N., *Franç.* 20392.)

2. A. Lettres de nomination des commissaires; Riom, le 28 mars 1439. B. N., *Portef. Fontanieu*, 117, à la date, copie.)

B. Quittance collective des commissaires au receveur, de 220 liv. à eux données par les Etats; 28 novembre 1439. (B. N., *Pièces orig.*, 207, dossier *Barton*, n° 27.)

C. — de Miles de Campremy, secrétaire du comte de la Marche, de 10 liv. à lui données par les Etats; 19 décembre 1439. (B. N., *Cab. des Titres*, dossier *Campremy*.)

D. Certificat des commissaires constatant que le receveur n'a pu le-

100,000 liv. à lui octroyées par les Etats de Languedoïl réunis à Orléans au mois d'octobre précédent [1].

XII. — 1440, AOUT, CHÉNERAILLES.

Les Etats accordent au roi 4,000 liv. pour leur part de l'aide de 200,000 liv. par lui imposée en Languedoïl au mois de juillet « pour la conduicte de sa guerre au pays de Normandie et autres ses affaires »; ils ordonnent, en outre, la levée sur eux de 3,042 liv. pour les frais et les affaires du pays. — Commissaires : Bertrand de Saint-Avit, Jean Barton et Guillaume Piédieu [2].

XIII. — 1441, JANVIER, CHÉNERAILLES.

Les Etats accordent au roi 4,000 liv. pour leur part d'une aide de 200,000 liv. par lui imposée en Languedoïl pour l'entretien des frontières de Normandie au mois de décembre précédent; ils ordonnent, en outre, la levée sur eux de 2,142 liv. pour les frais et les affaires du pays. — Commissaires : Bertrand de Saint-Avit, Jean Barton et Guillaume Piédieu [3].

---

ver le total de l'impôt à cause de certains empêchements particuliers; 24 janvier 1440. (B. N., *Pièces orig.*, 207, dossier *Barton*, n° 29.)

1. Quittance de Pierre Barton, clerc de la chancellerie de la Marche, à Jacques de la Ville, de 12 liv. pour avoir écrit plusieurs exemplaires de l'assiette ; 27 avril 1441. (B. N., *Pièces orig.*, 207, dossier *Barton*, n° 23. Impr. en partie dans le *Cab. historique* de 1878.)

2. A. Assiette signée des commissaires et suivie de la distribution des frais, faite le 14 août 1440, à Chénerailles. (B. N., *Franç.* 23901. — *Pièces just.*, XXXVIII.)

B. Quittance de Martin, évêque de Clermont, à Jacques de la Ville, de 200 liv. sur le principal par don du roi; 17 décembre 1440. (B. N., *Franç.* 20882, fol. 71.)

3. A. Assiette signée des commissaires, suivie de la distribution des frais ; Chénerailles, le 18 janvier 1441. (B. N., *Franç.* 21423.)

B. Quittance de Jean Courtinelles, secrétaire du roi, à Jacques de la Ville, de 20 liv. par don du roi; 18 mai 1441. (B. N., *Cab. des Titres*, dossier *Courtinelles*.)

C. — de Bertrand de Saint-Avit à Jacques de la Ville, de 300 liv.

qui lui donna des commissions plus importantes encore: nous le trouvons, en effet, commissaire avec d'autres pour présider l'assemblée des Etats de Languedoc tenue au Puy au mois d'avril 1464¹. Nous ignorons l'époque de sa mort.

XI. — BREZÉ (Pierre de).

Pierre de Brezé est un des personnages qui ont joué sous Charles VII les rôles les plus importants. Dans le court mais substantiel article que lui a consacré M. Vallet de Viriville ², cet auteur regrette vivement que sa biographie détaillée n'ait pas été écrite ; nous ne pouvons que nous associer à ces regrets, mais notre tâche doit se borner à indiquer les titres de Pierre de Brezé à figurer ici. Le 27 octobre 1447, Charles VII le nomma commissaire avec Jean de Bar et Jacques de Chabannes pour requérir des Etats d'Auvergne une aide de 35,500 liv., plus le paiement des gens de guerre pour l'année 1448 : les Etats lui firent don à cette occasion de 500 liv., dont il donna quittance en partie le 1ᵉʳ juin 1448 ³. Peut-être avait-il été déjà commissaire dans ce pays en 1447, car, à la session d'Aigueperse, au mois de janvier, les gens d'église et nobles du bas pays lui avaient fait don de 600 liv. ⁴.

1. B, N., *Fr.* 23901, au mot *Uzès*, et D. Vaissète, à l'année.
2. *Biogr. Didot.*
3. Voy. le *Catalogue*, Auvergne, à la date.
4. *Ibid.*

XII. — BRION (Guérin, seigneur de).

Guérin de Brion appartenait à une famille noble du Gévaudan. De bonne heure il s'attacha à la fortune de Jacques de Bourbon, comte de la Marche, ce personnage à la vie si agitée, qui fut roi de Naples et mourut cordelier à Besançon. Nous le trouvons, en 1414, comme chevalier banneret, à la tête de deux chevaliers bacheliers et de sept écuyers sous le gouvernement du comte de la Marche, contre les Bourguignons : il donna quittance de ses gages le 24 mai [1].

Par son testament du 23 juin 1415, le comte de la Marche le fit un de ses exécuteurs testamentaires [2]. Il accompagna ce prince dans son voyage en Italie et on le voit comme témoin d'un de ses actes donné au château neuf de Naples le 30 mars 1416 [3]; mais il ne tarda pas à revenir en France avec le titre de lieutenant général du nouveau roi de Naples dans toutes ses terres de France et de Hainaut. En 1419, il fut nommé par le roi Jacques capitaine de son château de Crosant en remplacement du sire de Peyrusse qu'il devait, au besoin, en déposséder par la force [4].

1. B. N., *Clair.* 27, p. 1579.
2. Arch. nat., P 1370¹, cote 1392. *(Titres de la maison de Bourbon.)*
3. *Ibid.*, P 1363, cote 1225.
4. Arch. nat., P 1363, cote 1301, *vidimus* contemporain.

Sa faveur ne fut pas moins grande auprès du dauphin, bientôt Charles VII, dont il devint conseiller et chambellan. En 1420, il se mit à la tête des gens d'armes soudoyés par les Etats de la Marche pour aller servir le dauphin en Limousin [1]. En 1422, il fit une levée de 60 hommes qu'il amena sur la Loire « pour le fait de la Charité et de Cosne » : ce prince lui ordonna à cette occasion une somme de 10,000 liv. tourn., montant de l'impôt de la Marche pour sa part d'une aide générale levée au mois de janvier (par lettres données à Bourges le 12 mai) : il en donna quittance le 28 septembre suivant [2]. En 1424, il fut deux fois commissaire dans la Marche : la première, avec Bertrand de Saint-Avit et Guillaume Piédieu pour l'aide accordée au roi à Selles en Berry au mois de mars [3] ; la seconde, avec les dessusdits et Jean Barton pour l'aide accordée à Riom au mois de novembre [4]. Nous ne savons quelles sommes les Etats de la Marche lui votèrent dans ces deux occasions, mais, en 1428, ils lui accordèrent 50 liv. t. en récompense de services rendus au pays [5].

En 1424-1425, il demeura longtemps auprès du roi

---

1. Voy. le *Catalogue*, à la date.

2. D. N., *Cab. des Titres*, dossier *Brion*.

3. Mise en possession du receveur, *ibid*. Le préambule est imprimé dans notre travail sur les *Etats généraux sous Charles VII*. (Voy. *Cab. historique*, 1878, p. 158.)

4. Nomination des commissaires; Riom, 26 novembre 1424, en orig. aux Arch. de la Creuse, C 325.

5. Voy. le *Catalogue*, à la date.

en Poitou et en Anjou avec six gentilhommes en sa compagnie ; le roi l'envoya vers le comte de la Marche et le comte de Perdriac (Bernard d'Armagnac) pour les prier de se rendre au Puy en sa présence ; il le nomma ensuite ambassadeur sur le fait du traité de paix avec le duc de Savoie ; pour toutes ces causes, il lui fit don d'une somme de 600 liv. t., dont le seigneur de Brion donna quittance le 20 juin 1426 [1].

En 1429, il accompagna le roi dans son voyage du sacre ; mais il mourut cette même année. En passant à Château-Thierry, Charles VII lui avait fait prendre un cheval pour le donner à son favori, Georges de La Trémoille : après d'assez longs délais, sa femme toucha pour ce fait une indemnité de 150 réaux le 4 novembre 1430 [2].

Guérin de Brion avait épousé Blanche de Brosse, fille de Pierre de Brosse, sr de Sainte-Sévère, et de Marguerite de Malval : par contrat du 14 novembre 1418, il lui constitua en douaire son château du Chalar avec 400 liv. de rente. De cette union naquit, entre autres enfants, Louis de Brion, sr dudit lieu, que l'on trouve mentionné en 1441 [3].

---

1. Voy. la lettre de don (Mehun-sur-Yèvre, 18 décembre 1425) et la quittance, dossier *Brion*, pp. 19 et 20.
2. *Ibid.*, pp. 23, 24, 25.
3. B. N., *P. orig.*, 528, dossier *Brosse*, généalogie manuscrite, pp. 74 et 76.

XIII. — BUREAU (Jean).

Jean Bureau et son frère Gaspard sont surtout célèbres aujourd'hui comme grands maîtres de l'artillerie; cependant le premier joua dans l'administration et dans la politique intérieure un rôle assez important. Pour sa biographie complète nous renvoyons à une dissertation de Godefroy[1], et à l'article du père Anselme[2]. Le 26 novembre 1446, Charles VII le chargea avec Jean de Saincoins d'imposer sur le Haut et sur le Bas-Limousin le paiement des gens de guerre pour l'année 1447, plus la part respective de ces deux pays d'une aide de 200,000 liv. levée par le roi en Languedoïl; il eut 100 liv. pour avoir fait l'assiette sur le Haut-Limousin de ce dernier impôt. Le 27 octobre 1447, le roi le nomma encore commissaire dans ces deux pays pour l'année 1448 avec Jean du Mesnil-Simon et Georges de Clère : les Etats du Bas-Limousin lui votèrent 200 liv. sur les frais de l'aide de 7,500 liv. Le 23 septembre 1449, il fut nommé commissaire dans la Marche avec Jean Barton et Bertrand de Saint-Avit pour 1450; il fut investi de la même charge auprès des Etats du Bas-Limousin, et, bien qu'il n'eût pu

---

1. *Dissertation sur les frères Bureau*, p. 866 et suiv. de l'*Histoire de Charles VII*.
2. *Hist. gén.*, VIII, p. 135.

s'en acquitter en personne, ceux-ci lui votèrent une indemnité. Enfin, le 3 décembre 1450, on le voit encore déléguer pour 1451 auprès des Etats du Haut-Limousin et de la Marche : ces derniers lui votèrent, pour avoir vaqué en personne à l'assiette du paiement des gens d'armes, la somme de 100 liv [1].

XIV. — CACHEMARÉE (Aleaume).

D'après un registre de la ville de Clermont-Ferrand, Aleaume Cachemarée, huissier en parlement, fut envoyé auprès des Etats d'Auvergne avec Guillaume Lallier, au mois de juillet 1420, pour leur requérir, au nom du dauphin, une aide de 1,000 hommes à pied équipés et soldés, et il s'acquitta heureusement de cette mission [2].

Successivement tabellion de la vicomté de Caen, procureur au bailliage de la même ville (1385), clerc criminel du Châtelet de Paris (24 juillet 1389), huissier au parlement de Paris (1393), puis de Poitiers (1418) jusqu'à sa mort (mai 1426), Aleaume Cachemarée, plus heureux que la plupart des personnages que nous passons en revue, a trouvé un excellent biographe : nous ne pouvons que renvoyer au travail minutieux que lui a consacré M. Duplès-Agier [3]. No-

1. Voy. le *Catalogue* à toutes les dates.
2. Voy. le *Catalogue*, à la date.
3. *Registre criminel du Châtelet de Paris du 6 septembre* 1389

tons, toutefois, que l'importante mission dont il fut chargé auprès des Etats d'Auvergne était un fait complètement inconnu jusqu'ici.

XV. — CANLERS (Jacques de).

Jacques de Canlers était notaire et secrétaire du roi. Il fut chargé le 26 décembre 1431, avec Girard Blanchet, d'imposer en Auvergne une aide de 45,000 fr.; mais les commissaires ne purent obtenir que 15,000 fr.[1]. Malgré cet échec, Jacques de Canlers conserva la faveur de Charles VII qui, le 23 janvier 1436, l'accrédita auprès des habitants de Lyon ainsi que Pierre Aalant, aussi secrétaire du roi[2]. Nous le retrouvons encore, le 2 novembre 1448, avec le titre de notaire et secrétaire du roi[3].

Il n'est pas probable qu'il faille identifier notre personnage avec un Jacques de Canlers, nommé contrôleur de l'argenterie du roi le 2 janvier 1417, et auquel son fils, appelé Jacques comme lui, succéda beaucoup plus tard dans le même office[4].

---

au 18 mai 1392, p. pour la Société des Bibliophiles français, 1861. *Introd.*, VII et suiv.

1. Voy. plus haut l'article de Girard Blanchet.
2. Arch. de Lyon, AA 22, fol. 41.
3. B. N., *Clair.* 76, p. 5,965.
4. Mém. de la Ch. des C^{tes} H, fol. 80, et L, fol. 25. (Extraits dans le *Fr.*, 21405, fol. 77 et 112 de la B. N.)

XVI. — CHABANNES (Jacques de).

Pour la biographie de ce personnage qui joua un rôle très important sous Charles VII et qui, comme grand maître de l'hôtel du roi, figure parmi les grands officiers de la couronne, nous nous bornerons à renvoyer au Père Anselme, et à l'article que lui a consacré Vallet de Viriville dans la *Biographie Didot*.

Il fut deux fois commissaire auprès des Etats d'Auvergne, la première fois avec Pierre de Brezé et Jean de Bar, en 1448, pour requérir une aide de 35,500 francs [1]; la seconde, en 1449, avec Jean de Bar pour requérir une autre aide de pareille somme [2].

XVII. — CHAPERON (Auvergnat).

Auvergnat Chaperon fut envoyé dans l'Auvergne en août 1440 avec Guillaume Cousinot, requérir l'octroi d'une aide de 20,000 francs pour le secours des garnisons de Harfleur et de Montivilliers [3]. Les Etats de la Basse-Auvergne lui donnèrent à cette

---

1. Voy. le *Catalogue*.
2. Voy. *Ibid.*, et aussi B. N., *Fr.* 25711, p. 205.
3. Voy. le *Catalogue*.

occasion 100 liv. tournois. Dans sa quittance du 28 novembre 1440, il prend simplement le titre de chevalier [1]. Il appartenait à une famille considérable de l'Anjou : son père était Geoffroy Chaperon de la Chabocière et sa mère Macée d'Avoir. Dans différents actes il est qualifié conseiller du roi René, chambellan de Charles VII et capitaine de Mirebeau. Il était mort avant le 29 mai 1448, laissant cinq enfants de sa femme Anne Valori [2].

XVIII. — CHARRIER (Guillaume).

Guillaume Charrier appartenait, paraît-il, à une famille des environs d'Issoire. D'abord secrétaire de Charles VI, il s'attacha au dauphin Charles dont il eut bientôt conquis la faveur; celui-ci lui donna la charge de receveur général de toutes ses finances, charge qu'il exerça pendant plus de vingt ans et jusqu'à sa mort. Il était chanoine d'Orléans et, sur la recommandation de Charles VII, il en fut élu évêque en 1438, au mois d'août; mais, dès le mois de janvier suivant, il fut promu à l'évêché d'Agde, poste qu'il n'occupa guère plus longtemps, car il mourut en 1440 [3]. Au mois d'octobre 1425, Char-

---

1. B. N., *Pièces orig.*, 675 dossier *Chaperon*, n° 10.
2. *Généal. de la famille Chaperon*, Brest, 1879, p. 69.
3. Voy. *Gallia Christiana*, VI, 694, et VIII, 478. Le 22 décembre 1440, les gens des comptes ordonnent de mettre les scellés sur toutes les lettres, comptes, etc., de M° Guillaume Charrier,

les VII l'avait nommé commissaire en Auvergne avec Guillaume Le Tur pour imposer dans ce pays la part de l'aide que venaient de lui accorder les Etats de Languedoïl ¹ ; mais nous n'avons aucun détail sur la manière dont il remplit sa commission. En 1438 les gens, d'église et nobles de la Basse-Auvergne lui votèrent 100 liv. pour services rendus au pays ².

XIX. — CHEVALIER (Etienne).

Autant par le rôle politique qu'il a joué sous Charles VII que par l'emploi intelligent et artistique qu'il sut faire de ses richesses, Etienne Chevalier, originaire de Melun, a conquis de nos jours une célébrité presque égale à celle des Guillaume Cousinot et des Jacques Cœur. M. Vallet de Viriville lui a consacré un bon article dans la *Biographie Didot*. Nous y ajouterons seulement ce fait que, par lettres du 3 décembre 1450, il fut nommé commissaire pour 1451 auprès des Etats du Haut-Limousin. Nous n'avons aucun détail sur la manière dont il s'acquitta de cette charge qui embrassait sans doute aussi le Bas-Limousin. Les Etats lui votèrent

en son vivant évêque d'Agde, nouvellement trépassé, lequel a à compter de plusieurs années de la recette générale (Arch. nat., P 2848, fol. 189).

1. Voy. *Catalogue*, à la date.
2. Voy. les *Instructions* (B. N., *Fr*, 22296, à la date).

probablement une indemnité importante, car, au mois de janvier 1448, les Etats du Bas-Limousin lui avaient déjà accordé une gratification de 50 liv., sans qu'il fût commissaire auprès d'eux ; il en donna quittance le 22 avril 1448 : cette pièce est signée E. Chlr [1].

XX. — CLÈRE (Georges, seigneur de).

Georges de Clère appartenait à une famille importante de Normandie qui possédait depuis longtemps la seigneurie-baronnie de Clère. Son père, Jean, mourut vers 1425, le laissant en bas âge. Suivant la coutume du pays, il se trouvait par le fait dans la garde du roi, alors Henri VI : sa mère, Isabeau de Hellande, prit sa garde à ferme [2]. Bien que la Normandie appartînt aux Anglais, Georges de Clère se mit de bonne heure au service de Charles VII, dont il devint conseiller et chambellan.

En 1447, il fut chargé avec Jean Bureau et Jean du Mesnil-Simon d'imposer sur le Limousin, haut et bas, sa part d'une aide de 200,000 francs mise par le roi sur le Languedoïl. Les Etats du bas-pays lui ordonnèrent pour ce 100 liv., don confirmé par

---

[1]. Voy. pour ces faits le *Catalogue*, aux dates.
[2]. B. N., *Pièces orig.*, 781, dossier *Clère*, p. 35, 36, etc.

le roi le 17 avril 1448 ¹ : il en donna quittance à Tulle, le 22 juin 1448 ².

Il mourut probablement en 1483 ou 1484. Il avait épousé Marguerite de Chevenon, dont il eut, entre autres, un fils appelé Georges comme lui, qui fit hommage au roi pour la baronnie de Clère le 13 janvier 1484 ³.

XXI. — CLUYS (Jean de).

Jean de Cluys, d'une famille de Berry, était parent et vicaire général de l'évêque de Tulle, Bertrand de Maumont, à qui il succéda sur ce siège en 1425. En 1428, le roi l'envoya en ambassade auprès du roi de Castille avec Guillaume de Quiesdeville ⁴ ; depuis ce moment, il ne cessa de l'employer. Le 4 novembre 1438, il lui fit don de 100 liv. en raison de ses services ⁵. Presque chaque année, il le nomma commissaire auprès des Etats du Bas-Limousin ; bornons-nous à rappeler, sans autrement y insister, les sessions pendant lesquelles il remplit cette charge : août 1435, octobre-novembre 1439, juillet 1440, septembre 1442, avril 1443,

---

1. B. N., *Fr.* 20137, p. 10.
2. Orig. dossier *Clère* supra, p. 29.
3. *Ibid.*, p. 47.
4. *Gallia Christiana*, II, 672.
5. Voy. *Catalogue*, Bas-Limousin, VII, c.

juin 1444, février-mars 1445 et janvier 1450 [1]. Les auteurs de la *Gallia Christiana*, et après eux le *Nobiliaire du Limousin* [2], le font mourir en 1444 ; comme son successeur, Hugues d'Aubusson, ne fit son entrée à Tulle que le 25 juillet 1451, avant même d'être confirmé, ils s'étonnent que ce siège soit demeuré si longtemps vacant et en cherchent l'explication dans les rapports fort difficiles alors du saint-siège et de la cour de France. Mais ils ont été induits en erreur, probablement à la suite de Baluze ; Jean de Cluys était encore vivant en 1450. Le 24 septembre de cette année, il donna quittance de 100 liv. pour avoir été commissaire auprès des Etats du Bas-Limousin. Le texte de la quittance le désigne par son prénom Jean, et la signature L'evesque de Tuelle est bien de sa main [3]. C'est donc une petite correction à faire au savant mais non impeccable ouvrage des Bénédictins.

XXII. — CŒUR (Jacques).

On pense bien que nous ne voulons pas refaire incidemment la biographie d'un personnage aussi connu et qui a été l'objet d'autant de travaux que Jacques Cœur. Racontons simplement les faits qui lui valent

1. *Catalogue*, Bas-Limousin, aux dates.
2. *Nob. du Limousin*, I, 594.
3. Orig. B. N., *Fr*. 20889, fol. 25.

de figurer dans cette liste, faits qui n'ont pas encore été signalés par ses biographes. Au mois de mai 1443, il fut chargé avec Guillaume Juvenel, bailli de Sens, d'aller demander l'octroi aux Etats d'Auvergne et de faire l'emprunt immédiat d'une somme de 12,500 liv. pour les affaires du roi; les Etats lui firent don à cette occasion de 300 liv. Au mois d'août suivant, il fut encore envoyé dans la province comme commissaire avec Jean d'Etampes : les Etats réunis en sa présence à Riom accordèrent au roi une aide de 33,000 fr. et votèrent à Jacques Cœur 300 liv. ; en outre, les gens d'église et nobles de la Basse-Auvergne lui firent présent de 150 liv. pour divers services qu'il leur avait rendus [1]. En 1444 il fut encore nommé commissaire dans ce pays avec l'évêque de Maillezais, Jean de Bar et Jean d'Etampes : mais il ne semble pas s'être acquitté personnellement de sa commission : du moins les Etats ne lui votèrent-ils aucune gratification [2]. Signalons encore un petit détail ignoré de ses biographes ; parmi tous ses titres et tous ses offices, il avait celui d'élu sur le fait des aides en Berry, office que naturellement il faisait exercer par un lieutenant [3].

---

1. Voy. le *Catalogue*, Auvergne, aux dates, et les *Instr.* de la Basse-Auvergne en janvier 1444. (B. N., *Fr*. 22296, à la date.)

2. Voy. le *Catalogue*, à la date.

3. *Reg. de la cour des aides*, aux Arch. Nat., Z¹A 13, fol. 39 « 9 mars 1443 : Entre le procureur du roy, demandeur, contre Lambert de Leodepat, esleu en Berry sur le fait des aydes, et

XXIII. — COMBEREL (Hugues de).

Hugues de Comberel, d'une famille noble du Limousin, était conseiller clerc à la cour des aides sous Charles VI. En 1415, il fut chargé avec Antoine Greellé d'une ambassade auprès de la république de Gênes et et employa environ cinq mois dans cette mission[1]. Nommé en 1416 évêque de Tulle par une partie du chapitre, il vit son élection longtemps contestée ; cependant le Parlement le confirma dans la possession de ce siège par sentence du 12 juillet 1421 ; mais, peu de temps après, il permuta avec Bertrand de Maumont et devint évêque de Béziers. Au mois d'avril 1424, il fut transféré à l'évêché de Poitiers qu'il occupa jusqu'à sa mort survenue vers 1440. Il joua un rôle important dans le gouvernement de Charles VII. Le 22 octobre 1425, le roi ayant reconstitué à Poitiers la Cour des Aides le nomma général avec le titre et les attributions de président[2]. En 1427, il fut chargé avec l'évêque de Limoges et le seigneur de Mortemar d'apaiser le différend qui s'était élevé entre le vicomte de Limoges et les consuls de la ville, différend qui avait dégénéré en guerre ouverte et mis à feu et à

---

maistre Jehan Le Maire, commis pour Jaque Cuer, aussi esleu, etc. »

1. Voy. le *Nobil. de Limousin*, et *infra* GREELLÉ (Antoine.)
2. *Ordonn.*, XIII, p. 105.

sang tout le Haut-Limousin ; les commissaires du roi réussirent à faire signer un compromis aux parties le 12 juillet 1427[1]. En 1435 les Etats du Haut-Limousin lui firent présent de 400 liv. à partager avec l'évêque de Maguelonne, maître Geoffroi Vassal, Bertrand de Beauvau, Renier de Boullegny et Jean Le Breton, conseillers du roi, pour services rendus au pays[2]. Il reçut également des Etats du Bas-Limousin 100 liv. en octobre 1436 et 50 liv. en février 1439[3]. Par lettres données à Saint-Aon, le 3 juin 1437, Charles VII le chargea d'imposer dans le Haut et dans le Bas-Limousin leurs parts d'une aide générale de 200,000 liv. ; les Etats du Haut-Limousin réunis à cet effet au Dorat, au mois d'août suivant, lui votèrent 200 liv. ; les autres commissaires n'eurent que 100 liv.[4]

XXIV. — COMBORN (Guichard de).

Guichard de Comborn[5] appartenait à l'illustre maison de ce nom, qui avait encore au xv° siècle de

---

1. Voy. ce compromis et la confirmation du roi du 9 octobre suivant. (B. N., *Doat*, 244, p. 236 et sv.)
2. Voy. *Pièces just.*, xxiv, n° 19.
3. Voy. le *Catalogue*, Bas-Limousin, V, B, et *Pièces just.*, xxxv, n° 6.
4. Voy. le *Catalogue*, Haut-Limousin, XIV, C, et *Pièces just.*, xxviii, n° 4.
5. Les textes du xv° siècle écrivent constamment *Combort*.

grandes possessions territoriales en Limousin. Il était fils de Guichard, vicomte de Comborn (mort avant 1415) et de Louise d'Anduze [1]. Il suivit la carrière ecclésiastique et devint abbé d'Userche à une époque que nous ignorons. Dans leur session de juillet 1438, les Etats du Bas-Limousin lui votèrent 60 liv. pour avoir assisté les commissaires du roi dans la répartition de l'impôt [2]; il reçut encore d'eux pour le même motif 60 liv. en octobre 1441, [3] et 30 liv. en septembre 1442 [4]. Il fut lui-même nommé commissaire auprès des mêmes Etats par lettres du roi du 9 octobre 1439 [5]; mais nous ignorons quelle indemnité il reçut à cette occasion. En 1451, une partie du chapitre de Tulle vota pour lui comme évêque de cette ville; mais son concurrent, Louis d'Aubusson, eut la majorité et fut confirmé par l'archevêque de Bourges et par le pape. Toutefois Guichard de Comborn revendiqua longtemps cet évêché et y renonça seulement le 22 juillet 1465, contre une pension annuelle de 300 liv. [6]. La *Gallia Christiana* ne nous apprend pas l'époque de sa mort.

1. *Nobiliaire du Limousin*, au mot *Comborn*.
2. *Pièces just.*, xxxii, n° 5.
3. *Catalogue*, Bas-Limousin, XIII, H.
4. *Ib., ib.*, XV, H.
5. *Pièces just.*, xxxvi.
6. *Gallia Christiana*, II, col. 672.

XXV. — COMBORN (Jacques de).

Jacques de Comborn [1], comme son frère Guichard, suivit la carrière ecclésiastique. Dès 1438, il était en même temps prévôt d'Eymoutiers et de Clermont; le 23 juin de cette année le roi le chargea conjointement avec Jean Barton d'imposer en Bas-Limousin une aide de 8,000 liv.; les Etats lui firent don à cette occasion de 100 liv. [2]. Il fut encore commissaire du roi auprès des Etats du Haut et du Bas-Limousin aux sessions de juillet et d'août 1440 [3]. Il était licencié en lois et en décret, et fut reçu conseiller clerc au Parlement de Paris le 3 avril 1443 [4]. Le 23 décembre 1444, le chapitre de Clermont le nomma évêque de cette ville, poste qu'il occupa jusqu'à sa mort (15 février 1475). Nous n'avons pas à retracer sa longue administration épiscopale, notons seulement qu'en 1463 et en 1470, Louis XI le nomma commissaire auprès des Etats d'Auvergne convoqués dans des circonstances exceptionnelles [5].

1. Il signait Jaques de Combort et quelquefois Jaques de Treignac.
2. *Pièces just.*, XXXII, n° 4.
3. *Catalogue*, aux dates.
4. *Reg. du Parlement* aux Arch. nat. X¹ A 1282, fol. 235, v°.
5. *Gallia Christ.*, II, *instr.*, col. 100.

XXVI. — COMBORN (Jean, vicomte de).

Jean était frère aîné de Jacques et de Guichard de Comborn; il succéda dès 1415 à son père comme vicomte de Comborn, seigneur de Treignac, etc. C'était, avec les vicomtes de Limoges et de Turenne, et le comte de Ventadour, un des plus puissants seigneurs du Limousin, et il joua un grand rôle dans l'histoire de cette province pendant sa longue existence. Il mourut en 1476 et fut enterré dans le sanctuaire de Glandiers où l'on voyait autrefois son épitaphe [1]. Nous n'avons pas à écrire son histoire. Bornons-nous à dire qu'il fut un des commissaires chargés de faire l'assiette du Bas-Limousin en 1423, pour sa part de l'aide accordée à Bourges au mois de janvier [2]. Notons, à cette occasion, que c'est le seul grand personnage féodal que nous trouvions parmi les commissaires royaux; c'est d'ailleurs la seule fois qu'il semble avoir rempli ces fonctions dans l'exercice desquelles ses grandes possessions territoriales devaient le rendre un peu suspect et au roi et aux États.

1. *Nobil. du Limousin*, au mot *Comborn*.
2. *Catalogue*, Bas-Limousin, II.

XXX. — COUSINOT (Guillaume).

Guillaume Cousinot (Guillaume II, dans la généalogie des Cousinot) est un des personnages du temps de Charles VII, dont les travaux modernes ont remis en honneur le nom et les services. Son oncle, Guillaume I, sʳ de Montreuil-sous-Bois, fut reçu comme président au Parlement de Paris à la place de Robert Piédefer le 12 janvier 1439 [1]. Guillaume II fut successivement conseiller, puis président au conseil delphinal de Grenoble, maître des requêtes, puis bailli de Rouen en 1449; il continua d'être en faveur sous Louis XI et mourut après 1484 [2]. Il fut deux fois commissaire du roi auprès des Etats d'Auvergne : au mois d'août 1440, avec Auvergnat Chaperon, où il reçut une gratification de 250 liv. de la Basse-Auvergne, et au mois de novembre 1441 [3].

XXVIII. — CULANT (Charles, seigneur de).

Charles, sʳ de Culant, Châteauneuf, etc., conseiller et chambellan du roi, était le frère du maréchal de

---

1-2. *Reg. du Parl.*, aux Arch. nat., X¹ A 1482, fol. 94.

3. Voy. sur G. Cousinot : P. Clément, *Jacques Cœur et Charles VII*, éd. en un vol., p. 63, et surtout un substantiel article de M. Vallet de Viriville dans la *Biographie Didot*.

Jalognes (Philippe de Culant). Il exerça l'office de grand maître de l'hôtel de 1449 à 1451; nous renvoyons à l'article substantiel que lui a consacré le père Anselme à cette occasion (*Gr. Off.*, VIII, 365). On n'y trouvera pas cependant les détails suivants qui le font figurer dans notre liste.

Au mois de mai 1445, il fut chargé avec Jean de Bar de faire loger dans la Basse-Auvergne les 120 lances fournies que le roi avait assignées à ce pays dans la répartition générale des 1,500 lances qu'il établit alors en Langudoïl : les Etats lui firent don, en considération de ce fait, de 250 liv.[1]. Au mois de décembre 1445, il fut chargé avec Jean Barton et autres d'imposer dans la Marche le paiement des gens de guerre, plus une aide de 5,000 liv. Le roi lui taxa pour ce fait 70 liv. dont il donna quittance le 12 mai 1446[2].

XXIX. — DINEMATIN (Guillaume).

La famille Dinematin (en Limousin *Disnamandi*) était une des plus importantes de Limoges. Guillaume Dinematin fut commissaire en 1423, avec son concitoyen Martial Boyol et d'autres, à imposer sur le Haut-Limousin sa part de l'aide d'un

---

[1]. Voy. les Instructions d'août 1445, *Pièces justif.*, LVIII n° 77.

[2]. Voy. le *Catalogue*, Marche, XIX, C.

million octroyée au roi à Bourges [1]. Nous n'avons pas trouvé d'autres traces de son existence.

XXX. — DOUBLE (Charles).

Charles Double appartenait à une famille notable de bourgeois de Paris ; il était fils, selon toute apparence, de Martin Double qui exerça longtemps les fonctions d'avocat au Châtelet et fut un des trois cents bourgeois que Charles VI fit arrêter provisoirement le 12 janvier 1383 [2]. Charles Double dut abandonner tous ses biens pour suivre le parti du dauphin : en novembre 1434, Charles VII le chargea avec Jean Barton d'imposer en Haut-Limousin une aide de 3,000 francs octroyée par les Etats [3]. Ceux-ci lui firent don à cette occasion de 100 liv., somme dont il poursuivait encore le complet paiement devant la Chambre des Comptes en 1442. [4]. En 1435, il fut de nouveau commissaire dans la même province avec Pierre Garnier, secrétaire du roi : mais il fut peu heureux dans l'accomplissement de sa mission. Il lui fallut séjourner longtemps dans le pays pour attendre que les Etats voulussent bien accorder

---

1. *Catalogue*, à la date.
2. *Reg. crim. du Châtelet de Paris*, p. p. Duples-Agier, *passim*.
3. *Pièces just.*, xxii, n° 11.
4. *Extrait des journaux de la Chambre des Comptes*, Arch. nat., P 2848, p. 282.

XXXII. — ESCORAILLES (Louis d').

Louis d'Escorailles appartenait à une famille importante, limitrophe du Bas-Limousin et de l'Auvergne [1]. Nous le trouvons en 1408 servant, lui chevavalier, avec trois autres chevaliers et 10 écuyers sous le commandement du connétable au pays de Guyenne [2]. Il s'attacha, dès les premiers jours, à la personne et au parti du dauphin; en juin 1418, il fit par son ordre un voyage de Bourges à Melun et à Meaux pour lequel il reçut 200 l. t. : dans sa quittance du 25 juin il s'intitule chevalier, conseiller et chambellan du roi et de Mgr le Dauphin [3]. Au mois de novembre, il était « gouverneur des gens d'armes et de trait estans en garnison à Meleun pour le roy nostre sire et Mgr le Dauphin [4]. » La ville de Paris ayant envoyé des ambassadeurs au dauphin, il fut chargé de les reconduire de Melun jusqu'à Montrichard et de là il se rendit auprès du dauphin à Loches, qui lui taxa 50 l. t. pour ce voyage [5]. Peu de temps après il devint bailli de Berry; au mois de février 1420, il fut envoyé en Touraine auprès des

[1]. Escorailles (Cantal).
[2]. Voy. trois quittances de lui à cette époque. (B. N., Clair., 43, p. 3215-17.)
[3]. Quitt. du 25 juin 1418. (Ibid., p. 3217.)
[4]. Quitt. du 3 nov. 1418. (Ibid., p. 3219.)
[5]. Quitt. du 18 juin 1419. (Ibid.)

Ecossais avec Tanguy du Chatel et reçut du roi à cette occasion 200 l. t.[1]. Il fut nommé sénéchal de Limousin avant le 24 juin 1421, où nous le trouvons déjà en possession de cet office[2]. Au mois de janvier 1423, il fut commissaire avec Nicole de La Barre et autres à imposer en Haut et Bas-Limousin une aide de 37,000 fr.[3]. Il ne resta pas longtemps sénéchal de Limousin : d'après le père Anselme, cette charge fut donnée par le roi en 1423 à Jean de Naillac ; Louis d'Escorailles plaida contre lui, mais fut débouté de sa demande par arrêt du 4 décembre 1427[4]. Au mois d'août 1435, les Etats du Bas-Limousin ordonnèrent à Louis d'Escorailles 40 liv. pour avoir été en garnison à Ussel et à Meymac contre Rodrigue de Villandrando[5]. Au mois d'octobre 1436, ils lui firent encore don de 80 liv.[6]. Nous le perdons de vue à partir de cette époque.

XXXIII. — ESTISSAC (Amauri d').

Amauri d'Estissac était un de ces vaillants cheva-

---

1. Quitt. du 10 février 1420. *(Ibid.)*
2. Quitt. de ses gages (500 liv.) du 24 juin 1421 au 24 juin 1422. (B. N., *Fr.* 26044, n° 5739.)
3. Voy. *Pièces just.*, II et V.
4. VIII, 665.
5. Quitt. du 23 février 1436. (B. N., *Fr.* 22420, p. 44.)
6. Quitt. du 18 mars 1438. (B. N., *Fr.* 26064, n° 3439).

liers de la Guyenne¹ qui, comme Poton de Saintrailles, s'attachèrent de bonne heure au service de Charles VII. On le trouve mentionné dès 1421². Sans doute en récompense de ses premiers services sur le champ de bataille, le roi le nomma sénéchal de Poitou : nous le trouvons, au mois de novembre 1430, en possession de cette charge qu'il ne dut pas conserver longtemps³. Dès avant 1435, Charles d'Anjou, comte de Mortain, nommé par le roi gouverneur de Limousin, le créa son lieutenant général dans cette province. C'est probablement ce qui lui valut d'être nommé, par lettres du 17 août 1435, commissaire du roi avec Tandonnet de Fumel et autres auprès des Etats du Haut-Limousin ; il est qualifié à ce moment d'écuyer d'écurie du roi. Les Etats, tant à cause de sa commission que de plusieurs voyages faits par leur ordre en Poitou et en Saintonge, lui votèrent 200 liv⁴. En 1436 Charles VII lui donna un grand témoignage de sa confiance : par lettres du 28 avril il fut « commis et ordonné estre et soy tenir ordinairement en la compaignie de Mgr le daulphin, et au gouvernement de sa personne⁵. » Le 29 janvier 1440 le dauphin, alors à Fontenay-le-Comte, l'envoya auprès de son père à Angers avec Guillaume d'Avaugour « pour certaines grans affai-

---

1. Estissac, en Périgord, près de Neuvic (Dordogne).
2. G. de Beaucourt, *Charles VII*, p. 88, note 1.
3. B. N., *Clair.* 205, p. 8787.
4. *Pièces just.*, xxiv, 6.
5. G. de Beaucourt, *loc. cit.*

res » et lui taxa à cette occasion 80 liv. dont il donna quittance immédiatement¹. Il devint ensuite sénéchal de Saintonge (par lettres du 24 septembre 1442²), aux gages de 400 liv., et il conserva cette charge au moins jusqu'en 1450³. Une généalogie manuscrite nous apprend qu'il avait épousé Marguerite d'Harcourt en 1444 et qu'il mourut en 1457⁴.

XXXIV. — ETAMPES (Jean d').

Jean d'Etampes joua un rôle considérable sous Charles VII, surtout dans l'administration du Languedoc. Il était d'abord trésorier de Saint-Hilaire de Poitiers et fut avec cette qualité envoyé en ambassade auprès du pape; il devint successivement maître des requêtes de l'hôtel et général des finances. En 1446, il succéda à Geoffroi de Pompadour comme évêque de Carcassonne, et occupa ce siège jusqu'à sa mort, arrivée le 23 janvier 1456. Dans les dix dernières années de sa vie, il fut presque constamment un des commissaires du roi auprès des Etats de Languedoc; un seul fait lui vaut de figurer dans notre liste. En août 1443, il fut envoyé auprès des

---

1. B. N., *Cab. des Titres*, dossier *Estissac*.
2. *Mém. de la Chambre des Comptes*, K, fol. 83 v° (d'après B. N., *Fr.* 21405, p. 105).
3. Quitt. des 28 juin 1446 et 15 novembre 1450 dossier *Estissac*).
4. B. N., *Cab. des Titres*, dossier bleu *Estissac*.

Etats d'Auvergne avec Jacques Cœur pour leur demander une aide de 33,000 liv. Ils lui votèrent à cette occasion 300 liv. [1].

XXXV. — FAYETTE (Gilbert de La).

Le maréchal de La Fayette est une des grandes figures du règne de Charles VII; c'est dire que nous n'entendons pas entrer dans les détails de sa biographie. On peut consulter à ce sujet, sans parler des histoires de Charles VII, un bon article de M. Vallet de Viriville dans la *Biographie Didot*. Cet auteur n'a pas indiqué toutefois le fait à raison duquel le maréchal de La Fayette figure dans notre liste. Au mois de décembre 1445, Charles VII le chargea, avec l'archevêque de Reims et Jean de Bar, d'aller demander aux Etats d'Auvergne une aide de 40,000 liv. et en même temps d'organiser dans ce pays le logement et le paiement des gens de guerre conformément aux principes adoptés nouvellement par la cour. Il était excellemment choisi pour cette mission s'il est vrai, comme un chroniqueur le dit, qu'il ait été le promoteur auprès de Charles VII de cette réforme capitale dans l'organisation de l'armée française. En reconnaissance de cette commission

---

1. Voy. pour ce fait *Catalogue*, à la date. — Sur Jean d'Etampes voy. D. Vaissète, *passim*, et surtout livre XXXV, ch. V, et Blanchard, *Gén. des maîtres des requêtes*, p. 159.

les Etats lui allouèrent la somme de 400 liv. dont il donna quittance partie le 14 mars, partie le 18 août 1446 [1].

XXXVI. — FROMENT (Etienne).

Etienne Froment était notaire et secrétaire du roi. Peut-être appartenait-il à la famille Froment, dans la Marche, mais nous n'avons pu en avoir la preuve.

Au mois de mai 1433, Charles VII l'envoya dans la Marche pour requérir des Etats du pays une aide de 5,000 liv. t. Il ne put obtenir que 3,500 liv. qu'il refusa d'accepter avant de savoir la volonté du roi sur ce; il revint donc à la cour à Amboise prendre de nouvelles instructions. Le roi, tenant compte du malheureux état de ce pays où la famine sévissait cruellement, réduisit ses demandes à 4,000 liv. : en outre, il taxa à Etienne Froment pour ses frais de voyage la somme de 100 liv. t. [2] : celui-ci en donna quittance à Jacques de la Ville le 20 février 1434 [3]. Par lettres données à Bourges le 14 janvier 1434, il venait d'être nommé commissaire avec le sénéchal de Limousin et le chancelier de la Marche à imposer en Bas-Limousin une aide de 6,000 liv. [4] : nous n'a-

---

1. Voy. *Catalogue*, Auvergne, XLII, D et J.
2. *Pièces justif.*, xx.
3. Orig., *Cab. des Titres*, dossier *Froment*.
4. Arch. nat., K 63, n° 29. (Carton des rois.)

l'aide demandée par le roi ; pendant ce temps il fut pris et détroussé par le bâtard de Laigné : finalement il fut révoqué ainsi que son collègue [1]. En considération de ces faits, les Etats du Haut-Limousin lui votèrent une indemnité de 80 francs dont il donna quittance le 8 février 1436 [2].

Le 8 mars 1452, Charles Double se démit en faveur de François Guérinet des droits qu'il pouvait avoir sur l'office de général des aides vacant par la mort de Pierre de Brabant [3]. Nous ignorons la date de sa mort.

XXXI. — ERMITE (Guillaume de L').

Guillaume de L'Ermite appartenait à une famille noble de la Marche [4], qui a longtemps possédé le château de Souliers, dans la châtellenie de Drouilles. Il était probablement frère de Jean de L'Ermite, sr de Souliers, auquel les Etats du Haut-Limousin votèrent une indemnité de 20 liv. en 1425 [5]. Nommé prévôt de Saint-Junien en 1409, il prit possession

---

1. *Pièces just.*, XXIV, n₀ 13.
2. B. N., *Cab. des Titres*, dossier *Double*.
3. *Reg. de la Cour des Aides*, Arch. nat., Z^x A 19, fol. 257.
4. C'est à cette famille qu'appartenait, au xviie siècle, le poète et académicien assez connu, François de L'Ermite, qui avait pris le nom de Tristan, pour faire croire qu'il descendait du fameux prévôt de Louis XI (Tristan L'Ermite et non de L'Ermite), bien qu'il n'en fût rien.
5. *Catalogue*, Haut-Limousin, XIII, K.

de ces fonctions le 11 juin de la même année. Il devint très probablement abbé du Dorat entre le mois de juillet et le mois de décembre 1422 ; en effet, à la session de juillet 1422, les Etats lui votèrent 100 écus d'or : dans le texte de la quittance qu'il en donna, texte rédigé probablement au moment du vote, il est qualifié simplement « bachelier en decret et prevost de Saint-Junien » ; mais sa signature, apposée à cette quittance le 15 décembre suivant, est : L'ABBÉ DU DOURAT [2]. Il exerça à la fois ces deux fonctions jusqu'à sa mort arrivée en 1446 [3]. Il prit part à presque toutes les sessions des Etats du Haut-Limousin, et presque chaque fois il était un des délégués nommés par eux pour assister les commissaires du roi dans la répartition de l'impôt [4]. Il exerça lui-même deux fois au moins la charge de commissaire du roi auprès de cette assemblée : en novembre 1425 et en septembre 1442. La première fois, les Etats lui firent don de 300 liv., dont 100 liv. pour sa commission, et 200 liv. pour avoir été en ambassade auprès de Charles VII, à Mehun-sur-Yèvre, avec l'évêque de Limoges, Jean Barton et autres [5] ; la seconde fois, ils lui votèrent 160 liv. [6]

1. Arbellot, *Chron. de Maleu*, 2ᵉ partie., p. 187.
2. Orig. B. N., *Fr.* 20903, p. 106.
3. Arbellot, *loc. cit.*
4. *Pièces just.*, XXII, nᵒ 15; XXVIII, nᵒ 11, XXXIII, nᵒ 17, et XXXIX, nᵒ 23.
5. Orig. B. N., *Fr.* 20903, p. 107.
6. *Id., ib.*, p. 108.

vons malheureusement aucun détail sur la manière dont il s'acquitta de cette nouvelle commission. Au mois d'octobre 1439, le roi le chargea d'imposer en Haut et Bas-Limousin, avec Gautier de Péruce et Jean Barton, une aide de telle somme qu'ils jugeraient à propos jusqu'à concurrence de 10,000 liv. pour recouvrer le château de Thenon dont les Anglais venaient de s'emparer; en outre, par lettres données à Orléans le 9 octobre, il fut nommé commissaire avec le vicomte de Limoges, le vicomte de Turenne et le comte de Ventadour à distribuer le principal de l'aide qui serait levée pour ce fait. Tous les ordres de paiement adressés au receveur devaient porter sa signature et celle d'un au moins de ses collègues : il s'en est conservé un assez grand nombre signés par Etienne Froment et par le vicomte de Limoges, relatifs au Bas-Limousin [1]. Il lui fut assigné pour ce fait, sur les frais du Haut-Limousin, la somme de 80 liv. t. [2].

Le 1ᵉʳ mars 1443, il fut présent au château de Commercy avec le seigneur de Prie, Jean de Creteny (*sic*, lisez Prégent de Coëtivy), amiral de France, Louis de Beaumont, Robert de Baudricourt, bailli de Chaumont, Jean Bureau, trésorier de France, et autres à l'abolition accordée par le roi à Robert de Sarrebruck, seigneur de Commercy, pour de nombreux

---

1. Voy. *Catalogue*, Bas-Limousin, à la date.
2. B. N., *Fr.* 20594, p. 29.

méfaits, et au serment d'obéissance fait au roi par
ce dernier.[1]

Le 8 août 1449, nous le trouvons encore exerçant
l'office de notaire et secrétaire du roi[2]; mais nous
n'avons plus aucun document postérieur à cette
date.

XXXVII. — FUMEL (Tandonnet de).

Encore un capitaine gascon auquel nous avons
affaire; Tandonnet de Fumel, écuyer, seigneur de
Monségur, fit ses débuts vers 1422, sous Poton
de Saintrailles : celui-ci, qui était capitaine de
Chalusset en 1427, le nomma son lieutenant[3], et
Tandonnet devint lui-même capitaine en titre de
cette place, office qu'il garda jusqu'au moins en
1441. Le roi le fit son écuyer d'écurie et, en 1435,
il le nomma, avec Amauri d'Estissac et autres,
commissaire auprès des Etats du Haut-Limousin
sur le fait d'une aide de 5,000 liv. : ceux-ci lui
firent don de 150 liv., tant pour sa commission
que pour avoir été en ambassade à Tours auprès
de Charles VII, et de 50 liv. pour avoir chassé du
pays le bâtard de Léau et autres routiers qui le

---

1. Ch. des Comptes, *Mémorial*, K fol. 73 v°, d'après la B. N.,
Fr. 16386, fol. 175.
2. B. N., *Clair.* 76, p. 5965.
3. Voy. Duroux, *Essai sur la sénat. de Limoges*, p. 207.

ravageaient¹. En 1437, il eut la même charge et les Etats lui votèrent 100 liv. En 1438, sans qu'il fût commissaire du roi, ils lui firent encore don de 100 liv. pour services rendus au pays, notamment en empêchant les routiers de le ravager². Il conservait toujours la faveur du roi qui, en 1441, le chargea avec Nicole du Breuil de faire lever l'arrière-ban dans le Bas-Limousin : les Etats interrompirent l'exécution de cette mesure en la rachetant du roi par une aide de 4,500 liv.³. Cette même année, par lettres données à Paris le 5 octobre, Charles VII le nomma encore commissaire auprès des Etats du Haut-Limousin avec Jean Barton et Pierre Raoul ; il en reçut à cette occasion 100 liv. de gratification, dont il donna quittance le 14 juin 1442⁴. Bien que Tandonnet de Fumel eût plusieurs fois bien mérité du Limousin en combattant les routiers, il n'était pas lui-même à l'abri de tout reproche, et avait plus d'une peccadille de gens de guerre sur la conscience : aussi se fit-il donner de la chancellerie royale des lettres d'abolition qui le mettaient à l'abri de toute poursuite judiciaire. Ces lettres, datées de Bourges, août 1447, renferment la dernière mention que nous ayons de lui⁵. Le

1. *Pièces just.*, xxii, nos 7 et 27.
2. *Pièces just.*, xxxiii, n° 10.
3. *Pièces just.*, xlii.
4. *Catalogue*, Haut-Limousin, xxi, l.
5. Arch. nat., JJ 179, p. 72. Ces lettres rappellent qu'il a

16 novembre 1441, par contrat passé au château de Ségur, il avait épousé Vaudrue de Bretagne, fille naturelle d'Olivier de Bretagne et nièce du vicomte de Limoges alors existant [1].

XXXVIII. — GARNIER (Pierre).

Notaire et secrétaire du roi, commissaire en 1435 en Haut-Limousin avec Charles Double, Pierre Garnier dut comme ce dernier attendre longtemps que les Etats voulussent accorder l'aide demandée par le roi ; il fut ensuite renvoyé en ambassade auprès de Charles VII à Bourges, et finalement révoqué [2]. Les Etats lui votèrent en considération de ces faits une somme de 50 liv., dont il donna quittance le 8 février 1436 [3].

XXXIX. — GIMEL (Louis de).

Louis de Gimel appartenait à une famille illustre du Bas-Limousin. Il était fils cadet de Jean, sci-

---

été au service du roi depuis environ vingt cinq ans, d'abord sous Poton de Saintrailles, puis comme capitaine de Chalusset.

1. B. N , *Doat*, 245. p. 46 et ss. — Copie.
2. *Pièces just.*, XXIV, n° 13.
3. B. N., *Cab des Titres*, dossier *Garnier*.

comptes en la Chambre, alors siégeant à Bourges¹. En 1422, le dauphin le nomma commissaire avec Jean Mauoué auprès des Etats du Lyonnais pour leur requérir une aide « pour le fait de la bonne monnoie et le soustien de la guerre ». Cette mission ne s'accomplit pas sans difficultés. Les Etats réunis à Lyon le 4 juillet, avaient assez mal reçu les demandes des premiers commissaires; les députés de Lyon, entre autres, répondirent hardiment que le dauphin continuât à faire courir la mauvaise monnaie puisqu'il y trouvait moitié plus de profit qu'à la bonne, sans vouloir lever d'autre aide « jusques à ce que les Trois Estas des païs obeissans au roy nostre sire et à lui aient esté ensemble, en suppliant audit mons' le Regent que iceulx Trois Estas il vueillet fere assembler là où sera son bon plesir et le plus brief que fere se porra, afin d'ilecques conclurre et ordonner tout ce qui sera necessaire au bien, honneur et prouffit du roy nostre dit seigneur, de mondit seigneur le regent et de toute leur seignourie, ausquelx conclusion et ordonnance desdis Trois Estas lesdis de Lion sont prest d'obeir et les complir à leur povoir et de bon cuer². » Le dauphin avait évidemment eu ses raisons pour préférer le mode d'assemblées par Etats provinciaux à la réunion des Etats Généraux. Le 8 août il écrivit de Mehun-sur-Yèvre une lettre de vifs reproches aux Lyonnais, opposant à leur mau-

---

1. Mémorial, H, fol. 1, v°, d'après la B. N., Fr. 21403, p. 89.
2. Arch. de Lyon, BB 1, fol. 159-60.

vais vouloir l'exemple des pays voisins, du Beaujolais, du Forez, du Bourbonnais et de l'Auvergne, qui tous avaient consenti aux demandes qu'il leur avait fait faire¹. Les habitants n'en persistèrent pas moins dans leur refus ; les choses traînèrent en longueur et ne tardèrent pas à s'envenimer. Les commissaires voulaient imposer d'office 1,500 écus sur la ville ; enfin, au mois d'octobre seulement, l'intervention du chancelier, alors de passage à Lyon, arrangea l'affaire : les habitants promirent de payer 1,200 écus pour leur part, chaque écu comptant pour 25 francs².

Pendant près de vingt ans encore Antoine Greellé servit assidûment le roi à la Chambre des comptes ; mais vers 1440, l'âge sans doute s'en mêlant, il n'exerça pas son office avec la même assiduité : on lui réduisit ses gages d'autant. Le 7 juin 1440 il assigna les « corps et suppôts » de la Chambre devant le Parlement pour les forcer à lui payer entièrement ses gages, « servist ou non ». Le président de la Chambre, Simon Charles, considérant « que le dit Mᵉ Anthoine estoit noble homme qui grandement avoit servi le roy », lui offrit de comparaître en personne ou par procureur à la Chambre des comptes pour s'arranger à l'amiable³.

---

1. *Ibid.*, AA 22, fol. 32 (original).
2. *Ibid.*, BB 1, fol. 164-5.
3. *Ext. des journaux de la Chambre des Comptes*, aux Arch. Nat., P 2848, p. 156-7.

Charles VII ne lui continua pas moins sa faveur ; il le nomma commissaire auprès des Etats d'Auvergne qui lui firent don de 150 l. t. au mois de septembre 1442 [1].

Le 28 avril 1443, il fit son testament à Paris : il se qualifie chevalier, maître d'hôtel de Sa Majesté et maître de sa Chambre des comptes ; il nomme pour ses exécuteurs testamentaires l'archevêque de Bourges, le prieur des Célestins de Paris, sa seconde femme Marie de Chauvigny, et son neveu Me Blaise Greellé ou Greslé, licencié en lois, conseiller et maître des requêtes de l'hôtel du roi [2]. Il mourut peu de temps après et avant le 27 juin [3].

XLII. — JUVENEL (Guillaume).

Successivement conseiller au Parlement, bailli de Sens (26 décembre 1437), chancelier de France (16 juin 1445), Guillaume Juvenel des Ursins († 1472) est un personnage trop connu pour que nous insistions sur sa biographie. Au mois de juin 1441, Charles VII le nomma commissaire avec Jean Tudert et Jean Taumier à la fois en Lyonnais [4] et en Auvergne. Dans cette dernière province, les gens d'église

---

1. *Catalogue*, à la date.
2. Blanchard, *Gén. des Maîtres des Requêtes*, p. 177.
3. P 2848, p. 200.
4. Arch. de Lyon, AA 68, 12 juin, sans date d'année.

et nobles lui firent don de 200 liv.¹. Au mois de mai 1443, il fut encore envoyé dans l'Auvergne avec Jacques Cœur pour requérir une aide de 12,500 liv. : il eut des Etats une gratification de 400 liv.².

XLIII. — LALLIER (Guillaume).

Commissaire en 1420 auprès des Etats d'Auvergne avec Aleaume Cachemarée (voyez ce nom). Nous ne savons absolument rien sur lui, si ce n'est qu'il était de Gannat.

XLIV. — LUCÉ (Thibaut de).

Thibaut de Lucé était évêque de Maillezais avant 1437. Les auteurs de la *Gallia Christiana* se demandent s'il ne faut pas l'identifier avec Guillaume de Lucé que l'on trouve mentionné avec le même titre en 1422 : l'idée est assez bizarre, et il n'y a pas lieu de lui donner suite, car l'existence de Guillaume est suffisamment attestée par un acte authentique de 1425³. Le 10 mai 1437, Charles VII fit don à notre personnage de 300 liv. pour l'avoir accompagné dans le voyage de Languedoc⁴ ; en septembre 1437, il le

1. *Catalogue*, Auvergne, xxxiv, B.
2. *Ib., ib.*, xxxvii.
3. B. N., *Fr.* 20885, fol. 19.
4. *Ib., Fr*, 20889, fol. 75.

nomma commissaire auprès des Etats de Dauphiné pour leur requérir une aide, et, le 24 janvier 1438, il lui fit don pour ce fait de 400 liv.[1]. Au mois de novembre 1438, il fut chargé avec Gautier de Péruce et Jean Barton de se transporter auprès des Etats de Limousin convoqués à Eymoutiers pour examiner avec eux le moyen de mettre en la main du roi « nuement » le château de Domme que le bâtard de Pellevoisin avait repris aux Anglais[2], et lever en Limousin une aide suffisante pour ce faire. Le 24 janvier 1439, au château de Ségur, Thibaut de Lucé et Gautier de Péruce traitèrent à cet effet avec le vicomte de Limoges, stipulant pour le bâtard de Pellevoisin[3]. L'aide imposée en Bas-Limousin fut de 2246 liv. 1 s. 6 d. t. : les Etats, assemblés à Userche au mois de février, firent don à l'évêque de Maillezais de 150 liv., outre le principal, pour sa commission[4].

En 1440, il fut nommé général des finances du roi en Languedoc et Guyenne aux gages de 1,000 liv. par an[5] ; la même année il fut chargé avec d'autres d'imposer en Languedoc une taxe de 5 s. t. sur chaque queue de vin de la nouvelle récolte[6].

1. Lettres de taxation et quitt. du 4 août 1438. (*Ibid., Fr.* 20885, fol. 21 et 23.)
2. *Pièces just.*, XXXIV.
3. B. N , *Doat*, 245, p. 1 et sv.
4. *Pièces just.*, XXXV, n°⁸ 1 et 4.
5. B. N., *Fr.* 20885, fol 25. (Quitt. du 4 mars 1441.)
6. D. Vaissète, liv. XXXIV, ch. LXXXV.

En 1444 il fut chargé avec Jean de Bar de faire certains emprunts en Auvergne : les Etats de la Basse-Auvergne satisfaits de la manière dont les deux commissaires s'étaient acquittés de cette charge leur firent don de 500 liv. La même année et en 1445 il fut commissaire auprès des Etats de la province qui à chaque fois lui votèrent 500 liv.[1]. En 1451, il fut envoyé en ambassade par le roi auprès du dauphin[2]; le 23 novembre de la même année il donna avec les évêques de Maguelonne et d'Agde une quittance collective de 30 liv. dont les Etats de Saintonge leur avaient fait don[3]. Il était mort avant le 4 janvier 1456[4].

XLV. — MARCHE (Emeri de La).

Emeri de La Marche, chevalier, seigneur de Vervy, sénéchal de la Marche, fut commis au mois d'octobre 1425, avec Bertrand de Saint-Avit, Guillaume Piédieu et Jean Barton, à imposer dans la Marche sa part de l'aide que les Etats de Poitiers venaient d'accorder au roi[5]. Il appartenait à une famille importante de la Marche que des généalogistes complai-

---

1. *Catalogue*, Auvergne, xxxix, D, G, et xl.
2. G. de Beaucourt, *Charles VII*, p. 212.
3. B. N., *Fr.* 20884, fol. 5.
4. Quitt. de Louis, évêque de Maillezais, à cette date. (B. N., *Fr.* 20885, p. n° 43.)
6. *Pièces just.*, xiv.

gneur de Gimel, et de Jeanne de Murat : il forma la branche des seigneurs de Saint-Jal [1].

Le 23 avril 1443, Charles VII le nomma commissaire avec l'évêque de Tulle, Gautier de Péruce, seigneur des Cars, et Jean Barton, chancelier de la Marche, à imposer en Bas-Limousin une aide de 10,000 livres tournois accordée au roi par les Etats du pays réunis à Tulle en sa présence, plus 2,000 liv. t. pour les frais et les dons faits par les Etats outre le principal. La répartition fut faite le 26 juin et signée par l'évêque de Tulle et Louis de Gimel [2] : nous ignorons quelle somme les Etats lui accordèrent pour ce fait, la distribution des frais ne nous étant pas parvenue.

XL. — GIRARD (Jean).

Jean Girard était conseiller au Parlement de Paris dès 1414 [3]. Il s'attacha au dauphin qui le réinstalla au parlement de Poitiers et le nomma son conseiller et son maître des requêtes de l'hôtel. En 1428, il prit possession du Dauphiné au nom de Raoul de Gaucourt qui en avait été nommé gouverneur par lettres du 1er novembre ; dès lors il joua

---

1. B. N., *Cab. des Titres*, dossier *Gimel*, généalogie manuscrite.
2. *Catalogue*, Bas-Limousin, à la date.
3. *Reg. du Parlement* aux Arch. nat., X 1 A, 1480, fol. 2.

un grand rôle dans l'administration de cette province, d'où il était originaire, comme membre, puis président, du conseil delphinal. En 1432, il devint archevêque d'Embrum, sa ville natale, et, en 1444, archevêque de Vienne ¹. D'après une pièce un peu obscure, il semble avoir été commissaire du roi en Auvergne sur le fait de l'aide de 250,000 liv. accordée à Montluçon en avril 1426, par les Etats de Languedoïl, en même temps que le dauphin d'Auvergne : ils eurent chacun 100 liv. assignées sur les frais de la Haute-Auvergne ².

XLI. — GREELLÉ (Antoine).

Antoine Greellé débuta sous Charles VI comme clerc de la Chambre des comptes. Même dans cette position peu élevée, il faut croire qu'il se fit remarquer, car en 1415 il fut chargé avec Hugues de Comberel d'une mission auprès de la république de Gênes ³. Au mois de décembre 1421, il monta de l'office de clerc à celui de conseiller et maître des

---

1. Voy. sur J. Girard la *Gallia Christiana*; Blanchard, *Gén. des Maîtres des requêtes*, Paris, 1670, p. 141-2, et D. Neuville, *Le Parlement royal à Poitiers*, dans la *Revue historique*, t. VI, pp. 281 et suiv.

2. B. N., *Fr.* 23897, Inst. de la Haute-Auvergne, copie contemporaine.

3. Voy. le compte de leur voyage. (B. N., *Lat.*, 5414 A.)

sants ont essayé de rattacher aux anciens comtes de ce pays : son père s'appelait Godefroi et sa mère Hilutte (?) de la Celle ¹. Il n'était pas sénéchal de La Marche avant 1402, époque où nous trouvons cet office occupé par Gilles Choulet, sʳ de la Chouletière ², et il était mort le 3 février 1433, car à cette date Bernard d'Armagnac déchargea Louis de La Marche de la garde du château de Crozant que son père Émeri avait exercée de son vivant ³.

XLVI. — MARESCHAL (Guillaume Le).

Guillaume Le Mareschal était procureur général d'Auvergne dès 1436. Le 20 juillet de cette année il donna quittance de 20 liv. tournois dont lui avaient fait don les gens d'église et nobles du bas pays d'Auvergne ⁴. Nous trouvons, en 1438, un Guillaume Le Mareschal, écuyer, seigneur de la Mote, élu sur le fait des aides dans les diocèses de Viviers, Valence et Vienne, dont il y a deux quittances de gages ⁵ : la comparaison des signatures semble bien indiquer que c'est le même que le procureur d'Auvergne. Le 16 juillet 1437 il fut nommé commissaire

---

1. Voy. Joullietton, *Hist. de la Marche*, I, 367.
2. Arch. de la Creuse, *Cart. des Ternes*, II, fol. 39.
3. Joullietton, *loc. cit.*
4. B. N., *Cab. des Titres*, dossier *Mareschal*.
5. *Ibid.*

en Franc-Alleu : les Etats lui firent don pour ce de 20 liv. tournois. Il en fut de même en 1438, en 1442, en 1443 et probablement dans les années intermédiaires et suivantes [1]. En 1441, les gens d'église et nobles du bas pays d'Auvergne lui firent encore don de 20 liv. t., dont il donna quittance le 18 octobre 1441 [2]. Les actes relatifs au Franc-Alleu le qualifient procureur de Riom, ce qui revient au même que procureur d'Auvergne; ils l'appellent fréquemment Guillaume *Mareschal,* mais il signe toujours G. *Le Mareschal.* En 1444, il fut encore commissaire à imposer dans le même pays sa part de l'aide générale de 240,000 fr. [3]. Le 6 novembre 1448, par lettres données à Montargis, il fut également chargé avec Nicole du Breuil d'imposer sur le Franc-Alleu le paiement des gens d'armes pour 1449, plus une aide de 500 l. t. avec les frais raisonnables [4]. C'est la date la plus récente à laquelle nous le trouvions mentionné.

1. B. N., *Fr.* 23902, et *Catalogue,* Franc-Alleu, aux dates.
2. *Cab. des Titres,* dossier *Mareschal.*
3. Expédition certifiée et signée par lui des sommes auxquelles ont été imposés les habitants de la châtellenie de Crocq, exemptés par le roi pour certain temps. (B. N., *Fr.* 26072, n° 5054.)
4. Copie dans Fontanieu, *Portef.* 121, à la date. (B. N.)

XLVII. — MAS (Jean du).

Jean du Mas était trésorier de Combraille. Par lettres du 16 juillet 1437, Charles VII le nomma commissaire avec Trolhart de Montvert et Guillaume Le Mareschal à imposer sur le Franc-Alleu une somme de 700 l. t. pour sa part d'une aide de 200,000 fr. mise par le roi en Languedoil. Les Etats ne voulurent accorder que 500 l. t. que les commissaires furent obligés d'accepter ; ils firent don à Jean du Mas comme aux deux autres commissaires de 20 l. t. [1]. Jean du Mas fut encore commissaire en 1438, en 1442 et sans doute pendant les années suivantes et les années intermédiaires, sur lesquelles nous n'avons pas de renseignements [2]. Nous n'avons rien pu trouver de plus sur son compte.

XLVIII. — MESNIL-SIMON (Jean du.)

Jean du Mesnil-Simon fut très en faveur à la cour de Charles VII dans la seconde moitié du règne ; on l'y appelait familièrement *le petit Mesnil* [3]. Il était fils de Simon, s^r du Mesnil-Simon, dans le

---

1. B. N., *Fr.* 23902, et *Catalogue*, Franc-Alleu.
2. *Ibid., ibid.*
3. G. de Beaucourt, *Charles VII, passim.*

comté de Gisors ; le 3 janvier 1441, il épousa Philippe de Rochechouart, qui lui apporta le titre de s^r de Maupas par lequel il est fréquemment désigné[1]. Dès 1432 il était au service de Charles VII comme valet tranchant; nous ne citerons dans sa biographie que les faits qui nous touchent plus particulièrement. Il fut fait sénéchal de Limousin peu avant 1445 ; au commencement de cette année il fut envoyé spécialement par le roi de Nancy en en Poitou et en Saintonge pour organiser dans ces provinces le logement et l'entretien des gens de guerre que Charles VII casernait alors dans les différents pays de Languedoïl[2]. En 1450 il fut au nombre des commissaires chargés d'imposer en Bas-Limousin le paiement des gens de guerre et la portion revenant à ce pays de l'aide générale de 240,000 liv. ; mais il ne put s'acquitter en personne de sa commission[3]. En 1451 il eut la même charge pour la Marche et le Haut-Limousin ; les Etats de la Marche lui firent don de 100 liv. pour sa commission sur le fait du paiement des gens de guerre, et les Etats du Haut-Limousin lui ordonnèrent la même somme pour le fait de la portion de l'aide de 120,000 liv. imposée par le roi en Languedoïl[4]. En 1453, nous

1. Gén. manuscrite, B. N., *Cab. des Titres*, dossier bleu *Mesnil-Simon*.
2. Pour le Poitou, voy. Arch. nat. K. 68, n° 14 ; pour la Saintonge, B. N., *Fr.* 20583, p. 10, et *Clair.*, 220, p. 35.
3. Voy. le *Catalogue*, à la date.
4. Voy. le *Catalogue*, Haut-Limousin et Marche, à la date.

le trouvons chargé avec Gui Bernard, archidiacre de Tours, d'imposer dans les provinces de la Marche, du Limousin et du Périgord la taille de 20,000 liv. que les Etats avaient accordée au roi au lieu des aides. Il ne mourut que sous Louis XI qui, par lettres [1] du 2 janvier 1462, lui conféra le titre de conseiller et chambellan du roi [2].

XLIX. — MONTBRUN (Pierre de).

Pierre de Montbrun fut un de ces prélats courtisans dont le caractère était fort éloigné de la mansuétude et du désintéressement qu'on se plairait à trouver chez un représentant de l'Église. Sa biographie détaillée exigerait un volume entier qui certes ne manquerait pas d'intérêt. D'abord abbé de Saint-Augustin de Limoges, il fut un des commissaires du roi en Limousin sur le fait de l'aide de 17,000 liv. à lui accordée en 1423 [3]. La faveur passagère du sire de Giac, dont il était parent, lui fut avantageuse et le fit arriver au siège épiscopal de Limoges, en 1426. En 1428, il fut encore commissaire du roi en Haut-Limousin sur le fait de l'aide accordée par les Etats généraux de Chinon (octobre); il reçut pour ce fait 310 liv. [4]. Nous ne saurions raconter les détails de

1. *Pièces just.*, LXXVI.
2. Gén. manuscrite, déjà citée.
3. *Catalogue*, Limousin, III.
4. *Ibid.*, Haut-Limousin, VIII.

sa longue administration épiscopale (1426-1457). Nous ne parlerons donc ni de sa lutte avec les habitants de Limoges qui démolirent un de ses châteaux, ni de ses démêlés avec Tandonnet de Fumel, capitaine de Chalusset, qui le fit prisonnier et le mit à rançon, en 1436; ni de ses querelles avec Trolhart de Montvert qui lui fit voler ses chevaux dans une tournée pastorale (1438), ni enfin de ses différends au sujet de la juridiction ecclésiastique avec le comte de la Marche, Bernard d'Armagnac, dont il excommunia les officiers (1453). Nous renvoyons au substantiel article du *Nobiliaire du Limousin* rédigé avec le secours des archives de l'évêché de Limoges [1]. Il mourut au commencement de l'année 1457, laissant une fortune considérable.

L. — MONTVERT (Trolhart de).

Trolhart de Montvert était fils d'Audebert, seigneur de Montvert et de Magnat. Sa sœur, Delphine de Montvert, avait épousé Jean de Bonneval, sr de Blanchefort, qui, le 9 novembre 1430, l'institua son exécuteur testamentaire [2]. Il eut des démêlés avec l'évêque de Limoges, Pierre de Montbrun [3], pour des empiètements de juridiction ; le 30 juillet 1436, comme

---

1. Tome I, p. 276-80, au mot *Brun*.
2. *Nob. du Lim.*, I, p. 228; au mot *Bonneval*.
3. *Ibid.*, I. 278 ; au mot *Brun*.

celui-ci passait en tournée pastorale à Rougnat, il lui fit enlever ses chevaux; de là excommunication et interdit sur les églises de Rougnat, Chatain et Magnat, paroisses qui lui appartenaient en partie, et condamnation finale à faire amende honorable et à payer 1,000 écus : il est fort douteux que cette condamnation ait été exécutée [1]. En 1437, quand Charles VII se décida à ériger le Franc-Alleu en circonscription financière distincte, Trolhart de Montvert fut un des commissaires du roi, et il exerça cette charge très fréquemment [2]. En 1449, se trouvant sans enfants, il fit donation à ses neveux Guillaume et Hugues de Bonneval de ses seigneuries de Montvert, Magnat et Châtain.

LI. — MOULIN (Denis du).

Denis du Moulin, archevêque de Toulouse, évêque de Paris en 1439, mort en 1447, est un des personnages les plus influents du règne de Charles VII. Nous ne pouvons que renvoyer sur son compte aux histoires générales et aux articles de la *Gallia Christiana*.

Au mois de décembre 1423, Charles VII lui donna plein pouvoir, conjointement avec Jean de Troissy ou seul en l'absence de ce dernier, pour traiter avec

1. *Nob. du Lim.*, I, p. 229.
2. *Catalogue*, Franc-Alleu, *passim*.

les États d'Auvergne au sujet d'une taille directe destinée à remplacer les aides [1]. Nous savons seulement que les États consentirent à ce que cette taille fût de 20,000 liv.

LII. — NAILLAC (Jean de).

Jean de Naillac, seigneur de Chateaubrun, vicomte de Bridiers, etc., sénéchal de Limousin, figure parmi les grands officiers de la couronne à cause de la charge de grand-pannetier de France qu'il exerça peu de temps avant sa mort. Il fut tué à la journée des Harengs, au mois de février 1429 [2].

En 1424, il fut commissaire pour imposer en Haut-Limousin une aide de 10,000 francs octroyée au roi par les États de ce pays : ceux-ci lui firent don à cette occasion de 100 liv. dont il donna quittance le 15 février 1425 [3]. En 1425, ils lui votèrent encore 200 liv. pour la récompenser des dépenses qu'il avait faites pour le bien du pays : il en donna quittance le 24 mai 1426 [4]. De ces deux quittances la première est donnée sous son sceau [5], sans si-

---

1. *Pièces just.*, VII.
2. Voy., pour sa biographie complète, le père Anselme, VIII, p. 665.
3.-4. Orig. B. N., *Cab. des Titres*, dossier *Naillac*.
5. La matrice de son sceau a été découverte récemment et l'empreinte publiée par la *Société des sciences nat. et archéol. de la Creuse*.

gnature, la seconde sous le sceau de la chancellerie de la Marche, ce qui semblerait indiquer qu'il ne savait pas signer.

LIII. — NÉREMENT (Jean).

La première mention que nous trouvions de Jean Nérement remonte au 26 février 1437 : il est qualifié notaire et secrétaire du roi [1]. En 1442, il fut envoyé en Auvergne avec Antoine Groellé pour requérir des Etats une aide destinée à subventionner l'expédition de Guyenne et à entretenir les frontières de Normandie ; les Etats assemblés à Aigueperse au mois de septembre accordèrent 20,000 francs au roi et votèrent 300 liv. à partager entre les deux commissaires [2]. Cette commission semble la seule affaire importante dont Jean Nérement ait été chargé par Charles VII. Il fut pourtant annobli en raison de ses services en 1445 [3].

LIV. — PÉRUCE (Audoin de).

Audoin de Péruce appartenait à une famille du Limousin qui possédait depuis longtemps le château

---

1. B. N., *Cab. des Titres*, dossier *Nerement*.
2. *Catalogue*, à la date.
3. Arch. nat., JJ 178.

des Cars (canton de Chalus, Haute-Vienne), mais dont le nom semble tout à fait étranger, quoi qu'on en ait dit, au château de Peyrusse (canton de Châtelus-le-Marcheix, Creuse). Il figure comme écuyer dans des montres de 1413 et 1415; en 1421 il est qualifié chevalier, conseiller et chambellan du dauphin [1]. En 1423, il fut chargé avec Nicole de La Barre et autres d'imposer sur le Limousin sa part de l'aide octroyée au roi à Bourges. Toutefois, son nom ne figure que dans l'assiette des deux derniers termes pour le Haut-Limousin [2]. Le 20 octobre 1435, il fit son testament et partagea ses biens entre ses deux fils ; il mourut sans doute peu de temps après.

Il était fils de Ramnulphe de Péruce et de Souveraine Hélie de Pompadour ; il avait épousé, le 20 octobre 1390, Marguerite Hélie de Pompadour dont il eut, entre autres enfants, Gautier de Péruce qui suit [3].

LV. — PÉRUCE (Gautier de).

Gautier de Péruce avait épousé en 1432 Jacqueline de Saint-Marc, dame dudit lieu et de la Rochette; de là le nom de seigneur de Saint-Marc par lequel on le désigne jusqu'en 1437. A la session de

1. *Nobil. du Limousin*, I, 358 et 536.
2. *Pièces just.*, II.
3. *Nobil. du Lim.*, loc. cit.

septembre 1435, les Etats du Haut-Limousin lui votèrent 100 liv. pour plusieurs voyages faits auprès du roi à Poitiers, à Tours et à Bourges [1]. En 1437, il fut nommé commissaire du roi auprès des Etats du Bas et du Haut-Limousin ; ces derniers lui firent don de 100 liv. pour sa commission [2]. Au mois de novembre 1438, il fut chargé, avec l'évêque de Maillezais, de remettre en la main du roi le château de Domme et remplit en personne sa commission [3] : les Etats du Bas-Limousin lui firent don de 50 liv. [4]. En 1439, il fut encore chargé d'imposer en Haut et Bas-Limousin une aide pour la reprise de Thenon : il eut 80 liv. pour sa commission du Haut-Limousin [5]. Il était dès lors conseiller et chambellan du roi ; cependant Charles VII ne semble plus lui avoir confié depuis la charge de commissaire auprès des Etats. Peut-être cependant remplit-il cette charge en 1446 pour le paiement des gens de guerre logés en Haut-Limousin, car, par lettres du 8 février 1446, le roi lui fit don de 120 liv. « pour l'aidier à supporter la despense qu'il lui avoit convenu et convenoit faire lors en certain voyage qu'il avoit fait pour le fait du logiz des gens de guerre logiez en icellui païs, ouquel voyage faisant il a vacqué et demouré

---

1. *Pièces just.*, XXIV, n° 11.
2. *Ibid*, XXVIII, n° 5. et *Catalogue*, Bas-Limousin, à la date.
3. Voy. l'article Lucé (Thibaut de).
4. *Pièces just.*, XXXV, n° 5.
5. *Catalogue*, Haut-Limousin, à la date.

ou pouvoit vacquer et sejourner par l'espace d'un mois entier¹ » : ce sont là des termes ambigus qui pourraient s'entendre aussi bien d'un voyage fait du Limousin à la cour que de la cour en Limousin. Les Etats du Haut-Limousin l'envoyèrent plusieurs fois en ambassade auprès du roi en 1445, en 1448, en 1451, et lui votèrent chaque fois des indemnités en conséquence ². En 1453, il fut chargé par Gui Bernard et Jean du Mesnil-Simon, commissaires en cette partie, d'imposer sur le Périgord sa part de l'équivalent aux aides ³. Il fut fait sénéchal de Limousin dans les dernières années du règne de Charles VII et se démit de cet office en mars 1463. Il avait épousé en secondes noces Andrée de Montberon, le 17 avril 1451 ; il mourut sans enfants après 1468, date de son second testament ⁴.

LVI. — PIÉDIEU (Guillaume).

Guillaume Piédieu, né dans la Marche comme Jean Barton, joua un rôle presque aussi considérable, sinon dans l'histoire générale, au moins dans l'histoire locale. On ne sait presque rien sur les

---

1. B. N., *Clair.* 187, p. 7037.
2. *Catalogue*, aux dates.
3. *Pièces just.*, LXXVI.
4. Voy. pour les détails, particulièrement généalogiques, le *Nob. du Limousin*, au mot *Cars*.

Piédieu avant le xv⁰ siècle. En 1392, un Jean Piédieu, clerc, de Sainte-Feyre, près Guéret, fut témoin au testament de Louis de Malval, seigneur de Châtelus[1] : c'est vraisemblablement le père de notre personnage. Guillaume Piédieu apparaît en 1419 avec le titre de licencié-en-lois, notaire-juré de la chancellerie de la Marche[2]. Dès le 18 mars 1423 il avait succédé à Jean Vourete comme lieutenant du sénéchal de la Marche[3] : il exerça cette charge jusqu'à sa mort.

En 1424 il fut nommé commissaire pour imposer dans la Marche sa part de l'aide d'un million octroyée au roi par les Etats de Selles en Berry[4], et l'on peut dire que, depuis cette époque jusqu'en 1443, il exerça constamment cette charge[5]. En même temps que l'office de garde de la Marche, il avait celui de conseiller du roi Jacques qui en était comte : celui-ci l'institua au nombre de ses exécuteurs testamentaires en 1435[6].

Sans avoir jamais été commissaire du roi ailleurs

1. *Nob. du Lim.*, II, 174.
2. Cart. du prieuré de Guéret, aux Archives de la Creuse. — M. de Maussabré *(loc. cit.)* mentionne un « Jehan de Saint-Allien (lisez : *Saint-Afferien)*, chevalier, garde de la Marche, » en 1415 : il faut lire 1475.
3. Cat. de Guéret, Arch. Creuse. — Le lieutenant du sénéchal était plus fréquemment, à cette époque, appelé *garde de la Marche*.
4. *Catalogue*, à la date.
5. *Ibid.*
6. B. N., fonds *Brienne*, 313, p. 231 (copie).

que dans la Marche, il reçut fréquemment des gratifications des Etats du Haut-Limousin pour services rendus au pays : en 1438, ils lui ordonnèrent, conjointement avec Bertrand de Saint-Avit et Jacques de La Ville, la somme de 90 l. t., pour avoir travaillé auprès de certains capitaines de gens de guerre et les avoir empêchés de traverser le Limousin [1] ; en juillet 1440 ils lui donnèrent, conjointement avec les mêmes, 100 liv. pour restitution d'un cheval qu'ils avaient donné à d'autres capitaines [2] ; en 1444, il en reçut encore 40 liv. sans doute pour un motif analogue [3]. De même les Etats de la Marche en 1445, sans qu'il fût commissaire du roi, lui accordèrent 60 liv. pour ses services [4].

Le 29 novembre 1446, Charles VII le chargea avec Jean de Saincoins et le sénéchal de la Marche d'imposer dans ce pays le paiement des gens d'armes pour l'année 1447, plus une aide de 5,000 francs [5] : c'est la dernière mention que nous trouvions de lui. Il mourut probablement vers 1450 ; ses héritiers furent englobés dans les poursuites dirigées contre Jean Barton, Jacques de la Ville et autres en 1455-7 pour malversations et exactions [6].

---

1. *Pièces just.*, XXXIII, n° 22.
2. Quitt. collective du 18 nov. 1440. (B. N., *Cab. des Titres*, dossier *Saint-Avit*.)
3. *Pièces just.*, XXXIX, n° 29.
4. *Pièces just.*, LVI, n° 10.
5. Arch. Nat., K 68, n° 23 (carton des Rois).
6. Voy. l'art. BARTON (Jean).

Dans tous les actes que nous avons vus il est simplement nommé maître Guillaume Piédieu, licencié-en-lois ; M. le vicomte de Maussabré cite un acte où il est qualifié chevalier, seigneur de Sainte-Feyre¹. Nous doutons un peu de la qualification de chevalier ; quant à la seigneurie de Sainte-Feyre, il dut l'acquérir d'assez bonne heure : il avait dans cette localité un hôtel où il hébergea le dauphin (Louis XI) en 1439, pendant que Charles VII était chez Jean Barton, à Guéret².

D'après M. le vicomte de Maussabré *(loc. cit.)*, il avait épousé Marguerite de Villemonneix ; il en eut plusieurs enfants. Nous citerons seulement son fils Jean qui le remplaçait dès 1453 comme garde de la Marche³ : à cette époque, il est simplement nommé Jean Piédieu, licencié-en-lois ; en 1475, il se faisait appeler Jean de Saint-Affeiran⁴, dit Piédieu, chevalier⁵ ; à la génération suivante, le nom patronymique de Piédieu disparut et les membres de cette famille ne s'appelèrent plus que de Sainte-Feyre.

---

1. *Nob. du Lim.*, *loc. cit.*
2. Voy. l'art. BARTON (Jean).
3. Arch. de la Haute-Vienne, classement provisoire, n 1816, fol. 22.
4. *Saint-Affeiran*, et plus bas *Saint-Afferien*, variantes de *Sainte-Feyre*. Sur l'étymologie de ce vocable, voyez un article publié par nous, en 1876, dans l'*Echo de la Creuse*.
5. Arch. Nat., P 1363², coté 1211.

LVII. — RAOUL (Pierre).

Lieutenant du sénéchal de Limousin, licencié ès-lois, Pierre Raoul était probablement fils de Jean Raoul que nous trouvons de 1418 à 1423 avocat fiscal du roi en la sénéchaussée de Limousin[1]. En 1441, au mois d'octobre, il fut commissaire du roi à la fois auprès des Etats du Bas-Limousin et auprès de ceux du Haut-Limousin : ces derniers lui allouèrent 100 liv.[2]. Il remplit les mêmes fonctions en Haut-Limousin, au mois de septembre 1442, et reçut une indemnité semblable[3].

LVIII. — SAINCOINS (Jean de).

Jean de Saincoins, ou Xaincoins comme il signait lui-même, avait succédé à Guillaume Charrier dans l'office de receveur-général des finances du roi. Il est d'ailleurs presque aussi connu que Jacques Cœur par la disgrâce et la confiscation de ses biens qu'il encourut plus ou moins justement peu de temps avant ce dernier. En 1447 il fut chargé avec Jean Bureau d'imposer en Haut et Bas-Limousin le paie-

---

1. B. N., *Cab. des Titres*, dossier *Raoul*.
2. *Catalogue*, Haut et Bas-Limousin, à la date.
3. *Ibid.*, Haut-Limousin.

ment des gens de guerre et les portions d'une aide générale de 200,000 francs ; en 1449 il remplit la même charge en Haut-Limousin et vraisemblablement aussi dans l'autre partie de la province [1].

LIX. — SAINT-AVIT (Bertrand de).

Bertrand de Saint-Avit appartenait à une famille de la Marche qui possédait dans ce pays les seigneuries de Saint-Avit et de Saint-Domet. Il était fils de Jean de Saint-Avit et de Madeleine du Peschier, et il épousa vers 1416 Jeanne d'Aubusson, fille de Jean d'Aubusson, seigneur de la Borne [2]. Il devint à la fois conseiller du roi Jacques, comte de la Marche, près de qui nous le trouvons, à Montpellier, le 19 mai 1424 [3], et conseiller de Charles VII. Celui-ci encore dauphin l'envoya au mois de novembre 1421, avec Philippe de Grimaud, auprès du duc de Milan pour en obtenir des secours en hommes d'armes [4]. Un peu plus tard il le chargea avec Guérin, s[r] de Brion, et Guillaume Piédieu d'imposer dans la Marche sa quote-part de l'aide d'un million à lui accordée par les Etats de Selles en mars 1424. Depuis lors jusqu'en 1434 il fut presque chaque année commissaire

1. *Catalogue*, aux dates.
2. Gén. manuscrite. (B. N., *Cab. des Titres*, dossier bleu *Saint-Avit*.)
3. Arch. Nat., P 1363², cote 1235.
4. Vallet de Viriville, *Hist. de Charles VII*.

du roi auprès des États de cette province[1]. Il en était sénéchal dès le 9 décembre 1435 au plus tard[2]. En 1440-41, il accompagna le roi en Champagne et reçut pour cette cause une gratification de 300 liv., dont il donna quittance le 21 mai 1441[3]. Les États du Haut-Limousin lui votèrent fréquemment des dons en récompense de services rendus par lui à ce pays qui, comme on sait, comprenait la Basse-Marche, notamment en août 1440 et en septembre 1442[4]. Il était encore vivant au mois de février 1453[5], mais il était mort avant le 26 mai 1456. A cette dernière date, ses fils et héritiers, Jacques et Antoine de Saint-Avit, furent ajournés à comparaître devant le roi, en personne ou par procureurs, au sujet d'exactions que l'on prétendait avoir été commises par leur père et autres officiers de la Marche dans la perception des impôts royaux dans cette province[6].

LX. — TAUMIER (Jean).

Jean Taumier était en 1423 receveur général de l'aide d'un million accordée au roi par les États de

---

1. *Catalogue*, à la date et *passim*.
2. Arch. Nat., K 64, n° 5.
3. *Catalogue*, Marche, 1441, janvier.
4. *Catalogue*, Haut-Limousin, aux dates.
5. Arch. de la Haute-Vienne, n° provisoire 1816, fol. 22.
6. Voy. sur cette affaire l'art. Barton (Jean).

Bourges[1]. Il devint depuis général des finances. Avec ce dernier titre, au mois de juillet 1441, il fut commissaire à la fois auprès des États de Lyonnais et des États d'Auvergne avec Jean Tudert et Guillaume Juvenel. Nous savons qu'il s'acquitta en personne de cette dernière charge, mais nous ignorons quelle allocation lui votèrent les États à cette occasion[2].

LXI. — TROISSY (Jean de).

Jean de Troissy était en 1423 bailli de Senlis, sans doute *in partibus..... Anglorum*. Au mois de décembre de cette année, il fut nommé commissaire avec pleins pouvoirs auprès des États d'Auvergne[3] : nous ne savons s'il se rendit en personne dans cette province. En 1443 il était général des aides : il fut employé par le roi avec Pierre de Tuillières et autres dans les négociations engagées avec le comte Mathieu de Foix au sujet de la mise en liberté de sa femme Marguerite de Comminges[4]. Le 6 mars 1450, s'étant démis de son office de général, il fut remplacé avec son assentiment par Jean de Saint-Romain[5].

1. B. N., *Clair.*, titres scellés, au mot *Bataille*.
2. *Catalogue*, à la date, et *Pièces just.*
3. *Pièces just.*, VII.
4. Voy. D. Vaissète, liv. XXXIV, ch. LXXXVIII.
5. *Reg. de la Cour des Aides* aux Arch. nat. Z I A, 18, fol. 286 r°.

LXII. — TUDERT (Jean).

Jean Tudert était fils d'Olivier Tudert, natif de Mirebeau en Poitou. Son oncle, appelé aussi Jean Tudert, était doyen de Paris; malgré son titre, il s'attacha au parti du dauphin, depuis Charles VII, auprès de qui il fut en grande faveur, et ne rentra à Paris que lorsque les Anglais en eurent été chassés. Nommé évêque de Châlons en 1439, il mourut avant d'avoir pu prendre possession de son siège. Le neveu hérita de la faveur de l'oncle. Il lui succéda, le 18 décembre 1438, dans l'office de maître ordinaire des requêtes de l'hôtel qu'il avait résigné. Déjà par lettres données à Paris le 13 novembre 1437, Charles VII l'avait nommé conseiller lai au Parlement [1]. Depuis cette époque il remplit des missions nombreuses et importantes.

Au mois de juillet 1441, il fut envoyé auprès des Etats d'Auvergne avec Guillaume Juvenel et Jean Taumier pour leur demander l'octroi de leur part d'une aide de 100,000 fr. imposée par le roi dans une partie du Languedoïl [2]. En 1446, il eut une double commission : il fut chargé, d'une part, avec Charles de Culant, Bertrand de Saint-Avit, Jean Barton et Pion de Bar, d'imposer dans la Marche le paiement

---

1. B. N., *Cab. des Titres*, dossier *Tudert*, notes.
2. *Ibid.*, *Fr.* 23808, assiette.

des gens de guerre, plus une aide de 5,000 fr. [1]; d'autre part, il fut commissaire en Rouergue avec Jean Barton sur le fait d'une aide de 2,000 fr. octroyée au roi par les Etats de ce pays, qui lui firent don à cette occasion d'une somme de 55 l. t. dont il donna quittance le 27 octobre 1446 [2]. En 1447-8, il fut chargé avec d'autres de faire « la reveue des feux et belluges » du bas pays d'Auvergne, et il reçut pour ce fait des gens d'église et nobles la somme de 91 l. 13 s. 4 d. t. [3]. Le 9 janvier 1449, Charles VII le chargea avec Guillaume de Vic, Robert Thiboust et Jacques Aude de faire une enquête pour prouver que le duc de Bourgogne avait promis de remettre à Charles VII les villes de la Somme, sans payer les 400,000 écus pour lesquels elles étaient engagées, au cas où le roi ferait une paix définitive avec les Anglais, bien que cette clause ne fût pas insérée dans le traité d'Arras [4]. Le 27 février, 1453, il fut envoyé auprès du duc de Savoie avec Jean d'Aulon et il lui fut présenté à Genève le 5 avril pour s'acquitter de sa mission [5]. Le 20 octobre 1456, il donna quittance de 100 l. t. que lui avait ordonnées le roi sur les 1,000 l. t. d'épices votées par les Etats de Languedoc [6]. En 1459, il fut chargé d'une ambassade

1. Voy. Bar (Pion de).
2. *Orig.*, dossier *Tudert*.
3. *Id.*
4. Copie dans *Legrand*, VII, fol. 252 sv. (B. N., *Fr.* 6971.
5. Dossier *Tudert*, notes.
6. *Ibid.*, original.

auprès du roi d'Aragon et Charles VII lui fit don pour ce voyage de 300 liv. dont il donna quittance le 14 mars 1459 [1]. En 1460-1, il fut employé en Guyenne et Gascogne « pour certaines causes touchant le bien du roy et de la chose publique » avec M⁰ˢ Jean Baudry, procureur général de Guyenne, et Barthélemy Claustre, conseiller en Parlement [2].

A l'avènement de Louis XI, il fut du petit nombre des anciens serviteurs de Charles VII qui restèrent en faveur sous le nouveau roi. Le 12 juin 1462, il devint premier président au parlement de Bordeaux et, quand ce parlement fut transféré à Poitiers par suite de la cession de la Guyenne au frère du roi, Louis XI le nomma premier président honoraire en considération de son grand âge et de ses services, avec faculté de présider quand sa santé le permettrait et de se faire remplacer le reste du temps.

Jean Tudert mourut le 7 septembre 1473, et il fut enterré avec sa femme, Catherine de Chandenier, dans l'église des cordeliers de Mirebeau où l'on voyait autrefois son tombeau [3].

LXIII. — TUILLIÈRES (Pierre de).

Reçu conseiller au Parlement de Paris le 4 avril

---

1. *Dossier Tudert*, original.
2. *Id.*
3. *Ibid.*, notes.

1423, Pierre de Tuillières mourut en 1457. Il avait épousé Jeanne Braque et laissa des enfants mineurs [1]. En 1439, il fut commissaire en Poitou et en Saintonge avec Jean de Montmorin et Jean Colas « à reformer les abus de justice, maux, crimes et maléfices commis et perpetrez esdiz païs [2] ». Envoyé par le dauphin auprès du roi et auprès du duc de Bretagne, en décembre 1439 et janvier 1440, il donna quittance pour ce de 60 liv. le 5 février 1440 [3]. Il fut employé en 1443, avec Jean de Troissy et autres, dans l'affaire de Mathieu de Foix et de sa femme Marguerite de Comminge (*v. supra* TROISSY). En 1444, nous le trouvons commissaire sur le fait de l'aide de 240,000 liv. à la fois dans la Marche [4], dans le Bas-Limousin, peut-être aussi dans le Haut-Limousin : en Bas-Limousin, il eut 150 liv. pour sa commission [5]. Chargé en 1445 d'organiser en Gévaudan le logement des gens de guerre établis pour la première fois dans les provinces, il reçut des Etats la somme de 30 liv. [6]. Tels sont les principaux faits que nous avons relevés sur son compte : ajou-

1. Gén. manuscrite, dossier bleu *Tuillières*. (B. N., *Cab. des Titres.*)
2. *Cab. des Titres*, dossier *Mesnil-Simon*.
3. *Orig.*, dossier *Tuillières*.
4. B. N., *Fr.* 26265, au mot *Barton*. — Voy. aussi le *Catalogue*.
5. Quittance du 17 juin 1444, dossier *Tuillières*.
6. Voy. la lettre de nomination donnée à Loupy-le-Château, le 26 mai 1445 (Arch. Nat., K 68, n° 14), et la quitt. du 31 août suivant (*Orig.*, dossier *Tuillières*).

tons qu'il était noble et avait le titre de chevalier.

LIV. — TUR (Guillaume Le).

Guillaume Le Tur est un personnage dont le nom est assurément aussi obscur aujourd'hui qu'il était connu de son vivant. Dès 1413, il était avocat au Parlement de Paris, puis procureur général en 1417. En 1418, comme son fils le rappelle dans un acte de 1444, lui, sa femme, demoiselle Jeanne Roze, et son fils Guillaume, « abandonnèrent leur païs pour leurs loiautez garder » et vinrent s'établir à Poitiers où le dauphin confirma Guillaume Le Tur dans son office de procureur général [1]. Le 11 mai 1420, la ville de Lyon le choisit pour avocat en titre à 10 liv. t., de pension; mais elle n'était pas fort exacte à solder ses appointements [2]. Nous ne savons si c'est lui ou son fils qui fut nommé commissaire auprès des Etats d'Auvergne en octobre 1425 : nous n'avons d'ailleurs aucun renseignement sur cette session [3]. En 1427, il devint président au Parlement de Poitiers [4]. Au mois d'octobre 1430, il fut commissaire auprès des Etats de Poitou qui accordèrent au roi une aide de 40,000 fr. et votèrent 200 liv. de gratifi-

1. *Infra*, note 11.
2. Arch. de Lyon, BB⁴, fol. 105 r° et 123 r°.
3. *Catalogue*, à la date.
4. Blanchard, *Gén. des Présid. au Parlement.*

cation à Guillaume Le Tur [1]. Au mois de mai 1431, il fut chargé avec Girard Blanchet d'aller imposer en Auvergne une somme de 45,000 liv. pour la part de ce pays de l'aide de 200,000 accordée au roi par les Etats de Languedoïl; les Etats d'Auvergne n'octroyèrent que 30,000 liv. [2]. Le 18 septembre suivant, il fut chargé avec Jean Girard, Jean Juvenel, doyen d'Arras, et Eynard de Bleterens de pacifier le différend qui s'était élevé entre la ville d'Avignon et les officiers de Beaucaire à la suite de la chute du pont du Rhône; il s'occupa seul de cette affaire, mais se montra partial en faveur d'Avignon au préjudice des droits du roi : la sentence qu'il avait rendue fut cassée en Parlement le 18 août 1432 [3]. En 1438, il fut nommé commissaire avec Raoul de Gaucourt et Gabriel de Bernet auprès des Etats de Dauphiné qui, assemblés à Romans au mois de mars, accordèrent au roi une aide de 25,000 florins et firent présent à G. Le Tur de 300 florins [4]. Au mois de juillet la même année, les gens d'église et nobles de la Basse-Auvergne lui donnèrent 150 liv. pour services rendus au pays [5]. Les nombreuses missions adminis-

1. Voy. les lettres du roi confirmant le don, 23 octobre 1430 (B. N., *Fr.* 20594, p. 25), et la quittance du 21 mars 1431. (*Ib.*, *Cab. des Titres*, dossier *Le Tur.*)
2. *Catalogue*, Auvergne, à la date.
3. D. Vaissète, *Hist. de Languedoc*, liv. XXXIV, ch. LVIII.
4. Voy. les lettres de taxation (B. N., dossier *Gaucourt*), et la quittance du 23 décembre 1438. (*Ib.*, dossier *Le Tur.*)
5. Voy. les *Instr.* B. N., *Fr.* 22296, p. 20.

tratives dont le roi le chargeait n'étaient pas sans porter préjudice à l'exercice de ses fonctions de président en parlement ; il n'était guère assidu à la cour et eut assez fréquemment des démêlés avec ses collègues au sujet du paiement de ses gages [1]. Il dut mourir peu de temps après 1441. Son fils, appelé comme lui Guillaume, était maître des requêtes dès 1422 au parlement de Poitiers ; vers la même époque il fut nommé chanoine de Saint-Hilaire de Poitiers et devint en 1440 évêque-comte de Châlons. Le 18 janvier 1441, en considération du bon accueil que lui et sa famille avaient trouvé à Poitiers, qui était devenu, pendant vingt-deux ans, leur patrie adoptive, il fit don aux « enfants » de Saint-Hilaire de la maison qu'il possédait dans cette ville [2].

LXV. — VIC (Guillaume de).

Guillaume de Vic fut reçu conseiller au Parle-

---

[1]. Le 28 mars 1438, sur lettres de G. Le Tur qui demande à être payé, malgré son absence, la Cour décide qu'on ne changera rien aux habitudes ; qu'on paiera d'abord tous les membres résidants et que, s'il y a un excédant, on fera droit à sa demande. (Arch. nat., X¹A, 1482, fol. 70 v°.) Depuis cette époque jusqu'au mois de décembre 1439, G. Le Tur ne prend pas part aux travaux de la cour. Le 11 février 1440, nouvelle absence pour le service du roi ; la cour décide qu'on lui paiera ses gages de février, mars et avril et non plus, s'il n'est pas revenu au bout de ce temps. (*Ib.*, fol. 133 v°.)

[2]. Arch. de Poitiers, *Reg. des délibérations* coté 3, fol. 76.

ment de Poitiers le 26 février 1434, et continua à exercer les mêmes fonctions quand le parlement fut transféré à Paris. En 1438, il fut chargé par le roi avec Jean Barton d'imposer en Haut-Limousin une aide de 9,000 liv. : les Etats lui ordonnèrent pour sa commission 150 liv.[2]. En 1440, il fut nommé commissaire auprès des Etats du Haut et du Bas-Limousin ; ces derniers, assemblés à Tulle au mois de juillet, lui allouèrent 150 liv. dont il donna quittance le 26 octobre suivant[2]. Le 9 janvier 1449, conjointement avec Jean Tudert et autres, il fut chargé d'une enquête relative au traité d'Arras[3]. En décembre 1452, il fut accrédité avec d'autres comme ambassadeur de Charles VII et médiateur entre le duc de Bourgogne et la ville de Gand[4]. Il mourut quelques jours avant le 6 août 1475. Il avait épousé Antoinette Barton, fille du chancelier de la Marche. Par son testament, en date du 20 juillet 1475, il choisit sa sépulture dans le chœur de l'église Saint-André-des-Arts à Paris, à côté de sa femme prédécédée. Il fait divers legs en argent et en livres à Regnaud de Vie, son neveu, fils de son frère Hugues, et à Guillaume Avin, son autre neveu et filleul, fils de sa sœur Guillemette et de maître Jean Avin, conseiller en Parlement[5].

1. *Catalogue*, à la date.
2. *Ibid.*
3. Voy. l'art. de TUDERT (Jean).
4. Vallet de Viriville, *Hist. de Charles VII*, III, 222.
5. Analyse de ce testament. (B. N., *N. acq. lat.*, 184, fol. 131 v°.)

LXVI. — VITRY (Thibaud de).

Thibaud de Vitry devait son nom à la petite ville de Vitry-sur-Seine, d'où il était originaire [1]. Il entra dans les ordres, et, le 26 novembre 1412, il fut nommé conseiller clerc au Parlement de Paris [2]. Un Jean de Vitry, qui était vers la même date conseiller clerc, et en 1417 maître des requêtes de l'hôtel du dauphin, était probablement son oncle [3]. Thibaud de Vitry fut au nombre des membres du Parlement de Paris qui suivirent le parti du dauphin, bientôt Charles VII, et siégèrent au parlement de Poitiers de 1418 à 1436.

En 1435, il fut commissaire à imposer en Haut et en Bas-Limousin les aides accordées au roi à Userche et à la Souterraine; les Etats du Haut-Limousin lui firent don de 150 liv. dont il donna quittance le 28 octobre 1435 [4]; ceux du Bas-Limousin lui accordèrent 50 liv. qu'il reçut le 17 janvier 1436 [5]. En 1436, il fut encore chargé d'imposer sur le Haut-Limousin sa part de l'aide de 200,000 francs accordée au roi par les Etats de Poitiers;

---

1. Canton de Villejuif (Seine).
2. B. N., *Cab. des Titres*, dossier bleu *Vitry*, notes manuscrites.
3. *Reg. du Parlem.* Arch. nat., X¹ A, 1480, fol. 2.
4. B. N., *Cab. des Titres*, dossier *Vitry*.
5. *Ibid.*, Fr. 22420, p. 31.

les généraux des finances lui taxèrent pour ce fait la somme de 50 liv.[1].

Au mois de juin 1440, nous le trouvons qualifié d'archidiacre de Beauvais[2]; au mois de mai 1441, il fut nommé comme successeur de M° Jean Galeran à une prébende de la Sainte-Chapelle à Paris[3]; en juillet 1442, il était en procès avec M° Etienne de Montmoret au sujet de la trésorerie de l'église d'Angers dont il resta le titulaire définitif[4].

Il fit son testament à Paris le 30 décembre 1460, et mourut peu de temps après : il choisissait sa sépulture à Notre-Dame de Paris, dans la nef, devant le crucifix ; il ratifiait le don déjà fait à son neveu Guillaume de Vitry, fils de son frère Gilles, de tout son droit de propriété sur Marly-la-Ville, Puisieux, Bellefontaine et Vitry-sur-Seine, et faisait divers legs, entre autres, à son petit neveu et filleul, Thibaud Baillet[5].

1. Quitt. du 29 août 1436, dossier *Vitry*.
2. *Reg. du Parl*., Arch. nat., X ª A, 1482, fol. 140.
3. *Ibid.*, fol. 197.
4. *Ibid.*, fol. 207.
5. Extraits faits par Blanchard, B. N., *N. acq. lat.*, 184, fol. 99.

FIN DU PREMIER VOLUME

TABLE DES MATIÈRES

	Pages.
Préface．	1
Bibliographie. — Sources	5

INTRODUCTION

§ I. — Origine des Etats provinciaux	17
§ II. — Les Etats provinciaux de la France centrale avant Charles VII	21
§ III. — Les Etats provinciaux sous Charles VII, de 1418 à 1451	25

PREMIÈRE PARTIE

ORGANISATION, ATTRIBUTIONS ET ROLE DES ÉTATS PROVINCIAUX

CHAPITRE PREMIER. — CONSTITUTION ET ORGANISATION DES ÉTATS.

§ I. — De ceux qui faisaient partie des Etats	29
§ II. — Convocation des Etats	36
§ III. — Mode de nomination des Etats. — Procurations, mandats, indemnités	43

§ IV. — Tenue des Etats. — Présidence. — Mode de délibération.. 50

§ V. — Les commissaires du roi...................... 58

CHAP. II. — ATTRIBUTIONS DES ÉTATS PROVINCIAUX.

§ I. — Attributions politiques. — A. Vote de l'impôt; principal; frais. — B. Traités; levées des troupes, etc. — C. Les Etats provinciaux nommaient-ils des députés aux Etats généraux?............................... 69

§ II. — Attributions administratives. — A. Répartition de l'impôt. — B. Administration des frais outre le principal; vérification des comptes du receveur........ 88

§ III. — Attributions législatives...................... 113

CHAP. III. — RÔLE DES ÉTATS PROVINCIAUX.

§ I. — Influence politique............................ 117

§ II. — Influence financière. — A. Les Etats cherchent à rendre plus équitable l'assiette de l'impôt direct. — B. Préférence des Etats pour l'impôt direct ou taille opposé aux autres systèmes de contributions et spécialement aux aides; conversion des aides en équivalent. — C. Les Etats suspendent l'exercice de divers droits financiers de la royauté ou les rachètent par des impôts directs....................................... 123

§ III. — Défense territoriale; organisation de l'armée par Charles VII. — A. Défense contre les Anglais. — B. Défense contre les routiers. — C. Nouvelle organisation de l'armée; rôle des Etats........................ 138

§ IV. — Allocations diverses, travaux publics, etc........ 162

CHAP. IV. — LES ÉTATS PROVINCIAUX A LA FIN DU RÈGNE DE CHARLES VII. — CAUSES DE LEUR DÉCLIN. — RÉSULTATS... 164

DEUXIÈME PARTIE

CATALOGUE DES SESSIONS

Introduction	175
Auvergne	183
Franc-Alleu	220
Limousin	223
Bas-Limousin	225
Haut-Limousin	240
Marche	261

TROISIÈME PARTIE

NOTICES BIOGRAPHIQUES SUR LES COMMISSAIRES DU ROI

I. — Ban (Etienne du)	273
II. — Bar (Jean de)	274
III. — Bar (Pion de)	276
IV. — Barre (Nicole de La)	278
V. — Barton (Jean)	279
VI. — Beraud, dauphin d'Auvergne	287
VII. — Blanchet (Girard)	287
VIII. — Boyol (Martial)	291
IX. — Bresons (Guillaume de)	291
X. — Breuil (Nicole du)	293
XI. — Brezé (Pierre de)	295
XII. — Brion (Guerin, seigneur de)	296
XIII. — Bureau (Jean)	299
XIV. — Cachemarée (Aleaume)	300

XV. — Caulers (Jacques de)	301
XVI. — Chabannes (Jacques de)	302
XVII. — Chaperon (Auvergnat)	302
XVIII. — Charrier (Guillaume)	303
XIX. — Chevalier (Etienne)	304
XX. — Clère (Georges, seigneur de)	305
XXI. — Cluys (Jean de)	306
XXII. — Cœur (Jacques)	307
XXIII. — Comberel (Hugues de)	309
XXIV. — Comborn (Guichard de)	310
XXV. — Comborn (Jacques de)	312
XXVI. — Comborn (Jean, vicomte de)	313
XXVII. — Cousinot (Guillaume)	314
XXVIII. — Culant (Charles, seigneur de)	314
XXIX. — Dinematin (Guillaume)	315
XXX. — Double (Charles)	316
XXXI. — Ermite (Guillaume de L')	317
XXXII. — Escorailles (Louis d')	319
XXXIII. — Estissac (Amauri d')	320
XXXIV. — Etampes (Jean d')	322
XXXV. — Fayette (Gilbert de La)	323
XXXXI. — Froment (Etienne)	324
XXXVII. — Fumel (Tandonnet de)	326
XXXVIII. — Garnier (Pierre)	328
XXXIX. — Gimel (Louis de)	328
XL. — Girard (Jean)	329
XLI. — Greellé (Antoine)	330
XLII. — Juvenel (Guillaume)	333
XLIII. — Lallier (Guillaume)	334
XLIV. — Lucé (Thibaud de)	334
XLV. — Marche (Emeri de La)	336
XLVI. — Mareschal (Guillaume Le)	337
XLVII. — Mas (Jean du)	339
XLVIII. — Mesnil-Simon (Jean du)	339
XLIX. — Montbrun (Pierre de)	341
L. — Montvert (Trolhart de)	342

LI. —	Moulin (Denis du)............	343
LII. —	Naillac (Jean de)............	344
LIII. —	Nérement (Jean).............	345
LIV. —	Péruce (Audoin de)..........	345
LV. —	Péruce (Gautier de)..........	346
LVI. —	Piédieu (Guillaume)..........	348
LVII. —	Raoul (Pierre)..............	352
LVIII. —	Saincoins (Jean de)..........	352
LIX. —	Saint-Avit (Bertrand de).....	353
LX. —	Taumier (Jean)..............	354
LXI. —	Troissy (Jean de)............	355
LXII. —	Tudert (Jean)...............	356
LXIII. —	Tuillières (Pierre de)........	358
LXIV. —	Tur (Guillaume Le)..........	360
LXV. —	Vic (Guillaume de)..........	362
LXVI. —	Vitry (Thibaud de)..........	364

FIN DE LA TABLE

Le Puy, imp. MARCHESSOU FILS, boulevard Saint-Laurent, 23.

ERRATA

Page 153, ligne 7, *au lieu de :* Rosinviven ; *lisez :* Rosnivinen.

— 178, — 9, — Les archiprêtrés de Brivezac, de Treignac, de Vigeois, *lisez :* les archiprêtrés de Brivezac, de Brive et de Vigeois, la châtellenie de Treignac.

— 263, note 1, A, — Bertrand d'Armagnac, *lisez :* Bernard d'Armagnac.

— 314, ligne 1, — XXX, *lisez :* XXVII.

www.ingramcontent.com/pod-product-compliance
Lightning Source LLC
Chambersburg PA
CBHW060054190426
43201CB00034B/1500